CB143135

07.09.08

Santos e canalhas

Adriana Facina

Santos e canalhas

Uma análise antropológica da obra de Nelson Rodrigues

CIVILIZAÇÃO BRASILEIRA

Rio de Janeiro
2004

COPYRIGHT © Adriana Facina, 2004

CAPA
Evelyn Grumach

PROJETO GRÁFICO
Evelyn Grumach e João de Souza Leite

ENCARTE
EG Design/Carolina Ferman

FOTO DE CAPA
Arquivo Cedoc/Funarte

CIP-BRASIL. CATALOGAÇÃO-NA-FONTE
SINDICATO NACIONAL DOS EDITORES DE LIVROS, RJ

F127s

Facina, Adriana
Santos e canalhas: uma análise antropológica da obra de Nelson Rodrigues / Adriana Facina. – Rio de Janeiro: Civilização Brasileira, 2004.

Anexos
Inclui bibliografia
ISBN 85-200-0657-4

1. Rodrigues, Nelson, 1912-1980 – Crítica e interpretação. I. Título.

04-0098

CDD – 869.93
CDU – 821.134.3(81)-3

Todos os direitos reservados. Proibida a reprodução, armazenamento ou transmissão de partes deste livro, através de quaisquer meios, sem prévia autorização por escrito.

Direitos desta edição adquiridos
EDITORA CIVILIZAÇÃO BRASILEIRA
um selo da
DISTRIBUIDORA RECORD DE SERVIÇOS DE IMPRENSA S.A.
Rua Argentina, 171 – 20921-380 – Rio de Janeiro, RJ – Tel.: 2585-2000

PEDIDOS PELO REEMBOLSO POSTAL
Caixa Postal 23.052, Rio de Janeiro, RJ – 20922-970

Impresso no Brasil
2004

Para Giulia, João e Marcelo,
meu jardim secreto.

Produto de sociedades despedaçadas, o intelectual é sua testemunha porque interiorizou seu despedaçamento. É, portanto, um produto histórico. Nesse sentido, nenhuma sociedade pode se queixar de seus intelectuais sem acusar a si mesma, pois ela só tem os que faz.

Jean-Paul Sartre

Agradecimentos

Creio que os agradecimentos de um livro são uma espécie de recompensa para quem os pode finalmente escrever. Mas são também uma janela por onde o leitor pode observar um pouco da humanidade de quem escreveu um trabalho acadêmico.

Quero começar agradecendo ao orientador da tese de doutorado que originou este trabalho, professor Gilberto Velho, pelo carinho, amizade e incentivo constantes. Seu profissionalismo é para mim um exemplo, assim como a sua capacidade de dialogar com posições (acadêmicas e políticas) diferentes.

A Ana Flaksman devo agradecimentos pelo competente trabalho de revisão do texto da tese e por tudo que aprendi seguindo as suas indicações.

Agradeço a Cláudio Mello e Souza pela gentileza de ter concedido uma entrevista que foi importante para a minha aproximação com o universo rodriguiano.

Aos professores Luiz Fernando Duarte, Yonne Leite, Karina Kuschnir e Maria Laura Viveiros de Castro Cavalcanti, membros da banca de defesa de tese, agradeço pela leitura cuidadosa do trabalho, pelas observações críticas e pelas sugestões que tentei incorporar na elaboração deste livro.

Celso Castro sempre acompanhou com interesse não somente este trabalho, mas também toda a minha trajetória acadêmica até aqui, pelo que lhe sou imensamente grata. Devo agradecimentos também a Vagner Rocha, que foi um grande incentivador da minha escolha pela antropologia e abriu com generosidade a sua magnífica biblioteca para as minhas pesquisas bibliográficas.

O ambiente de estudo do Programa de Pós-graduação em Antropologia Social do Museu Nacional (PPGAS) não seria tão estimulante se não fosse cercado por uma infra-estrutura que permite total tranqüilidade aos seus alunos. Isto se deve ao trabalho eficiente e empenhado dos funcionários da secretaria e também à equipe da biblioteca. Agradeço-lhes pelo espírito público com que conduzem suas funções, apesar das dificuldades pelas quais tem passado o funcionalismo público federal nesses últimos anos. É por esse mesmo espírito público que agradeço também às funcionárias do Centro de Documentação da Funarte, que me auxiliaram na descoberta de documentos imprescindíveis para a elaboração desta tese.

Aos amigos e amigas que fiz no PPGAS agradeço pelo convívio agradável e pelo debate de idéias. Célia Collet, Andréa Moraes, Sandra Costa, Cristina Patriota, Roberta Ceva e Alessandra Barreto foram as amigas mais próximas, com quem dividi muitas angústias. Aos professores da mesma instituição agradeço por terem contribuído de modo decisivo para a minha formação.

A Marcelo Archanjo e à galera do *kung fu* agradeço por me darem o prazer de bater papo com gente inteligente e engraçada.

Aos colegas do Departamento de História da Universidade Federal Fluminense agradeço pela experiência profissional e pelo aprendizado da convivência com as diferenças. Aos membros do NEC (Núcleo de Estudos Contemporâneos) agradeço pela oportunidade que tive de debater o projeto de doutorado e pelas sugestões importantes que me foram feitas. Virgínia Fontes e Mário Bastos gentilmente se dispuseram a comentar o trabalho num dos encontros do Laboratório Dimensões da História (LDH), pelo que lhes sou grata. A Antônio Edmilson Martins Rodrigues agradeço pelas idéias que me deu durante as conversas no cafezinho. Rachel Soihet tornou-se uma amiga estimada, e a ela agradeço pela generosidade no empréstimo de livros e idéias. Ao casal Sônia Rebel e João Raimundo agradeço pela hospitalidade e pelos agradabilíssimos papos em Friburgo. Théo Lobarinhas e Magali Engel são grandes amigos, e agradeço-lhes por darem leveza ao meu cotidiano de trabalho, pois ter humor é o que importa. Junto com Magali, Paulinho também tem sido um amigo daqueles bons de fazer coisas juntos.

No sindicato dos docentes da UFF tenho aprendido a olhar para horizontes que vão além das preocupações individuais que assolam a vida universitária hoje. A meus companheiros e companheiras da ADUFF agradeço pela certeza que me dão de que é preciso não desanimar e que as saídas são sempre coletivas.

Meus alunos e minhas alunas são parte fundamental da minha vida profissional, pois, antes de qualquer coisa, tenho muito orgulho de ser professora. A todos eles agradeço pelo convívio afetuoso, por tudo que aprendi em sala de aula e pela injeção de ânimo que sempre me trazem. Sem querer ser injusta com muitos, não posso deixar de agradecer a Myrna pelo interesse em Nelson Rodrigues que tem compartilhado comigo nos últimos anos. Marisa, minha preferida (que ninguém nos ouça), e Josué tornaram-se grandes amigos e absolutamente indispensáveis.

João e Denise (com um beijo para as meninas) são amigos com quem pude dividir muitas tristezas, mas também muitas alegrias nesses anos de doutorado. Agradeço a eles o apoio e o carinho que me deram quando mais precisei.

Flávia foi a responsável pelo equilíbrio que consegui manter em períodos de grande turbulência, e a ela agradeço pela paciência de me ouvir todos esses anos.

Agradeço a minha mãe, Solange, não somente pela solidariedade e pela imensa ajuda que sempre me prestou no cotidiano, mas principalmente pelo exemplo de vida, pela lição de determinação de quem nunca considera as dificuldades grandes demais para serem ultrapassadas.

Ao meu pai, Bira, agradeço por me ensinar que a vida é boa e que a alegria deve dar o tom. A Átila agradeço por ser o melhor irmão amigo do mundo e a Felipe por ser a criatura mais gentil que conheço. Aos meus avós muito queridos, Eunice e Raul, agradeço pela imensa doçura, pelo colo e pela sorte que eu tenho em tê-los sempre comigo.

Ana Lúcia Enne é uma amiga muito estimada e uma grande referência ética para mim. Agradeço-lhe por estar sempre ao meu lado quando preciso.

Nelson Rodrigues dizia que o amigo é um momento de eternidade. Meu momento de eternidade é Giana, minha amiga e confidente há mais de vinte anos. Obrigada por me oferecer uma dessas amizades absolutas, que se tornam mais fortes e mais bonitas com o tempo.

João é um pequeno grande amigo que ganhei no ano de 2000. Obrigada por ter sido um presente para mim, com seus pulos de capoeirista Pipoca, trazendo tantos risos e alegrias para o meu dia-a-dia.

Giulia, minha muito amada criança, que cresceu vendo a mamãe fazer uma dissertação de mestrado e uma tese de doutorado, agradeço a você pela sua meiguice e pela sua alegria, que enchem a minha vida de sentido. Você é a minha cantora predileta. Ver você crescer durante esses longos anos foi uma festa para o meu espírito. Obrigada por me ensinar como o amor pode ser intenso e infinito.

Por fim, quero agradecer a Marcelo, o amor da minha vida, que tive a sorte de encontrar no caminho. Sem seu carinho, sua solidariedade, seu jeito apaixonado de inventar a vida, tudo teria sido mais difícil. Obrigada por me trazer uma felicidade que eu não imaginava que pudesse existir.

Sumário

Introdução

Tenho de começar fazendo as minhas próprias confissões: uma motivação fundamental para este trabalho foi a minha paixão pelo teatro de Nelson Rodrigues. Estudar a sua obra tem sido antes de tudo um imenso prazer. Esta é uma versão um pouco modificada de uma tese que, a princípio, seria sobre a obra teatral de Nelson Rodrigues, com ênfase no estudo de suas personagens femininas. No entanto, no decorrer da pesquisa, outras questões foram surgindo, o que fez com que as crônicas e outros escritos de nosso autor também fossem incluídos na análise. Para os meus fins, aos poucos fui percebendo ser quase impossível evitar uma abordagem mais abrangente da sua obra, pois os temas que destaquei assim o exigiam.

A idéia central que norteia a análise desse extenso conjunto de fontes é a de que há, na obra de Nelson Rodrigues, a construção de uma visão sobre a natureza humana que oscila entre um profundo pessimismo e a busca de possibilidades de redenção. Essas perspectivas de salvação do gênero humano corrompido pelo mundo moderno, na ótica de nosso autor, partiam do princípio da dualidade dessa natureza. Para Nelson Rodrigues, todos os homens têm em si duas metades, uma "face linda" e outra "face hedionda", centauros parcialmente Deus e parcialmente Satã. As imagens que apareciam freqüentemente nos textos de Nelson representando essas duas metades dos seres humanos eram os santos e os canalhas. Os santos, além de bons e virtuosos, eram caracterizados pela renúncia aos instintos que Nelson considerava desumanizadores e por uma existência pautada em um forte sentido ético-moral. Já os canalhas eram seres amorais por excelência, que não reconheciam limites para a satisfação de seus desejos pessoais, assumindo uma posição relativista no que diz respeito aos valores éticos e morais reconhecidos pela sociedade.

De acordo com Nelson, no mundo contemporâneo a maioria dos seres humanos tenderia mais para os canalhas do que para os santos. Mas as duas metades estariam sempre presentes. Mesmo o canalha mais vil possuiria uma dimensão de São Francisco de Assis adormecida em si, assim como o santo mais devotado teria trevas interiores que poderiam aflorar em determinados momentos. É essa tensão que constitui, na visão de nosso autor, toda a complexidade da natureza humana.

Porém, algumas questões surgiram no meio do caminho: como justificar um trabalho acadêmico em antropologia que não envolve trabalho de campo e cujo objeto nem sequer pertence à tradição do pensamento social brasileiro? Em que medida se pode desenvolver um olhar antropológico sobre um objeto e uma metodologia de pesquisa que não seguem os padrões clássicos da disciplina?

Desde Malinowski, a antropologia moderna vem se caracterizando como uma área de saber com uma especificidade: o trabalho de campo. Mesmo não tendo sido o primeiro a realizar um trabalho de campo, Malinowski se consagrou como o inventor de um método próprio da antropologia. Como aponta George Stocking Jr., outros pesquisadores fizeram trabalhos de campo similares ao do antropólogo polonês, mas, ao contrário deste, não tinham consciência da revolução que isso representava (Stocking Jr., 1983).

Nessa perspectiva, mais do que sair de seu gabinete para coletar dados no campo, o antropólogo teria de saber como coletá-los, realizando entrevistas, mas, principalmente, através da observação participante. Para poder participar da vida do grupo estudado e fazer disto material para pesquisa, seria necessário ao pesquisador aprender a língua nativa e mergulhar no próprio objeto de estudo, mantendo certo isolamento em relação à sociedade de origem.

O mito fundador criado por Malinowski, apesar das discussões em torno da publicação de seu diário de campo,[1] permanece poderoso. A idéia

[1]Ver Malinowski (1997).

de que o pesquisador distanciado de seu próprio mundo e imerso no campo tem, a princípio, condições de produzir um trabalho com uma qualidade infinitamente superior ao dos que não têm essa prática é amplamente aceita na antropologia. Assim, o trabalho de campo surge como rito central da disciplina, espécie de experiência que transforma existencialmente o pesquisador, construindo um novo olhar e uma nova sensibilidade através dos quais ele apreende seu objeto. Mesmo quando não se estuda em aldeias situadas em ilhas do Pacífico, pode-se seguir o modelo malinowskiano do trabalho de campo.

Mas o que fazer quando o objeto de estudo não permite a realização de um trabalho de campo clássico? Penso que é possível formular algumas propostas acerca da construção de um olhar antropológico sobre a criação artística, seguindo até mesmo uma inspiração malinowskiana de imersão no campo. Não é a minha intenção aqui dizer que a presença no campo e a observação participante não são importantes, e sim argumentar que, quando isto não é possível, ainda assim se pode buscar uma inspiração metodológica nesses procedimentos para desenvolver a pesquisa. Afinal, mesmo quando o campo é uma ilha isolada no Pacífico, ele não deixa de ser uma construção do próprio pesquisador.

Alguns historiadores têm se dedicado a aproximar a história da antropologia ao tratar etnograficamente as suas fontes de pesquisa. Robert Darnton, historiador norte-americano especialista em história moderna, é um deles. Diretamente influenciado por Clifford Geertz, Darnton elabora pesquisas em que o passado é tomado pelo historiador de modo semelhante ao campo pelo etnógrafo. Nas suas palavras:

> Que coisas são boas para se pensar com elas? Claude Lévi-Strauss fez essa pergunta em relação aos totens e tatuagens da Amazônia, há vinte e cinco anos. Por que não tentar aplicá-la à França do século XVIII? Porque os franceses daquele século não podem ser entrevistados, responderá o cético; e, indo direto ao caso, ele acrescentará que os arquivos jamais podem servir de substitutos do trabalho de campo. É verdade, mas os arquivos do Antigo Regime são excepcionalmente ricos e sempre é possível fazer novas perguntas ao material antigo. Além disso

> não se deve imaginar que o antropólogo trabalhe facilmente com seu informante nativo. Ele também se depara com áreas de opacidade e silêncio, e tem de elucidar a interpretação que faz o nativo do pensamento dos outros nativos. A vegetação rasteira da mente pode ser tão impenetrável no campo quanto na biblioteca. (Darnton, 1986: xiv)

Mas, ao contrário do antropólogo, que no trabalho de campo recebe um choque cultural que lhe permite perceber as diferenças entre o seu modo de pensar e o do povo que está estudando, o historiador tem de produzir esse efeito de estranhamento. Na visão de Darnton, evitar "uma falsa impressão de familiaridade com o passado" e procurar captar a diferença são as principais tarefas de uma história etnográfica (Darnton, 1986: xv). Nessa perspectiva de inspiração geertziana, interpretar um determinado fenômeno histórico é reconstruir a teia de significados que o produziu, o que depende da imersão do historiador em seu campo, onde os seus informantes "falam" através dos arquivos, dos documentos e de outros tipos de fontes históricas.

Outra referência dessa aproximação entre história e antropologia é o historiador italiano Carlo Ginzburg. Em um de seus trabalhos mais importantes, Ginzburg analisa a trajetória de um moleiro do século XVI perseguido pela Inquisição (Ginzburg, 1987). Ginzburg encontrou, na documentação que relatava a perseguição a Menocchio, o moleiro, pela Inquisição, informações detalhadas sobre uma cosmogonia original que associava o surgimento do mundo ao apodrecimento de um queijo, onde os vermes seriam os anjos. O estranhamento provocado por esses relatos fez o historiador buscar reconstruir a biografia de Menocchio e as referências socioculturais da época que davam sentido ao seu pensamento, assim como as relações sociais nas quais o moleiro se inseria. Desse modo, Ginzburg produz uma etnografia de uma determinada sociedade, em uma determinada época, a partir do foco em um indivíduo singular, de modo semelhante ao que fazem, por caminhos diversos, Marjorie Shostak em *Nisa* e Vincent Crapanzano em *Tuhami* (Shostak, 1983; Crapanzano, 1980).

Os trabalhos de Darnton e Ginzburg, de modos distintos, mostram como se pode construir um olhar etnográfico sobre objetos que não são classicamente antropológicos e que não permitem ao pesquisador estar de corpo presente em seu campo. O pesquisador que se volta para o passado não pode ser um observador participante de seu objeto de estudo, mas isto não significa que ele não possa elaborar o seu campo etnograficamente. A partir da documentação disponível, ele pode produzir um relato que também é fruto de uma imersão no campo, onde se procura entender como as pessoas pensam e interpretam o mundo à sua volta, ainda que seus universos mentais pareçam estranhos e incompreensíveis.

Penso que esse olhar etnográfico é também muito importante quando o tema em questão é a criação artística. Elaborar uma perspectiva etnográfica da criação artística é não coisificá-la, não torná-la uma esfera distinta e isolada por princípio das outras atividades humanas. Isso implica, entre outras coisas, a relativização da idéia do artista como gênio, pessoa destacada de sua época e de seu meio social, possuidora de talentos inatos. Essa relativização permite que vida e obra do artista não sejam vistas como instâncias separadas entre si, já que uma e outra ajudam a elucidar o processo criativo.

Desse modo, investigar a criação artística é também procurar reconstruir o campo no qual o artista e sua obra estavam inseridos. Nas palavras de Bourdieu:

> (...) só se pode adotar o ponto de vista do autor (ou de qualquer outro agente), e compreendê-lo — mas com uma compreensão muito diferente daquela que possui, na prática, aquele que ocupa realmente o ponto considerado —, com a condição de reaprender a situação do autor no espaço das posições constitutivas do campo literário: é essa posição que, com base na homologia estrutural entre os dois espaços, está no princípio das "escolhas" que esse autor opera em um espaço de tomadas de posição artísticas (em matéria de conteúdo e de forma) definidas, também elas, pelas diferenças que as unem e as separam. (Bourdieu, 1996b: 107-8)

Essa perspectiva permite superar tanto a posição que vê na obra de arte um universo autônomo que deve ser estudado em si quanto um sociologismo que busca relacionar de modo direto a obra com um pretenso contexto social que a englobaria. Fazer uma etnografia do artista criador exige que se tome a sua obra como fruto de sua época, historicizando sua própria criação. Trata-se de realizar algo semelhante ao que Bourdieu propõe em seu estudo sobre Flaubert:

> O que constitui a originalidade radical de Flaubert, e o que confere à sua obra um *valor* incomparável, é que ela entra em relação, pelo menos negativamente, com a totalidade do universo literário no qual está inscrita e do qual assume completamente as contradições, as dificuldades e os problemas. Por conseguinte, só se tem alguma possibilidade de reaprender realmente a singularidade de seu projeto criador e de dar conta dele plenamente com a condição de proceder exatamente ao contrário daqueles que se contentam em cantar as litanias do Único. É historicizando completamente que se pode compreender completamente como ele se afasta da estrita historicidade de destinos menos heróicos. A originalidade de sua empresa só se manifesta realmente se, em vez de fazer dela uma antecipação inspirada mas inacabada de tal ou qual posição do campo atual (...), reinserimo-la no espaço historicamente constituído no interior do qual se construiu; se, em outras palavras, adotando um ponto de vista de um Flaubert que ainda não era Flaubert, tenta-se descobrir o que o jovem Flaubert precisou e quis fazer em um mundo artístico que ainda não estava transformado pelo que ele fez como aquele ao qual nós o referimos tacitamente tratando-o como "precursor". Com efeito, é esse mundo familiar que nos impede de compreender, entre outras coisas, o esforço extraordinário que teve de desenvolver, as resistências inauditas que precisou superar, e em primeiro lugar em si mesmo, para produzir e impor o que, hoje, em grande parte graças a ele, parece-nos evidente. (Bourdieu, 1996b: 118)

Sobre Nelson Rodrigues também pesa a imagem do gênio criador, intuitivo, em parte construída por ele mesmo, que obscurece a compreensão etnográfica de sua criação. Desconstruir essa imagem é parte da tentativa de elaborar uma etnografia do autor que incorpore suas ilusões biográficas, o campo intelectual e artístico no qual ele se inseria, sua visão de mundo, enfim, tudo o que, de modo mediado, está presente em suas obras (Bourdieu, 1996a). Somente dessa forma é possível tentar falar "do ponto de vista do nativo" (Geertz, 1997a).

No que diz respeito a uma análise antropológica da obra de Nelson Rodrigues, creio que cabem aqui algumas considerações acerca das relações entre literatura e vida social. A literatura tem sido abordada por um grande número de autores como fonte para análises de determinadas sociedades em diferentes períodos históricos. Historiadores, cientistas sociais, psicólogos e críticos literários têm elaborado diversas perspectivas que possuem um ponto em comum: o que se expressa na literatura não são somente as idéias do autor, como se ele fosse um indivíduo isolado da sociedade, e sim valores e visões de mundo que são produtos sociais e históricos. Porém, essa premissa comum pode ser verdadeira tanto para aqueles trabalhos que vêem a literatura como reflexo imediato do real quanto para os que procuram identificar relações mais mediadas e complexas entre literatura e vida social. Se é importante, por um lado, ao se tomar a literatura como fonte de estudo da sociedade, relativizar a idéia do artista como gênio criador, desvinculado do mundo social, por outro lado, reduzir a obra literária a um espelho da realidade, desprovido de qualquer autonomia, é perder a riqueza que esse tipo de estudo pode oferecer.

Nicolau Sevcenko, numa perspectiva inspirada em trabalhos de Georg Lukács, afirma que a produção literária é homóloga ao processo histórico. Esta homologia significa que a criação literária pode seguir, defrontar ou negar a dinâmica da história, mas está sempre referida a ela. Assim, entre esses dois campos se estabelece uma relação tensa de intercâmbio e confrontação que não pode ser resumida às categorias "reflexo", "determinação" e "autonomia", pois isso empobreceria a sua compreensão. Nessa ótica, a literatura ganha a sua devida dimensão como documento,

> não pela análise das referências esporádicas a episódios históricos ou do estudo profundo dos seus processos de construção formal, mas como uma instância complexa, repleta das mais variadas significações e que

> incorpora a história em todos os seus aspectos, específicos ou gerais, formais ou temáticos, reprodutivos ou criativos, de consumo ou produção. (Sevcenko, 1983: 246)

É possível derivar desta concepção teórica uma estratégia de abordagem do texto literário. O primeiro passo é reconhecer que ele possui uma especificidade própria, em que a subjetividade do autor é constitutiva do processo de criação. Isto não quer dizer que os textos não-literários tenham uma relação imediata com o real. Apenas afirmo aqui que, se todo texto, mesmo o mais documental, possui o filtro de uma interpretação do mundo social, as obras literárias em geral têm ainda a intenção consciente de seus autores de realizar tal interpretação. Ou seja, a questão autoral, que pode ser traduzida na capacidade expressiva e na veiculação da visão de mundo do indivíduo criador, se coloca de maneira mais intensa nos textos literários do que nos textos não-literários.

É preciso, então, levar em conta que mesmo os textos literários mais realistas, que buscam reproduzir fielmente a realidade, não deixam de transfigurá-la. Da mesma forma, os textos não-realistas mantêm conexões com o real, caso contrário ficariam privados de um mínimo de inteligibilidade necessário para comunicar algo ao leitor. A impressão de verdade (ou verossimilhança) de um texto depende mais de uma organização interna coerente do que da referência ao mundo exterior. Assim, a análise histórica de um texto literário deve buscar algo mais do que um espelho de uma determinada sociedade em uma época definida, já que o texto em si é uma realidade própria (Candido, 1993: 11).

Penso poder ser interessante para o cientista social que se volta para a interpretação de fenômenos culturais procurar inspiração teórica e metodológica na tarefa da crítica literária, tal como Antonio Candido a compreende:

> Neste caso, saímos dos aspectos periféricos da sociologia ou da história sociologicamente orientada, para chegar a uma interpretação estética que assimilou a dimensão social como fator de arte. Quando isto se dá, ocorre o paradoxo assinalado inicialmente: o externo se torna

> interno e a crítica deixa de ser sociológica, para ser apenas crítica. O elemento social se torna um dos muitos que interferem na economia do livro, ao lado dos psicológicos, religiosos, lingüísticos e outros. Neste nível de análise, em que a estrutura constitui o ponto de referência, as divisões pouco importam, pois tudo se transforma, para o crítico, em fermento orgânico em que resultou a diversidade coesa do todo. (Candido, 1976: 7)

Trata-se de uma proposta de interpretação da obra de arte que orienta a investigação de modo a perceber tanto a influência exercida pelo meio social na expressão artística quanto o modo pelo qual ela influencia esse meio. O que significa relacionar a criação literária ao seu contexto, mas não reduzi-la a essa determinação, evitando assim produzir interpretações unívocas e mecanicistas (Candido, 1976: 18-9).

Este tipo de abordagem do texto literário, seja ele de ficção ou não, pressupõe uma perspectiva teórica em que a cultura não é vista como um epifenômeno ou reflexo das estruturas sociais, tampouco como um campo completamente autônomo em relação à sociedade. Se é impossível conhecer um determinado fenômeno cultural sem referir-se ao contexto em que ele foi produzido, este mesmo contexto não é suficiente para interpretá-lo.

A opção teórica de reconhecer a especificidade do espaço próprio dos fenômenos culturais resulta na postura metodológica que, diante do texto, percebe uma realidade que não pode ser esgotada analiticamente pelos fatores que lhe são externos. Interpretar uma determinada manifestação cultural implica reconhecer a relação entre o objeto e seu contexto como uma interação e não como uma determinação de mão única. Desenvolvendo essa idéia, pode-se afirmar que a literatura não somente é fruto do mundo social, mas ela também constrói esse próprio mundo. Valores, visões de mundo, idéias, costumes são material para a criação literária, mas são também a própria criação.

Na literatura brasileira, ficcional ou não, há inúmeros exemplos de autores que elaboraram interpretações sobre o Brasil que também se consolidaram como formadoras de uma identidade brasileira. No campo das ciências sociais, Gilberto Freyre e Sérgio Buarque de Holanda são referências fundamentais. Certamente, o Brasil de Freyre não é o mesmo de Sérgio Buarque, mas ambos construíram imagens acerca da brasilidade que ajudaram a definir simbolicamente o que é o Brasil. Quanto à literatura ficcional, autores como Monteiro Lobato, Mário de Andrade, Graciliano Ramos e outros também fizeram o mesmo.

Com relação a um universo social mais restrito, a cidade do Rio de Janeiro, pode-se dizer que parte da elaboração histórica de sua identidade social se deve a escritores como Manuel Antônio de Almeida, Machado de Assis, Lima Barreto, João do Rio e também Nelson Rodrigues. As suas obras não são somente expressões da cultura urbana do Rio de Janeiro em épocas distintas, mas também produziram essa cultura urbana através da caracterização ficcional de seus cenários e dos seus tipos sociais.

Portanto, o estudo de obras literárias de autores como Nelson Rodrigues faz sentido a partir de uma perspectiva da antropologia urbana no Brasil. A partir das "etnografias" desses autores, é possível realizar pesquisas antropológicas sobre os intelectuais como uma categoria social detentora de um poder simbólico capaz de criar representações sobre a vida urbana que fundam um imaginário acerca da cidade, através do qual podemos entrever suas percepções da sociedade como um todo. Portanto, a compreensão de suas visões de mundo tem um sentido mais amplo do que o estudo de idéias isoladas de gênios criadores e aponta para o próprio processo histórico de formação da sociedade brasileira contemporânea.

A partir dessas questões, procurei ao mesmo tempo situar Nelson Rodrigues no campo artístico e intelectual brasileiro entre as décadas de 1940 e 1970, assim como perceber o desenvolvimento de algumas idéias presentes em sua obra ao longo desse período. Não privilegiei, na análise, detalhes de sua biografia no que diz respeito à sua vida privada, mas sim a sua atuação pública como artista e homem de idéias.

Desse modo, no primeiro capítulo procurei observar algumas imagens públicas de Nelson Rodrigues elaboradas ao longo de sua trajetória por diversos setores da sociedade e também por ele mesmo. Do gênio revolucionário, que no início dos anos 1940 inovou o teatro brasileiro, passando pelo autor maldito, o tarado que ameaçava as famílias brasileiras ao colocar incestos em cena, chegando ao reacionário que nas décadas de 1960 e 1970 polemizava com as esquerdas nas páginas de jornais de grande circulação.

O segundo capítulo tem como foco as representações das relações familiares elaboradas por Nelson em sua dramaturgia, enfatizando o diálogo presente em sua obra com as idéias de Gilberto Freyre acerca da família patriarcal brasileira. Nelson Rodrigues fala de um momento em que a desagregação da família patriarcal, fruto de um processo histórico de modernização, colocou em xeque valores tradicionais. Essas famílias em cena traduzem o dilaceramento dos indivíduos num mundo onde esses valores não foram substituídos por algo que pudesse nortear as suas vidas.

No terceiro capítulo, há uma discussão sobre as representações da cidade presentes na obra rodriguiana, em que se busca perceber como essas representações apontam para uma perspectiva crítica do nosso autor diante das transformações do mundo moderno. No Rio de Janeiro, o subúrbio aparece como o local privilegiado para o desenrolar de tragédias que só fazem sentido devido à sobrevivência de valores antigos, que permitem que ainda se mate e se morra por amor. Em oposição, está a Zona Sul e mesmo o Centro da cidade, lugares da individualização, do relativismo moral e de interações sociais mais contidas no que tange à emotividade. Mas, quando o foco se volta para a sociedade brasileira como um todo, a oposição se dá entre Rio de Janeiro e São Paulo. A cidade do Rio de Janeiro seria uma espécie de subúrbio em comparação à modernidade capitalista de São Paulo, vista como cidade do trabalho e de interações sociais frias, geradoras de um sentimento de solidão.

No quarto capítulo, busquei mapear as polêmicas que Nelson travou nos anos 1960 e 1970, por meio da imprensa, com diversos setores da esquerda. Essas polêmicas valeram-lhe o rótulo de reacionário e defensor da ditadura militar estabelecida em 1964. O objetivo desse capítulo é perceber como, nesses embates, Nelson formula uma concepção das relações entre arte e política, que é parte de uma visão de mundo mais ampla.

Por fim, o último capítulo é um esforço de síntese de todas essas idéias. A partir da análise de peças teatrais, do consultório sentimental que nosso autor escreveu em 1949 sob o pseudônimo de Myrna e de crônicas jornalísticas, incluindo aí as que falavam sobre a seleção brasileira, procuro mostrar como Nelson configura uma antropologia, entendida como visão sobre a natureza humana, cujas características a aproximam de uma matriz de pensamento romântica.

Feitas essas considerações, só me resta convidar o leitor a conhecer o ponto de vista nativo.

CAPÍTULO I Personagens à procura de um autor

O engano milenar do teatro é que fez do palco um espaço exclusivo de atores e de atrizes. Por que nós, os não-atores, as não-atrizes, não teremos também direito de representar? Que fazemos nós, desde que nascemos, senão autêntico, válido, incoercível teatro?

Nelson Rodrigues

SOBRE TRAJETÓRIA DE VIDA E ILUSÃO BIOGRÁFICA

Pierre Bourdieu define a biografia como um relato construído como um todo com sentido. Essa construção, assim como a narrativa histórica, envolve uma seleção mais ou menos consciente dos eventos que devem constar no relato, de modo que ele tenha coerência e unidade. A coerência e a unidade do eu são vistas como correlatas à unidade do todo social, expressando assim a valorização do indivíduo nas sociedades ocidentais. Mas a biografia também deve ter um sentido que, assim como a coerência, seja uma construção *a posteriori* e torne possível a identificação de um projeto que norteie as trajetórias individuais. A ilusão que se produz é de que a história de vida do indivíduo aponta para um determinado sentido, e também para uma determinada significação, desenvolvendo-se linearmente em uma direção. Mas, na verdade, a relação é inversa, pois, sendo o relato biográfico uma construção, é ele que organiza a história de vida e busca dar-lhe significado. Trata-se, portanto, de uma criação artificial de sentido (Bourdieu, 1996a: 184).

Sendo assim, o discurso sobre si e a narrativa de vida que dele deriva variam de acordo com os diferentes momentos da vida do indivíduo e com o contexto histórico-social no qual ele se insere. Do mesmo modo que os indivíduos e a sociedade mudam, a produção de si também sofre transformações, produzidas por censuras ou constrangimentos específicos, por variações de posição dos indivíduos no seu campo de ação e por uma série de outros fatores.

Uma noção fundamental para a reflexão sobre trajetórias individuais nas sociedades complexas é a de metamorfose. Essa noção permite romper com a expectativa de coerência nos processos de formação dos indivíduos, sem necessariamente descartar a idéia do autocultivo. Gilberto Velho, inspirado em Ovídio, propôs a utilização da noção de metamorfose para lidar com esses processos de constituição dos indivíduos, de maneira que se evite tanto a concepção de um *self* fixo e imutável quanto a de uma plasticidade total. As mudanças sofridas pelos indivíduos ao longo de suas trajetórias de vida podem ser radicais, mas algo de si sempre permanece. Assim, também, a mudança resulta em parte do destino e em parte da vontade do indivíduo que muda (Velho, 1994: 8-9).

As contradições, as incoerências, as mudanças radicais são então percebidas como parte da formação do indivíduo e não como defeitos, descaminhos em sua trajetória. Falar de formação nessa perspectiva é admitir, como propôs Simmel, que a *self-cultivation* é produto de um jogo, de uma interação entre cultura objetiva e cultura subjetiva. E, na metrópole, esse jogo se caracteriza pela diversidade de estilos de vida e visões de mundo com os quais o indivíduo tem contato e que experimenta. Mas a fragmentação não é absoluta, pois a metamorfose é um processo que tem em si transformação e permanência, no qual os indivíduos sofrem uma reconstrução permanente de si (Velho, 1994: 29-30)

Além de Simmel, uma outra inspiração importante nas formulações de Gilberto Velho sobre a noção de metamorfose são os trabalhos de Alfred Schutz. Para este autor, o mundo da vida é essencialmente um mundo intersubjetivo, que é ao mesmo tempo cenário e objeto das ações e interações dos indivíduos. A relação do sujeito com o mundo constitui a sua experiência e o seu processo de formação. E esse processo não é de modo algum unívoco, linear. Nesse sentido, em vez de pensar a trajetória individual como um todo com sentido, Schutz propõe a noção de situações biográficas. A situação biográfica, que muda de acordo com o momento da vida do indivíduo, é o resultado da sua interação com o ambiente que o cerca e com outros indivíduos, ainda que a partir da singularidade de sua própria experiência (Schutz, 1979: 73).

Esse tipo de reflexão permite tomar os relatos biográficos como testemunhos dessa interação e não somente como retratos de uma singularidade absoluta, de um eu interior isolado do mundo. É justamente a partir da relação com o mundo que se pode entender a formação dos indivíduos, a constituição, nos termos de Simmel, de sua cultura subjetiva, ou, na visão de Schutz, de sua experiência.

Há inúmeros modelos de escrituras do eu, de narrativas na primeira pessoa: autobiografias, diários, entrevistas, crônicas, memórias etc. Georges Gusdorf sugere que, dentro da enorme variedade dessas escrituras, há uma diferença fundamental entre memórias e autobiografias, a partir de uma ênfase maior na exterioridade ou na interioridade, respectivamente. As memórias se submetem à disciplina cronológica da história geral e universal. O indivíduo situa os eventos de sua carreira a partir do devir histórico, mais preocupado com o desenvolvimento do mundo exterior do que com o seu próprio. Este, ele situa a partir da seqüência temporal. Sua destinação é apresentada como uma carreira, regida mais pelas necessidades extrínsecas do que pelas exigências interiores. Já a escritura autobiográfica tem como marca a prioridade do íntimo sobre o extrínseco, sem se prender ao vir-a-ser da ordem das coisas e das datas. Nesse caso, o indivíduo afirma a autonomia de sua linha de existência em face do movimento histórico e social. Porém, memórias e autobiografias não devem ser vistas como opostas, e sim como formas diferentes de organizar a história de vida a partir de uma ênfase maior do narrador na vida pública ou na vida privada, sem que uma possa eliminar a outra (Gusdorf, 1991b).

Uma outra forma de escritura do eu se dá quando o autor fala de sua experiência, de sua visão de mundo, a partir de personagens de ficção criados por ele. No caso do romance moderno, é comum a presença de personagens cuja função é exprimir a crítica do autor aos valores e à estrutura social do mundo que o cerca.

A tentativa de analisar parte da trajetória de vida de Nelson Rodrigues requer o estabelecimento de um diálogo entre suas escritas do eu e o que poderíamos chamar de escritas do outro: críticas, opiniões, reportagens, polêmicas na imprensa acerca de sua obra. A idéia aqui não é fazer um relato biográfico, nem analisar a obra rodriguiana à luz de fatos ocorridos na vida privada do autor,[2] e sim perceber a elaboração de uma ilusão biográfica a partir das diferentes imagens públicas construídas em torno de Nelson Rodrigues. O mapeamento de suas crônicas, memórias, entrevistas e depoimentos, assim como das críticas à sua obra, por um período de quase quatro décadas, mostra um processo dinâmico em que vários desses personagens vão sendo criados e se sobrepondo na imagem pública de seu autor: o gênio revolucionário e vanguardista, o autor tarado e maldito, o escritor que descreve com realismo a vida nos subúrbios cariocas, o autor de folhetins (alguns deles com pseudônimos femininos, Suzana Flag e Myrna), o cronista reacionário e anticomunista, o jornalista esportivo etc.

A elaboração desses personagens se relaciona com as estratégias de inserção de nosso autor no campo artístico e intelectual em cada momento histórico específico. Trata-se, portanto, de um processo dinâmico, cuja análise é fundamental para entendermos como se deu a consagração de Nelson Rodrigues como uma das figuras mais importantes e conhecidas da cultura brasileira. É necessário, então, que se recorra também às polêmicas com a crítica teatral, aos problemas ocorridos com a censura, às relações com admiradores e desafetos, à guerra con-

[2]Para a obtenção de dados biográficos, ver *O anjo pornográfico*, de Ruy Castro, e *Nelson Rodrigues, meu irmão*, de Stella Rodrigues. É interessante perceber, nas duas biografias, versões algumas vezes conflitantes sobre a história de vida de Nelson, o que reforça a idéia de Bourdieu acerca do relato biográfico como fruto de escolhas e também de disputas.

tra as esquerdas travada nas páginas de *O Globo* nas décadas de 1960 e 1970. Desse modo, é possível problematizar a ilusão biográfica criada por nosso autor e também tornar mais complexa a visão sobre a sua trajetória como artista e intelectual, que, longe de seguir um traçado linear e coerente, é marcada por metamorfoses. As possíveis contradições entre esses vários personagens que procuram representar publicamente o autor Nelson Rodrigues não devem ser vistas aqui como falhas morais ou como mudanças absolutamente radicais na sua visão de mundo, e sim, de modo dialético, como algo inerente à própria trajetória. Esses personagens, embora seja possível identificar com certa precisão o contexto de sua criação, não vão se sucedendo linearmente no tempo. Eles se sobrepõem, ainda que possa haver a predominância de um ou outro em cada momento. Por exemplo, é inegável que hoje tem se tornado mais fraca a associação de Nelson Rodrigues às imagens de tarado e reacionário, o que tem a ver com mudanças de valores, de costumes e de conjuntura política. Por outro lado, há uma relativa unanimidade em considerá-lo um artista genial, o que nem sempre ocorreu.

É esse jogo dos múltiplos personagens à procura de um autor que vamos acompanhar aqui. A partir do início de sua trajetória como autor teatral, serão enfocados a transição, ao menos para uma parte da crítica, de gênio revolucionário para autor maldito na década de 1940, a estréia do bardo dos subúrbios cariocas na década de 1950, a constituição do reacionário das décadas de 1960 e 1970 e, por fim, a consagração como um autor popular, ainda que com certa aura de maldição.

DE GÊNIO REVOLUCIONÁRIO A AUTOR MALDITO

A primeira peça de Nelson Rodrigues foi *A mulher sem pecado*, escrita em 1941. Em suas memórias, escritas em 1967 para o *Correio da Manhã* e depois publicadas sob o título *A menina sem estrela*, Nelson afirmou que a sua intenção inicial era ganhar dinheiro. Mas, assim que começou a escrevê-la, foi tomado de ambição literária. A partir de então, seu objetivo passou a ser o reconhecimento dos grandes intelectuais da época:

> Eu me lembro de minha primeira peça, *A mulher sem pecado*. Minha intenção inicial, e estritamente mercenária, era fazer uma chanchada e, repito, uma cínica e corajosa chanchada caça-níqueis.
>
> Todavia, no meio do primeiro ato, começou a minha ambição literária. E o curioso é que, até então, eu me sentia romancista e não teatrólogo.
>
> (...)
>
> Com o texto debaixo do braço, eu pensei menos nos direitos autorais. Pouco importava que o meu texto fosse ou não remunerado. Eu queria o elogio, não simplesmente falado, cochichado. Queria o elogio impresso. (Rodrigues, 1993a: 153)

A peça foi encenada pela companhia Comédia Brasileira, subvencionada pelo Serviço Nacional de Teatro, e não foi muito notada pela crítica e pelo público. Na época, Nelson Rodrigues era um semidesconhecido jornalista esportivo de *O Globo*. Se a intenção inicial de nosso autor era fazer uma peça de apelo popular para ganhar dinheiro, é preciso entender em que contexto se dá a sua opção por um "teatro sério".

Essa pretensão de fazer um teatro mais intelectualizado vinha ao encontro dos anseios de uma parcela da crítica que esperava por uma modernização da cena teatral brasileira, por uma adequação dos nossos palcos aos palcos europeus. O teatro de grande sucesso popular era visto como de má qualidade, capaz apenas de produzir diversão, e não obras de arte. Eram os atores das grandes companhias, como Procópio Ferreira e Dulcina de Moraes, que atraíam o público e, na maioria das vezes, escolhiam peças que se adequassem aos seus estilos de interpretação. Os espetáculos ficavam pouco tempo em cartaz, mas, apesar da variedade das peças, as situações eram quase sempre as mesmas. Os grandes atores também tinham por característica improvisar sobre o texto, inserindo "cacos" na apresentação. As chanchadas, por sua vez, atraíam um público cujo gosto era voltado para o "teatro para rir". Em geral, os que queriam fazer "teatro sério" buscavam os textos clássicos e não autores nacionais (Pereira, 1998).

Esse "teatro sério" era voltado especialmente para um segmento do público teatral mais elitizado, cujo referencial cultural era a Europa. Esse público acompanhava as encenações das companhias teatrais estrangeiras que se apresentavam no Teatro Municipal do Rio de Janeiro, assim como as temporadas de ópera. Em parte, essa elite intelectualizada era formada nos quadros da Faculdade Nacional de Filosofia e buscava, no teatro, mais do que diversão, a formação de um padrão específico de gosto bastante aristocratizado e ligado ao conhecimento dos clássicos. É preciso notar ainda que tal padrão de gosto se relacionava a uma visão da arte como uma atividade elevada, quase sagrada, e que, provavelmente, consideraria grosseria e mau gosto a encenação de boa parte das peças de Nelson Rodrigues.[3]

Para termos uma idéia de como era importante a discussão em torno do teatro brasileiro e de como ela já era antiga na década de 1940, quando Nelson começa a escrever as suas peças, vejamos o que disse o escritor Abadie de Faria Rosa numa entrevista para o jornal *A Noite*, em 24 de dezembro de 1927:

> A meu ver, o ano que findou foi mau, foi dos piores para o Teatro Nacional, entendendo-se por teatro alguma coisa mais do que as aparatosas revistas bataclânicas em que as nossas empresas deram, pelo menos, uma prova de coragem com suas encenações faustosas. (...) Devo repetir coisas já ditas e reditas. No Brasil nunca houve teatro. É um gênero de literatura só compatível com os países que já atingiram sua maturidade mental. Houve, apenas, entre nós, arte de representar. Representou-se, com honestidade, pe-

[3]Devo essas observações à professora Yonne Leite, que, durante o meu exame de qualificação, prestou um longo e valioso depoimento acerca de sua experiência de jovem e intelectualizada freqüentadora de ópera e teatro nas décadas de 1940 e 1950.

> ças estrangeiras, dramas românticos e operetas brejeiras... Quanto à produção nacional, mero diletantismo. Todos os nossos homens de letras escreveram pelo menos uma peça. Mas dos escritores que deixaram trabalhos até hoje representáveis só vejo Martins Pena, França Júnior, Artur Azevedo e, mais recentemente, Paulo Barreto. Convenhamos: é muito pouco para um século de vida independente. (*apud* Doria, 1975: 19)

Coincidentemente ou não, Abadie de Faria Rosa se tornou posteriormente diretor do Serviço Nacional de Teatro e foi quem autorizou a montagem de *A mulher sem pecado* pela companhia oficial. Foi precisamente durante o Estado Novo que as políticas oficiais financiaram as companhias teatrais voltadas para o "teatro sério" e estimularam a encenação de peças de autores teatrais nessa linha.

Essa opção do Estado se relacionava com a incorporação de uma estética vanguardista, associada ao modernismo, às tentativas de estabelecimento de uma arte nacional oficial. Não é à toa que, após a estréia de *Vestido de noiva*, um crítico disse que Nelson Rodrigues era para o teatro o que Portinari era para a pintura, Villa-Lobos para a música e Niemeyer para a arquitetura (Magaldi, 1993: 22).

Victor Hugo Adler Pereira, com base na análise de entrevistas realizadas em 1946 pelo crítico Daniel Caetano para o *Diário de Notícias*, diz que havia grande tensão, na época, entre os que atacavam o teatro para rir e aqueles profissionais que justificavam a sua opção por um teatro mais comercial e criticavam os subsídios oficiais aos vanguardistas que não tinham o compromisso de agradar ao público. Eis as palavras de Daniel Caetano em 12 de maio de 1946:

> O teatro... Os intelectuais...
>
> Eles vão chegando a pouco e pouco. Vêm tarde, mas vêm. É preciso, no entanto, que venham logo. O teatro não pode esperar mais. Caso urgente, urgentíssimo. Se preciso, anunciemos no *Jornal do Brasil*: "O teatro nacional precisa dos intelectuais brasileiros. Há vagas para todos. (P.S.: É favor não se apresentar quem não estiver em condições.)"

> Pichemos as paredes: "Venham todos aqueles capazes de quebrar a rotina. Chega de ramerrão. Algo para o espírito reclamamos. Precisamos de esforço novo." (*apud* Pereira, 1998: 143)

Com a sua peça seguinte, *Vestido de noiva*, de 1943, Nelson parece atender plenamente a apelos desse tipo. Para marcar a importância da peça na sua carreira de dramaturgo, ele dizia que *A mulher sem pecado* havia sido uma "pirueta", mas que *Vestido de noiva* fora "o grande salto mortal" (Rodrigues, 1993a: 155). Antes de ser encenado, o texto circulou entre amigos do autor e pessoas do meio teatral. Alguns consideraram que era impossível encená-la, tal a sua complexidade. A ousadia coube a um grupo de amadores que, formado em grande parte por gente da alta sociedade carioca, vinha procurando trazer inovações para a cena teatral. Eram Os Comediantes, grupo ao qual se juntou um diretor polonês que chegou ao Brasil fugindo da Segunda Guerra Mundial, Zbigniew Ziembinski.

Foi a encenação de *Vestido de noiva*, estreada em 28 de dezembro de 1943, com direção de Ziembinski e cenários do artista plástico Tomás Santa Rosa, que revelou todo o significado do texto de Nelson Rodrigues. Vários recursos técnicos considerados inovadores no contexto brasileiro foram utilizados para tornar compreensível uma história em que as ações ocorrem em três planos temporais. Alaíde, moça recém-casada que disputou o noivo com a irmã, é atropelada. No presente, a platéia vê Alaíde morrendo na mesa da sala de cirurgia. Mas, em sua agonia, Alaíde tem alucinações com uma prostituta da *Belle Époque* e também rememora acontecimentos de seu passado recente. O cenário em três planos de Santa Rosa, a iluminação detalhada de Ziembinski, o fato de os atores decorarem as falas e dispensarem o ponto foram aspectos destacados nas críticas elogiosas.

Embora uma parcela da crítica considerasse a peça confusa e sem grandes méritos, como, por exemplo, o crítico da coluna *Teatro* do *Diário de S. Paulo* publicada em 27 de junho de 1944, a maioria viu em *Vestido de noiva* uma grande renovação dos palcos brasileiros, resultado da conjugação de um autor genial e uma encenação inovadora no que diz respeito à técnica teatral.

Na sua coluna do *Correio da Manhã* de 9 de janeiro de 1944, Álvaro Lins compara *Vestido de noiva* a *Seis personagens à procura de um autor*, de Pirandello, paradigma de dramaturgia moderna para a crítica de então. O crítico ainda destacou o aspecto vanguardista da obra de Nelson ao compará-lo com Drummond: "Tenho comigo que Nelson Rodrigues está hoje no teatro brasileiro como Carlos Drummond de Andrade na poesia. Isto é: numa posição excepcional e revolucionária."

Manuel Bandeira, por sua vez, escreveu dois artigos sobre *Vestido de noiva*: um quando havia apenas lido o texto e outro após a encenação de Os Comediantes. Em ambos ele apontou as qualidades poéticas do texto de Nelson Rodrigues e a novidade que ele representava no panorama teatral. Outro intelectual importante da época, que mais tarde escreveria o premiado texto teatral *A raposa e as uvas*, Guilherme Figueiredo comentou a estréia de *Vestido de noiva* no Municipal alçando a peça à altura de Ibsen, Strindberg e Pirandello. E afirmou ainda:

> *Vestido de noiva*, de Nelson Rodrigues, é finalmente alguma coisa de novo, de realmente grande e artisticamente nobre, uma obra que nos afoga do circuito Cinelândia-Rocio e possivelmente abre caminho para outras peças deste autor que, com duas obras, *A mulher sem pecado* e *Vestido de noiva*, conquistou um lugar definitivo no teatro brasileiro. Nunca deverão ser demasiados os elogios ao esforço do grupo dos Comediantes, cuja existência ainda curta logrou abrir perspectivas tais no palco brasileiro, que já hoje será insultuoso recairmos no regime vulgar do "rir, rir, rir", ou nas pranteações sentimentalóides dos teatrólogos da Academia.
>
> (...)
>
> É preciso saudar em *Vestido de noiva* um dos instantes mais representativos do teatro brasileiro. Representativo e inaugural. Nelson Rodrigues é hoje uma afirmação e se coloca entre os mais notáveis es-

critores teatrais que já tivemos, tão ou mais notável do que qualquer dos seus confrades.[4]

No programa da segunda montagem de *Vestido de noiva*, de 1955, há citações das opiniões de diversos intelectuais sobre os méritos da peça emitidas quando de sua estréia. Gilberto Freyre e Tristão de Athayde a consideraram uma obra-prima; o poeta Augusto Frederico Schmidt disse que ela era "mais que uma peça, um processo e uma revolução", entre outros.

Com esses exemplos, podemos perceber que com *Vestido de noiva* nasce a personagem do gênio revolucionário, imagem pública do autor visto como representante de uma vanguarda herdeira do Modernismo da Semana de 1922, e que conseguiu elevar a literatura dramática nacional a patamares universais. Apesar das suspeitas, levantadas na época, de que o verdadeiro responsável pela qualidade de *Vestido de noiva* fosse Ziembinski, o que predominou foi a aclamação do autor (Castro, 1992: 163-74).

Qual é o significado da identificação de Nelson Rodrigues com uma vanguarda modernista, ainda que tardia no que diz respeito às vanguardas? Historicamente, as vanguardas artísticas contemporâneas surgem no final do século XIX como resultado de um processo de retraimento do mundo em relação à obra de arte. Ou seja, a obra de arte passa a ser vista, antes de tudo, como a expressão da individualidade do artista, que deixa de espelhar o mundo para criar um mundo. A isso os alemães chamam *Weltlosigkeit*, fenômeno que traduz a autonomização da arte diante de outras esferas da vida humana, como a religião, passando a ter um valor em si (Ferry, 1994).

As vanguardas são a radicalização desse processo, pois os artistas fazem da inovação e do inconformismo objetivos principais da arte. Sem o

[4]Este texto de Guilherme Figueiredo provavelmente foi escrito logo após a estréia de *Vestido de noiva*, em 28 de dezembro de 1943, no Teatro Municipal do Rio de Janeiro. Porém, não há como ter certeza, pois no recorte de jornal que consultei no arquivo do Centro de Documentação da Funarte não há referência ao nome do jornal, nem à data de sua publicação.

compromisso de agradar ao público, de satisfazer os padrões de gosto predominantes, as vanguardas elegem o experimentalismo como fundamental ao fazer artístico. Em vez de agradar, chocar; no lugar de seguir padrões, romper com todos eles.

Norbert Elias, que considera que a autonomização da esfera artística faz parte de um processo civilizador mais amplo, coloca a questão em termos da diferenciação entre arte de artesão e arte de artista. A arte de artesão se caracteriza pela subordinação da imaginação do produtor de arte pelo padrão de gosto dos consumidores de seus produtos, seu público específico. Já na arte de artista, a relação de poder se inverte. É o artista que define os percursos de sua obra, independentemente do gosto do público, agindo inclusive no sentido de moldar esse gosto. A arte de artista implica uma maior individualização do criador, que passa a se pautar mais pela sua auto-restrição pessoal do que pelas restrições feitas pela sociedade (Elias, 1995: 135-6).

Segundo Elias, na arte de artesão era o gosto dos patronos que devia guiar a criação artística, e não a imaginação individual dos artistas. O artesão não possui autonomia na criação, a qual só faz sentido se relacionada com a coletividade, que deseja se reconhecer nas obras. Tem-se assim uma arte com "forte caráter social e fraco caráter individual" (Elias, 1995: 47 e 135). Com a democratização e a autonomização da esfera artística, surge a arte de artista. Ela é criada para um público anônimo, diante do qual o artista poderá ter reconhecido o seu talento. Desta forma, há uma equivalência social maior entre o artista e o comprador de arte, de modo que este tenderá a influenciar menos o trabalho daquele. O artista individual, ao contrário do artista artesão, é livre, a princípio, para expressar os seus sentimentos, o seu gosto, assim como para experimentar novas formas artísticas. Nas palavras de Elias, "reduz-se a pressão coletiva da tradição e da sociedade local integrada sobre a produção da obra de arte; crescem os autocondicionamentos, impostos pela consciência do produtor de arte individual" (Elias, 1995: 50).

É claro que tal liberdade de criação é relativa, mas será um valor importante e sempre acionado para diferenciar, no contexto contemporâneo, o artista verdadeiramente comprometido com sua arte daquele que cria com vistas a agradar ao público, a fazer sucesso comercial. Durante o lançamento de *Vestido de noiva*, Nelson Rodrigues apareceu para a crítica afinada com os ideais modernistas como o artista de vanguarda, o experimentalista moderno, em oposição ao teatro comercial, adaptado ao gosto de um público que era visto pelos defensores de um "teatro sério" como desqualificado dada a sua origem popular.[5]

Em sua fase inicial, a dramaturgia de Nelson Rodrigues foi interpretada como parte de um teatro intelectualizado, para uma platéia de elite. Um teatro que, para Manuel Bandeira, consagraria mais o público do que o autor, pois dependia de reflexão, era obra de arte e como tal deveria ser admirado, distanciando-se da pura diversão do "teatro para rir" (Bandeira, 1993: 183).

Portanto, a inovação e o vanguardismo não significavam que Nelson não desejasse ser sucesso de público. Ele queria ser aclamado por um público específico:

> Eis a amarga verdade: — durante algum tempo, eu só escrevia para o Bandeira, o Drummond, o Pompeu, o Santa Rosa, o Prudente, o Tristão, o Gilberto Freyre, o Schmidt. Não fazia uma linha sem pensar neles. Eu, a minha visão do amor e da morte. Tudo, tudo passou para um plano secundário ou nulo. Só os admiradores existiam. Só me interessava o elogio; e o elogio era o tóxico, o vício muito doce e muito vil. Pouco a pouco, os que me admiravam se tornaram meus irresistíveis co-autores.[6] (Rodrigues, 1993a: 151)

Mesmo representando um vanguardismo teatral que estava ligado ao reconhecimento da liberdade de criação do dramaturgo, Nelson Rodrigues

[5]Ver as entrevistas concedidas ao crítico Daniel Caetano por profissionais de teatro, em que vários deles chamam a atenção para a importância de se educar o público para "elevar" o seu gosto teatral (*apud* Pereira, 1998).

[6]As pessoas às quais Nelson Rodrigues se refere são: Manuel Bandeira, Pompeu de Sousa, Tomás Santa Rosa, Prudente de Morais Neto, Tristão de Athayde (Alceu Amoroso Lima), Gilberto Freyre e Augusto Frederico Schmidt.

buscou em um determinado tipo de público a sua aclamação. Ao propor inovações que não seguiam o padrão de gosto popular predominante na década de 1940, ele pôde ser considerado um autor revolucionário de um teatro-arte.

Nelson Rodrigues investia no reconhecimento público de seu valor como artista. Mas o público principal que ele ansiava que reconhecesse a sua obra era principalmente aquele formado por intelectuais consagrados da época. Isso fez com que a sua relação com o *establishment* artístico-cultural fosse de extrema ambigüidade. Ao mesmo tempo que perseguia gente consagrada, como Manuel Bandeira, para que lesse seus originais e escrevesse opiniões elogiosas nos jornais, atacava a crítica como um todo quando as apreciações sobre alguma de suas obras não eram favoráveis. É preciso lembrar que, se o teatro de revista e as grandes companhias teatrais, como a de Procópio Ferreira, faziam grande sucesso popular, por outro lado havia uma certa elite intelectualizada, ou que procurava se consolidar naquele cenário como uma "aristocracia do gosto", nos termos de Bourdieu, que ansiava por um teatro sério, na linha do que se fazia na Europa. Entre segmentos expressivos da crítica teatral e da intelectualidade brasileira como um todo, por outro lado, havia a expectativa em torno de um teatro brasileiro moderno, afinado com as vanguardas européias, mas que fosse fortemente referenciado na cultura brasileira.

Sem desmerecer a imensa importância de *Vestido de noiva* para a fundação do moderno teatro brasileiro, é preciso relativizar a idéia construída tanto pela crítica quanto pelo próprio Nelson de que a peça revolucionária houvesse surgido do nada, como se outras iniciativas modernizadoras já não existissem desde pelo menos os anos 1920. A companhia de Itália Fausta, o Teatro do Estudante de Paschoal Carlos Magno, o Teatro de Brinquedo, entre outros empreendimentos, buscavam um "teatro sério" e ao mesmo tempo aberto ao experimentalismo. No que diz respeito aos autores nacionais, ao menos dois deles foram reconhecidos pela crítica como inovadores na década de 1930: Renato Vianna e Joracy Camargo (Doria, 1975).

O irmão de Nelson, Roberto Rodrigues, formou com Renato Vianna e Paschoal Carlos Magno uma companhia dramática chamada Caverna Mágica, instalada no teatro Cassino em fins de 1927. No porão do mesmo edifício estava o Teatro de Brinquedo. Renato Vianna ganhou especial destaque nos jornais em 1934, quando estreou uma de suas peças, intitulada *Sexo*. Embora de modo mais suave do que faria Nelson Rodrigues em *Álbum de família* mais de dez anos depois, a peça também tinha por temática a questão do incesto como marca da família patriarcal brasileira. Por isso mesmo, provocou manifestações de rua no Rio de Janeiro e pronunciamentos de parlamentares mais exaltados, no Congresso Nacional, contra o presidente Getúlio Vargas. Nelson, que naquela época já trabalhava em jornal, certamente não desconhecia tais acontecimentos (Milare, 1994: 19).

Nas suas memórias, Nelson Rodrigues conta como se sentia afetado quando surgiam em cena autores elogiados pela crítica, que poderiam ofuscar suas pretensões ao reconhecimento literário. Um dos autores que faziam sucesso de crítica e público na época era Joracy Camargo, jornalista, que havia sido convidado por Mário Rodrigues, pai de Nelson, para trabalhar na redação de *A Manhã*. Ele começou a escrever para teatro em meados dos anos 1920, a princípio produzindo textos de revista e comédias. Mas a sua peça de maior repercussão de crítica e público foi *Deus lhe pague*, de 1932. Essa peça foi saudada por uma parte da crítica como uma grande inovação da cena teatral da época, representante do "teatro sério" e de temática social, a primeira a fazer uma referência explícita a Marx na dramaturgia brasileira. A história do mendigo que havia ficado milionário esmolando, carregada de crítica social, foi montada por Procópio Ferreira, obtendo grande sucesso popular. Em suas memórias, Nelson comenta a humilhação e a inveja que sentiu:

> Eu desculparia, talvez, a bilheteria prodigiosa. E, com efeito, *Deus lhe pague* era representado, sempre, para casas lotadas. Mas vá lá. O que me ofendia, me desfeiteava, era a consagração intelectual. Não me esquecia de um almoço de literatos ao autor. E, lá, Gilberto Amado teria dito que *Deus lhe pague* era "a única peça universal do teatro bra-

> sileiro". Esse elogio causou-me um intolerável dano físico. (...) Eu não admitia um nome do teatro brasileiro, fosse do passado, fosse do presente. (...) Todas as manhãs, eu saía de casa, furioso, como se fosse destruir o teatro brasileiro e os grandes nomes literários. (Rodrigues, 1993a: 160-1)

Raymundo Magalhães Júnior, dramaturgo e crítico, considerava *Deus lhe pague* o verdadeiro marco do teatro moderno brasileiro e, citando um outro autor, disse que na época de sua criação a peça era muito mais revolucionária do que *Vestido de noiva* (Magalhães Júnior, 1967). Na década de 1960, principalmente após a montagem de *O rei da vela* pelo teatro Oficina, em 1967, Oswald de Andrade também foi considerado o grande fundador do teatro moderno brasileiro, mas que não teve a chance de ver as suas peças encenadas na época em que foram escritas. Porém, a consagração de *Vestido de noiva* como a primeira (e para alguns a única) peça fundamental do teatro moderno brasileiro foi quase unânime.

Num depoimento publicado na *Tribuna da Imprensa*, em 23 de outubro de 1978, Nelson Rodrigues descreve esse processo fulminante de consagração:

> Foi justamente depois de *Vestido de noiva* que as coisas começaram a acontecer no Teatro Brasileiro. Antigamente era o burlesco, pecinhas de costumes, superficiais, nada poético. O nosso teatro ainda usava o colete e as polainas, o sotaque lisboeta (...) então *Vestido de noiva* foi realmente o espanto. (...) Eu já havia escrito *A mulher sem pecado*. Mas *A mulher sem pecado* era — digamos — uma pirueta e *Vestido de noiva* um salto mortal. Henrique Pongetti leu e não gostou: "vai se perder no caos". Eu andava de porta em porta com *Vestido de noiva* e todo mundo recusava. Brutus Pereira quis ler a peça, ficou muito impressionado, e comprou os direitos por dois contos de réis, para Os Comediantes... que era na época dinheiro pra burro. Eu fiquei assombrado com essa fortuna. O Brutus Pereira então deu a peça pro Ziembinski no Amarelinho, na Cinelândia.
>
> (...)
>
> A estréia foi um negócio. Por sinal o público já estava mais ou menos farejando que ia ser uma coisa diferente. E no dia da estréia, o melhor

> público estava no Municipal... Embaixadores, escritores, poetas, ensaístas, jornalistas... todo mundo lá. E houve o primeiro ato. Eu estou na antecâmara de um camarote, apavorado... acaba o ato, fecha o pano... duas palmas... "estou frito". Era o caos. Acaba o segundo ato, menos ainda... nem minhas irmãs aplaudiram. E aí veio o terceiro ato, fecha o pano e ouve-se um silêncio ensurdecedor... Eu penso: "Estou liquidado, enterrado".
>
> Mas depois daquele silêncio, acabou numa apoteose fantástica.
>
> Dois dias depois da estréia, eu estou passando na Rua Alcindo Guanabara, e lá no engraxate estava o Ministro Capanema. Quando eu passei ele levantou-se, tirou o chapéu, mostrando a careca imensa, me cumprimentou.
>
> Pela primeira vez tive a sensação real de minha importância.

A peça seguinte, *Álbum de família*, foi escrita em 1945 e censurada em fevereiro de 1946. Essa censura causou imensa polêmica, pois ocorreu no início do supostamente democrático governo Dutra, após anos de ditadura estado-novista. Embora censurada para encenação, a peça foi editada em livro em julho de 1946 e despertou um amplo debate sobre o direito do poder público de censurar obras teatrais e sobre o valor da peça em si, tanto estético como moral. Muitos dos críticos e intelectuais que haviam saudado *Vestido de noiva* como uma criação genial vão considerar *Álbum de família* esteticamente fraca e moralmente condenável. Esse é o caso de Álvaro Lins e Tristão de Athayde, pseudônimo de Alceu Amoroso Lima. Ambos haviam reconhecido em *Vestido de noiva* uma obra-prima e ambos atacaram *Álbum de família*. É interessante comparar as apreciações de Lins sobre a primeira e sobre a segunda peça, porque justamente uma das coisas que ele valoriza em *Vestido de noiva* é o fato de Nelson Rodrigues ter penetrado na "psicologia abismal" dos seres humanos:

> Psicologia abismal que vem a ser essa tentação para o mal, para o pecado, para as aberrações morais, que existe no interior de todas as criaturas. Pode suceder que esse mundo de sombras não venha jamais

> a ser despertado. Ele está formado, porém, e vai-se alimentando dos instintos, impulsos, ânsias. É sempre trágica a sua explosão em luta com o consciente. (...) As aberrações morais e afetivas estão no interior do homem, e o poder de revelá-las, pela introspecção, é o da psicologia abismal. (Lins, 1993:191-2)

Três anos depois, Lins criticou a nova peça de Nelson exatamente por exagerar em suas revelações de uma natureza humana vista de modo extremamente pessimista. Na visão do crítico, tal fato acabou por comprometer a própria qualidade artística da peça:

> *Álbum de família* é vulgar na forma e banal na concepção. E maciça vulgaridade num caso destes, fecha todos os caminhos, não deixa lugar para outra sensação além do desencanto, da decepção e do aborrecimento. Peça mal planejada e ainda pior executada *Álbum de família* será condenada antes de tudo pelo senso literário e artístico dos seus possíveis leitores ou espectadores e só poderá despertar prazer ou interesse lascivo naqueles que estejam atingidos por alguma perversão nos últimos graus da baixeza humana. (Lins [1946] *apud Programa de Álbum de família*, 1967)

Nesse artigo, que foi intitulado "Tragédia ou farsa?", Álvaro Lins inaugura um tipo de crítica sobre a obra de Nelson Rodrigues que vai pôr em questão a validade artística de sua obra ao recusar a sua dimensão trágica. Enquanto seus admiradores dessa fase o comparavam a Eugene O'Neill, autor norte-americano fundamental para a tragédia moderna, seus detratores viam na sua obra o desejo do escândalo, do anseio promocional através da exploração de temas transgressores da moral sexual. Portanto, condenação moral e estética vão estar lado a lado.

Inseridos na mesma polêmica estão textos como "Os boys de Suzana Flag e seu álbum de escândalos", de José César Borba, publicado também no *Correio da Manhã,* e "A farsa erótica do sr. Nelson Rodrigues", de Raymundo Magalhães Júnior. No primeiro, o autor critica o "ímpeto frenético para o escândalo", embora reconheça algum talento no autor de *Álbum de família*. Aqui, a referência às atividades de escritor de folhetins que Nelson inaugurara em 1944 com *Meu destino é pecar*, sob o pseudônimo Suzana Flag, tem a clara intenção de questionar o valor artístico da tão discutida peça (Borba [1946] *apud Programa de Álbum de família*, 1967).

Na mesma linha seguem as observações do também dramaturgo Raymundo Magalhães Júnior:

> Seus personagens são brutos eróticos, desenhados mais ou menos linearmente, de forma primária e grosseira; todos eles anormais, tarados, digamos mesmo monstruosos, chafurdando-se na degradação e todos eles dominados por um pensamento único: o de continuarem se degradando.
>
> A "improbabilidade" nessa peça entra pelos olhos. Uma família como aquela, muito provavelmente nunca terá existido. A impressão que o Sr. Nelson Rodrigues nos dá é a de que quis fazer uma peça para escandalizar e para provocar polêmica, um pouco cabotinescamente. O elogio fácil parece que está estragando um autor de muitas possibilidades. Oxalá não se esgote um talento como o seu em tarefas inferiores, como os folhetins rocambolescos que escreve sob pseudônimo feminino, nem falte ânimo para enterrar este pobre *Álbum de família*. (Magalhães Júnior [1946] *apud Programa de Álbum de família*, 1967)

Depois de Nelson Rodrigues ser consagrado como artista genial e antes de ser tachado definitivamente como tarado, era preciso que a crítica cuidasse de desmerecer *Álbum de família* esteticamente e, nessa disputa, parece claro que pesou o sucesso de Suzana Flag nas páginas dos jornais dos Diários Associados. Tanto *Meu destino é pecar* quanto *Escravas do amor*, ambos folhetins escritos em 1944 — sendo que o primeiro também foi publicado em livro —, foram grandes sucessos comerciais. As ambições literárias de Nelson explicam a escolha de um pseudônimo feminino para a autoria dos folhetins, mas a verdadeira identidade de Suzana Flag era amplamente conhecida no meio jornalístico. Quem poderia garantir que o tal gênio revolucionário não era um embuste, forjado através de conhecimentos pessoais e de um forte apetite autopromocional?

Ao responder a uma enquete feita por *O Globo* sobre a interdição de *Álbum de família*, Tristão de Athayde foi ainda mais longe, pois, além de criticar estética e moralmente a peça, defendeu abertamente a sua interdição pela censura:

> A peça é literariamente nula. Nela, nada se salva, nem o tema, nem a expressão, nem o efeito dramático. Não passa da mais vulgar subliteratura. A própria monstruosidade sistemática, a que não escapa qualquer personagem, lhe tira toda humanidade. Quanto à interdição, me parece, no caso, perfeitamente legítima. O guarda civil tem, não só o direito, mas o dever, de impedir que um louco se dispa em plena Avenida. Os loucos do *Álbum de família*, que se despem moralmente no palco, também podem legitimamente ser convidados a fazê-lo de modo mais discreto. A exibição de uma patacoada obscena não é menos nociva, ao grande público, que o funcionamento de uma roleta. E todos aplaudimos o fechamento dos cassinos de jogo... (Athayde [1946] *apud Programa de Álbum de família*, 1967)

Por outro lado, foram muitos os intelectuais que se colocaram na defesa de *Álbum de família*. O argumento mais utilizado foi a comparação da história da peça com as temáticas da tragédia clássica, que não teriam nada de aberrante ou pornográfico. Nelson Werneck Sodré considerou *Álbum de família* uma tragédia com uma forte dimensão de crítica social. Sérgio Millet, num artigo publicado no *Diário de Notícias* em 1946, fez um longo estudo sobre a peça, fortemente influenciado por categorias psicanalíticas, e também ressaltou suas qualidades artísticas:

> Havia duas maneiras de encarar a peça: uma como drama realista, como tragédia da fatalidade de um castigo esmagando sob a cólera

> de Deus toda uma família expiadora de um misterioso pecado ancestral; outra, como a reprodução fiel e crua das lutas que ocorrem no subconsciente e que têm suas raízes profundas nos recalques que impusemos aos nossos instintos desde que a sociedade precisou de disciplina familiar, de ética, para sobreviver. (...) Como tragédia do subconsciente havia para condenar a peça a natural hostilidade da grande maioria pelas revelações desse tipo, seu pudor e seu medo pânico de desrespeitar o tabu do incesto. (...) apresentado assim como teve a coragem de fazê-lo o Sr. Nelson Rodrigues isto é, com uma generalidade, quase uma *lei*, (...) o autor enfia um ferro em brasa numa ferida comum a todos, localizada no fundo do nosso inconsciente, e que todos desejam ignorar. (...) Uma coisa deve ser repetida aqui: as peças de Nelson Rodrigues colocam o nosso teatro num plano novo, inteiramente novo, e num nível em que já ninguém esperava vê-lo. (Millet, 1993: 208-9)

Embora ainda considerado gênio por muitos, nessas polêmicas aos poucos vai se configurando a imagem de autor maldito, obsceno, tarado. O que se esboça em *Álbum de família* acaba se confirmando em *Anjo negro* e, principalmente, em *Senhora dos afogados*. A cada controvérsia pública, a cada debate gerado por sua obra, a relação de Nelson com o campo artístico e intelectual torna-se mais tensa. É nesse momento que a unanimidade passa a ser considerada burra, assim como a opinião pública. Em maio de 1946, antes mesmo das polêmicas nos jornais, Nelson concede uma entrevista a Daniel Caetano, do *Diário de Notícias*, em que mistura uma perspectiva de autor de vanguarda com um imenso desprezo pelo público:

> — Qual a sua opinião sobre a sua obra?
> — Quem entende de teatro aplaudiu. (*apud* Pereira, 1998: 152)

E mais adiante:

> — Acho que um espetáculo teatral é a reunião do autor, diretor e ator.
> — E o público?

> — É com o bilheteiro. O autor que pensa no público mata a obra de arte. (*apud* Pereira, 1998: 153)

Nesse contexto, surgiu a sua proposta do teatro desagradável, marcando um total descompromisso do autor com o gosto do público e com os padrões do que era considerado moralmente aceitável como tema para obras de arte. Num texto publicado em outubro de 1949 no primeiro número da revista *Dionysos*, editada pelo Serviço Nacional de Teatro, Nelson explica o seu teatro desagradável. Na verdade, trata-se de uma resposta às críticas que vinha recebendo desde *Álbum de família* e que já resultavam na pecha de ser o autor "mais discutido do Brasil". Nelson justifica do seguinte modo as temáticas que escolhia para as suas peças:[7]

> Peçam tudo, menos que eu renuncie às atrocidades habituais dos meus dramas. Considero legítimo unir elementos atrozes, fétidos, hediondos ou o que seja, numa composição estética. Qualquer um pode, tranqüilamente, extrair poesia de coisas aparentemente contra-indicadas. Isso é tão óbvio, que me envergonho de repeti-lo.
>
> E continuarei trabalhando com monstros. Digo monstros, no sentido de que superam ou violam a moral prática cotidiana. Quando escrevo para teatro, as coisas atrozes e não atrozes não me assustam. Escolho meus personagens com a maior calma e jamais os condeno. Quando se trata de operar dramaticamente, não vejo em que o bom seja melhor que o mau. Passo a sentir os tarados como seres maravilhosamente teatrais. E, no mesmo plano de validade dramática, os loucos varridos, os bêbedos, os criminosos de todos os matizes, os epilépticos, os santos, os futuros suicidas. A loucura daria imagens plásticas inesquecíveis, visões sombrias e deslumbrantes para uma transposição teatral! (Rodrigues, 1949: 13)

É a polêmica em torno de *Senhora dos afogados* que confirma o teatro desagradável. A peça, escrita em 1947, foi logo censurada e somente libe-

[7]É importante lembrar que nesse momento ele havia escrito *A mulher sem pecado* (1941), *Vestido de noiva* (1943), *Álbum de família* (1945), *Anjo negro* (1946) e *Senhora dos afogados* (1947).

rada para encenação em 1953. O *Correio da Manhã*, em 27 de maio de 1949, publicou o despacho do chefe de Polícia, general Lima Câmara, justificando a interdição da peça:

> A peça em questão, pela delicadeza de seu exame, foi objeto do pronunciamento de todos os censores do SCDP [Serviço de Censura de Diversões Públicas] e, de onze técnicos, somente três opinaram pela representação, oferecendo, todavia, restrições acentuáveis. No sentido inverso, do veto, também se mostrou o sr. diretor daquele órgão.
>
> Além dos pareceres, acima referidos, está este processo enriquecido por outros não menos respeitáveis, inclusive do Serviço Nacional de Teatro e da Consultoria do Ministério da Justiça.
>
> Não obstante a farta instrução que vem anteceder meu presente pronunciamento, detive-me, outra vez, na leitura de toda a peça teatral e não posso senão decidir-me pela sua impugnação.
>
> (...)
>
> Na peça em tela, além de passagens, infelizmente não raras, do mais chocante realismo, em que se apresentam, como requintes, práticas lascivas e pervertidas, nenhum vislumbre se nota de desaprovação por personagens tão hediondos. Se em macabra seqüência todos se eliminam no decorrer das cenas, com isso nada lucra o aspecto moral da peça. Nenhum sentido de justiça divina ou dos homens se pressente.
>
> Se ainda, como querem os defensores da licença na arte, examinássemos as diversas produções do autor Nelson Rodrigues, encontraríamos sempre a exploração dos mesmos motivos: incestos, perversões sexuais, homicídios e suicídios. Sempre o mesmo tema, trazendo à cena, incondicionalmente, personalidades psicopáticas, eróticas e perversas.
>
> Cumprindo a este Departamento, pelo Serviço de Censura de Diversões Públicas, negar autorização às peças que ofendem o decoro público, divulguem ou induzam aos maus costumes, não posso senão confirmar o ato daquele órgão. E mais, julgo até que a peça em exame, representada que fosse, viria infringir o que dispõe o art. 234 do Código

> Penal vigente, pois, segundo a lição de Nelson Hungria, a licença de censura não tem a virtude de isentar de caráter criminoso a obscenidade grosseira.

Senhora dos afogados só veio a ser representada em junho de 1954, inaugurando a temporada oficial desse ano da Companhia Dramática Nacional, com direção de Bibi Ferreira. Nessa época, Nelson trabalhava na *Última Hora*, jornal de Samuel Wainer, que era a principal trincheira em defesa do getulismo e que vinha recebendo fortes ataques do udenista Carlos Lacerda, por meio das páginas de seu jornal, *Tribuna da Imprensa,* e também através de programas de rádio. Embora eleitor fiel da União Democrática Nacional (UDN) e antigo admirador de Lacerda, Nelson foi duramente atacado pelo moralismo do "corvo". Para se ter uma idéia, em 1953, Lacerda, ex-militante comunista, chamava Nelson Rodrigues de tarado na rádio Globo, dizia que ele era "um dos instrumentos do plano comunista da *Última Hora* para destruir a família brasileira" e lia trechos de Marx e Engels sobre a família, comparando-os com as crônicas de nosso autor na coluna *A vida como ela é...* (Castro, 1992: 243-4).

Após a liberação de *Senhora dos afogados*, Ziembinski tentou levá-la com o Teatro Brasileiro de Comédia, mas o TBC recusou. A peça foi então dirigida por Bibi Ferreira para a Companhia Dramática Nacional, grupo oficial que na temporada de 1953 já havia encenado *A falecida*. Na estréia, no Teatro Municipal, houve vaias e aplausos na platéia e, mais uma vez, desencadeou-se uma polêmica nos jornais. Tudo isso acompanhado de uma campanha promocional da peça feita pelo jornal *Última Hora*. Na edição de 3 de junho de 1954, eis o que noticiava o jornal de Samuel Wainer:

> A estréia de *Senhora dos afogados*, acontecida na noite de 1 de junho, isto é, anteontem, foi a mais sensacional dos nossos palcos, nesses últimos tempos. Autor discutidíssimo, Nelson Rodrigues permanece entre aqueles que detestam verdadeiramente a sua obra, aqueles que a detestam por atitude, motivos de ordem ou falso moralismo, aqueles

que aceitam com restrições a obra e aqueles que o consideram um gênio e o nosso maior dramaturgo.

Com *Senhora dos afogados* as coisas esquentaram, e o resultado é que o Municipal, repleto, agitou-se como há muito tempo não se agitava. Pois, terminada a peça, por não terem gostado do espetáculo ou por prevenção contra Nelson (*A vida como ela é*) Rodrigues muitos começaram a vaiar, motivando uma reação tremenda do outro lado, reação que terminou por abafar, sensacionalmente, os apupos, recebendo o autor, e mais Bibi Ferreira, a excelente diretora e todo o elenco — muitos choravam, emocionados — uma espetacular e merecida consagração.

A *Última Hora* sempre destaca que os aplausos predominavam sobre as vaias, mas muitos críticos escrevem contra a peça em outros jornais. Paschoal Carlos Magno publica no *Correio da Manhã* de 8 de junho as seguintes considerações:

> Não tem defesa, porque não tem teatro (desesperado ou esperançoso) a última peça do sr. Nelson Rodrigues. Certos míopes intelectuais a defendem, e até procuram quichotescamente "explicá-la": atribuem-lhe ineditismos; chamam-na renovadora. Não cremos em verdade que a renovação humana — sobre a qual se debruçam na Rússia e fora dela tantos pesquisadores da genética — possa operar-se efetivamente pelo incesto. (...) A "inovação" do sr. Nelson Rodrigues consiste em montar uma indústria cênica que participa do incesto — produzido em série — e da metralhadora com que o autor desesperado acaba matando a todos os seus personagens.
>
> Não é mais tragédia. O público não se desespera; ri (...). Há muita alegria, afinal, nas platéias que assistem às tragédias do sr. Nelson Rodrigues, às vezes há também enervamento, aborrecimento ante certa grosseria, certa falta de educação artística, presentes nos traços pesados com que o desenho foi feito.
>
> (...) Apresenta-nos uma coleção de seres carregados de taras, de anormalidades ridículas ou monstruosas, como o repórter que procura "sensacionalismo" de má qualidade, acaba confrangendo-nos menos

> com o horror dos fatos que narra do que com a maneira inábil por que os descreve.
>
> Havia nesse autor — em seus trabalhos iniciais — uma certa força poética que se perdeu. (...)
>
> Na vesperal a que assisti, o público visivelmente se dividia em dois campos: — o dos que não gostavam mas aplaudiam e dos que não gostavam e diziam. O sr. Nelson Rodrigues talvez seja apenas um caçador de escândalos. Quase acredito na versão que distribui pela platéia imensa do Municipal amigos e parentes para apupá-lo. Acha que lhe fica muito bem esse ar de mártir, de herói da sua própria obra, de vítima de seu próprio "gênio".

Mais uma vez, surgem objeções de diversas naturezas: morais, contra a temática da peça, relacionada ao incesto e às perversões de ordem sexual; estéticas, que questionam o valor artístico da obra e tratam o autor como um talento desperdiçado, e a que denuncia as estratégias de autopromoção do autor. Na coluna *Bilhetes do Rio*, publicada no jornal paulista *A Gazeta* em 10 de junho, o crítico enfatiza o aspecto moral condenável de *Senhora dos afogados*, segundo ele "uma peça para o nosso tempo". Depois de afirmar que "a peça só tem anormais e tarados", ele prossegue:

> Mas, a verdade é que *Senhora dos afogados* pôde ser levada agora à cena, quando antes não o conseguira. Há quem ache razão nessa mobilidade da censura na mudança do tempo. Estamos em plena florescência do taradismo, dos escândalos, dos golpes, dos assaltos, de todas as torpezas morais. Há anos passados, o clima moral e social estava imaturo. Agora está maduro para os episódios que fluem em *Senhora dos afogados*.

Além dos questionamentos morais que acabam por consolidar a imagem pública de tarado de nosso autor, uma questão importante que aparece na crítica de Paschoal Carlos Magno, com base na reação da platéia, é a dúvida acerca do caráter trágico de sua obra. A tragédia é a expressão por excelência do "teatro sério", artisticamente valorizado. Se a platéia ri e se o autor é acusado de fazer dos escândalos um apelo promocional para garantir a presença do público, como diferenciá-lo do teatro comercial que faz concessões ao gosto popular? É com base nesse tipo de consideração que Nelson Rodrigues também começa a ser associado por uma parte da crítica ao mau gosto, à subliteratura. Numa carta enviada a Antonio Olinto e publicada em *O Globo* em 22 de agosto de 1951, Nelson se defende dos ataques que vinha sofrendo pelo fato de outra peça sua, *Valsa nº 6*, ser considerada fraca literariamente:

> Meu caro Antonio Olinto: Recortei o artiguete que o Sr. Marques Rebelo, novo cronista teatral, escreveu sobre a minha peça *Valsa nº 6*. É uma pequena jóia crítica, que me envaideceu e que desejo conservar. No seu julgamento, com efeito, o cronista se mostra gentil, do princípio ao fim. Gentilíssimo. Faz-me elogios, que me desvanecem; admite que eu tenha talento. No Sr. Marques Rebelo, isso é muito, isso é demais. Daí a minha gratidão. E daí, também, o meu interesse pessoal em concordar com um cidadão que me elogia. Tudo na crônica me parece exato, procedente, mesmo no trecho em que o Sr. Marques Rebelo indica certas passagens subliterárias da peça. Estou de acordo com a observação, inteiramente de acordo. Só não entendo o tom restritivo. Aliás, o uso de linguagem subliterária nunca foi defeito no Brasil. Todos nós, aqui, praticamos a subliteratura, de vez em quando, e com exemplar descaro. Meu próprio exemplo não vale, porque represento muito pouco. Todavia posso citar alguém que está acima de qualquer dúvida ou sofisma, autêntica glória oficial e estabilizada. Refiro-me ao Sr. Carlos Drummond de Andrade que, em poema recente, falava no "barro que quer ser estátua". Ora, "barro que quer ser estátua" sempre foi imagem de jornal de modinha. Nesse andar, o Sr. Carlos Drummond de Andrade acaba comparando o crepúsculo a uma apoteose de sangue e o sol a um disco de fogo.
>
> E para não ir mais longe: o próprio Sr. Marques Rebelo, que assume, nesta altura, um ar modesto e contrafeito de estilista, também realiza suas incursões furtivas na subliteratura. Tenho diante de mim a edição de sua única peça, *Rua Alegre, 12*, que é, por coincidência, segundo propalam os eternos descontentes, um oceano de bobagens. Não chego a tanto. Todavia, não resisti à tentação de selecionar, na produção

teatral do Sr. Marques Rebelo, um mínimo de 125 imagens realmente definitivas. A coisa piora um pouco quando o autor se põe a pensar. Nota-se mesmo uma certa coerência entre a poesia da peça e sua filosofia. Esta, porém, ganha no olho mecânico. Mas vejamos alguns exemplos concretos. Eis como deblatera o amoroso do drama: "TEU CORPO É LEITE." Não satisfeito, prossegue: "O LUAR NOS ABENÇOA. O PERFUME DA NOITE NOS ENVOLVE." Ou, então, esta outra imagem, original e revolucionária: "TEU CORPO É LEVE E FLEXÍVEL COMO O JUNCO." Vem a heroína e clama: "PROTEGIDA POR TEU PEITO, RIREI DAS TEMPESTADES." O herói gargalha: "TEMPESTADE?"... E ele próprio responde: "VÃO TEMOR!" Tais metáforas colocam o leitor num dilema: ele não sabe qual admirar, se o lirismo, se a dramaticidade. E a coisa culmina, quando espouca a parte filosófica. O mocinho proclama: "O AMOR É VERDADE." Vai além: "FECHAR OS OLHOS PARA A VIDA É A GRANDE RECEITA DA FELICIDADE." E conclui: "DOS TEUS OLHOS O MEL ESCORRE." A heroína não fica atrás; e assaca: "TEU CORPO É CHAMA." E ainda, de quebra, um pensamento de insondável profundeza: "A VIDA É LUTA!"

Veja você, meu caro Antonio Olinto. Tudo isso que eu reproduzi, textualmente, está no nível estilístico das canções do Sr. Vicente Celestino. Salvo engano, a *Rua Alegre, 12* não me parece superior, em bom gosto de linguagem, ao "Coração materno", ao "Ébrio", ao "Rasguei teu retrato". Julgo descobrir no Sr. Marques Rebelo uma bossa insofismável, qual seja a de escrever textos para o Sr. Vicente Celestino cantar. Com tudo isto, eu quero reivindicar para mim o direito de fazer subliteratura, à semelhança de vultos mais categorizados como os dos Srs. Carlos Drummond de Andrade e Marques Rebelo.

Antes de terminar, quero agradecer-lhe a publicação desta. Seu admirador — (as.) Nelson Rodrigues.

No meio de toda essa polêmica, Nelson defende o caráter trágico de sua peça *Senhora dos afogados*. Na *Folha de S. Paulo* de 5 de junho de 1954, ele dá o seguinte depoimento:

Senhora dos afogados é uma peça triste, tristíssima. Talvez faça o público sofrer, talvez. Vejamos, porém, a alma secretíssima desta pobre

> tragédia brasileira. O que caracteriza uma peça trágica é justamente o poder de criar a vida e não imitá-la. Isso a que chamamos "vida" é o que se representa no palco e não o que vivemos cá fora. Evidentemente excluo aqui as peças digestivas, o teatro só para rir, os dramas de salão. O personagem do palco é mil vezes mais real, mais denso e, numa palavra, "mais homem" que cada um dos espectadores. Querem um exemplo? Vejam Moema ou D. Eduarda e as ponha ao lado de certas senhoras da platéia. Perceberemos então que a espectadora realmente não vive, apenas imita a vida. Finge que é mulher, finge que é criatura humana e continua fingindo até no leito conjugal. Nada conhece, nada sabe dos desesperos, das paixões, das agonias que poderiam alçar à plenitude de sua condição humana. Já Moema ou D. Eduarda não. Estão no palco com as olheiras de carvão, mas vivas. Têm a autenticidade, a gana, a garra, o delírio que nos faltam. E, súbito, sentimos, na platéia, o dilaceramento da nossa frustração total. O personagem vive a vida que devia ser a nossa, a vida que recusamos.
>
> Outra verdade que julgo definitiva é a seguinte: a alegria não pertence ao teatro, nem o otimismo. Pode-se medir a força de uma peça e a sua pureza teatral pela capacidade de criar desespero. O teatro ou é desesperado ou não é teatro.

Os questionamentos de ordem moral e estética, estes últimos sempre pondo em dúvida o caráter trágico da obra rodriguiana, caracterizam também a fase das tragédias cariocas, classificação de Sábato Magaldi para um conjunto de peças escritas nas décadas de 1950 a 1970. Uma delas é especialmente importante para reforçar a imagem de autor tarado e obsceno e, ao mesmo tempo, de valor artístico duvidoso: *Perdoa-me por me traíres*.

Perdoa-me por me traíres foi encenada em 1957 pela Companhia Suicida, formada a partir da iniciativa do próprio Nelson Rodrigues. A estréia da Companhia tinha sido uma montagem de *Vestido de noiva* em 1955 e, numa reportagem da revista *O Cruzeiro* de 16 de abril desse ano, Nelson explica o porquê do "teatro suicida": "O teatro vive e sobrevive na base da concessão. Sua eternidade depende do mau texto, do mau espetáculo, do mau intérprete. Ora, uma companhia que se rebela contra a concessão, que não fará concessão, é por isso mesmo 'suicida'."

Dentro desse espírito, *Perdoa-me por me traíres* também estava fadada à polêmica. Dirigida por Léo Júsi, estreou no Teatro Municipal com uma grande novidade: o próprio Nelson interpretava um dos personagens principais, o tio Raul, que assassinou a cunhada adúltera e que nutria desejos incestuosos pela sobrinha (Castro, 1992: 271-7). Anos depois, Nelson Rodrigues escreve sobre a importância do episódio da estréia dessa peça para o seu teatro desagradável:

> *Álbum de família*, a tragédia que se seguiu a *Vestido de noiva*, inicia meu ciclo do "teatro desagradável". (...) A partir de *Álbum de família*, tornei-me um abominável autor. Por toda a parte só encontrava ex-admiradores. Para a crítica, autor e obra estavam justapostos e eram ambos "casos de polícia".
>
> Depois, viriam *Anjo negro*, *Senhora dos afogados*, *Dorotéia*, *Perdoa-me por me traíres*. Esta última estreou no Teatro Municipal. Embora sendo o pior ator do mundo, representei, imaginem, eu representei. Era a maneira de unir minha sorte à de uma peça que me parecia polêmica. Muito bem. Os dois primeiros atos foram aplaudidos. Nos bastidores, imaginei: — "Sucesso". Mas ao baixar o pano, no terceiro ato, o teatro veio abaixo. Explodiu uma vaia jamais concebida. Senhoras grã-finérrimas subiam nas cadeiras e assoviavam como apaches. Meu texto não tinha um mísero palavrão. Quem dizia os palavrões era a platéia. No camarote, o então vereador Wilson Leite Passos puxou um revólver. E, como um Tom Mix, queria, de certo, fuzilar o meu texto. Em suma: — eu, simples autor dramático, fui tratado como no filme de bangue-bangue se trata ladrão de cavalos. A platéia só faltou me enforcar num galho de árvore.
>
> A princípio deu-me uma fúria. Sempre digo que a coragem é um momento, que a covardia é um momento. Tive, diante da vaia, esse momento de coragem. Naquele instante, teria descido para brigar, fisicamente, com 1.500 bárbaros ululantes. Graças a Deus, quase todo o elenco pendurou-se no meu pescoço. Mas o que insisto em dizer é que estava isento, sim, imaculado de medo. Lembro-me de

> uma senhora, trepada numa cadeira, a esganiçar-se: — "Tarado! Tarado!".
>
> E, então, comecei a ver tudo maravilhosamente claro. Ali, não se tratava de gostar ou não gostar. Quem não gosta simplesmente não gosta, vai para casa mais cedo, sai no primeiro intervalo. Mas se as damas subiam pelas paredes como lagartixas profissionais; se outras sapateavam como bailarinas espanholas; e se cavalheiros queriam invadir a cena — aquilo tinha que ser algo de mais profundo, inexorável e vital. *Perdoa-me por me traíres* forçara na platéia um pavoroso fluxo de consciência. E eu posso dizer, sem nenhuma pose, que, para minha sensibilidade autoral, a verdadeira apoteose é a vaia. Dias depois, um repórter veio entrevistar-me: — "Você se considera realizado?". Respondi-lhe: — "Sou um fracassado". O repórter riu, porque todas as respostas sérias parecem engraçadíssimas. Tive que explicar-lhe que o único sujeito realizado é o Napoleão de hospício, que não terá nem Waterloo nem Santa Helena. Mas confesso que, ao ser vaiado em pleno Municipal, fui, por um momento fulminante e eterno, um dramaturgo realizado, da cabeça aos sapatos. (Rodrigues, 1995b: 286-8)

A formulação do teatro desagradável se confunde com a tentativa de estabelecer uma outra posição para si no meio artístico. A partir da classificação de tipos de artista proposta por Howard S. Becker, pode-se afirmar que a identidade artística que Nelson Rodrigues busca construir para si ao longo de sua trajetória de vida oscila entre o tipo inconformista e o tipo ingênuo de artista. O artista inconformista tem por origem o mundo artístico convencional de sua época, porém não se conforma com as suas convenções. Mas a intenção do inconformista não é romper radicalmente com o mundo artístico tradicional, e sim forçar o seu reconhecimento e de seu trabalho, ainda que as regras estabelecidas tenham sido transgredidas (Becker, 1977a: 15). Daí a procura de Nelson Rodrigues pelos elogios da crítica, mesmo dos críticos mais tradicionais, assim como pelo sucesso de público.

Num segundo momento da construção de sua identidade artística, na intenção de afirmar-se como artista ingênuo ou primitivo, Nelson

Rodrigues se esforça em negar uma formação cultural mais ampla, o que pode ser acompanhado através de suas crônicas jornalísticas e depoimentos das décadas de 1950 a 1970. O artista ingênuo, também chamado de primitivo ou espontâneo, é aquele que nunca teve contato com o mundo artístico, nem possui um treinamento específico. Seu trabalho é muitas vezes solitário, dada a impossibilidade do artista em explicá-lo em termos convencionais. Daí a marca da excentricidade ou loucura que muitas vezes esse tipo artístico recebe (Becker, 1977a: 18-21).

Porém, ao mesmo tempo que procurava construir a sua identidade de gênio primitivo através, principalmente, de suas crônicas jornalísticas, Nelson Rodrigues também as utilizava para explicar o seu teatro. Na sua visão, justamente por não buscar agradar o público, o seu teatro tinha uma função muito importante. Esta seria uma função purificadora, que uniria a sua dramaturgia à tradição ocidental da catarse do público diante da obra, assim como a uma certa referência a uma cultura freudiana. Numa crônica contemporânea à estréia de *Perdoa-me por me traíres*, Nelson escreve:

> Mas vejamos a violência de *Perdoa-me por me traíres*. Morbidez? Sensacionalismo? Não. E explico: a ficção, para ser purificadora, precisa ser atroz. O personagem é vil para que não o sejamos. Ele realiza a miséria inconfessa de cada um de nós. A partir do momento em que Ana Karenina, ou Bovary, trai, muitas senhoras da vida real deixarão de fazê-lo. No *Crime e castigo*, Raskolnikov mata uma velha e, no mesmo instante, o ódio social que fermenta em nós está diminuído, aplacado. Ele matou por todos. E, no teatro, que é mais plástico, direto e de um impacto tão mais puro, esse fenômeno de transferência torna-se mais válido. Para salvar a platéia, é preciso encher o palco de assassinos, de adúlteros, de insanos e, em suma, de uma rajada de monstros. São os nossos monstros, dos quais eventualmente nos libertamos, para depois recriá-los. (Rodrigues, 1996: 15)

Ou seja, ao mesmo tempo que buscava explicar o seu teatro através de argumentos intelectualizados, Nelson Rodrigues afirmava a sua ignorância e o seu antiintelectualismo. Em diversos depoimentos e crônicas ele diz que a única peça teatral que havia lido antes de começar a escrever para teatro era *Maria Cachucha*, de Joracy Camargo. Essa peça, uma comédia encenada em 1940, gira em torno de uma mendiga de "alma nobre", tem um enredo bastante ingênuo e é praticamente a antítese da "galeria de monstros de Nelson Rodrigues". É quase certo que tal afirmação fosse uma brincadeira de Nelson, o que tem sido confirmado por pesquisas recentes, que encontraram textos seus de juventude em que autores como Shakespeare e outros clássicos da dramaturgia eram comentados fartamente.[8]

Embora tenha afirmado que depois da inauguração de seu teatro desagradável só encontrava por todo lado ex-admiradores, na década de 1950, Nelson Rodrigues se tornou um autor muito popular. Isso se deve em grande parte às histórias publicadas diariamente na coluna *A vida como ela é...*, no jornal *Última Hora*, e também a uma certa mudança de rumo que a sua dramaturgia sofreu com as tragédias cariocas. Tal sucesso de público tem a ver com a elaboração de um outro personagem: o autor profundamente carioca, que faz da cidade e dos seus tipos humanos matéria de criação literária. Mais especificamente, aquele que consegue retratar como ninguém a vida dos subúrbios do Rio de Janeiro.

O BARDO DOS SUBÚRBIOS

A transformação do pernambucano Nelson no "mais carioca dos autores" é indissociável da história de sua coluna diária intitulada *A vida como ela é...*, publicada ao longo de dez anos no jornal *Última Hora*, de Samuel Wainer. Esse periódico foi fundado com o objetivo explícito de apoiar politicamente Getúlio Vargas em seu segundo governo, após sua vitória nas eleições de 1950, rompendo o cerco da oposição representada pela grande imprensa. Além de getulista, a *Última Hora*

[8]Em *O Globo* de 28 de novembro de 1999, há a referência a uma pesquisa desenvolvida por Caco Coelho sobre a obra de Nelson Rodrigues anterior à dramaturgia, na qual o pesquisador encontrou textos de crítica literária e de outros tipos, assinados por nosso autor, com inúmeras referências a Shakespeare e outros dramaturgos.

também foi se tornando aos poucos um jornal fortemente popular. No campo jornalístico, Samuel Wainer e seu jornal contavam com dois inimigos de peso: Assis Chateaubriand, dono do conglomerado Diários Associados, e Carlos Lacerda, udenista e dono do pequeno mas estridente *Tribuna da Imprensa*.

Quando Samuel Wainer convidou-o para trabalhar na *Última Hora*, em 1951, além das peças e textos jornalísticos, Nelson Rodrigues já havia escrito folhetins de sucesso nas páginas dos jornais dos Diários Associados, sob os pseudônimos de Suzana Flag e Myrna. Mas a contribuição de *A vida como ela é...* para tornar Nelson um autor conhecido pelo público mais amplo foi fundamental. Nas suas memórias, Samuel Wainer conta como Nelson Rodrigues foi levado a escrever a coluna:

> Num domingo, recebi a notícia de que um casal que viajava em lua-de-mel morrera na queda de um avião. Achei que aquela história poderia render uma excelente reportagem. Chamei Nelson Rodrigues, meu redator de esportes, e perguntei-lhe se aceitava escrever uma coluna diária baseada em fatos policiais. Nelson recusou. Resolvi enganá-lo, e contei que André Gide já fizera isso na imprensa francesa. Defendi também a tese de que, no fundo, *Crime e castigo*, de Dostoievski, era uma grande reportagem policial. Eu apenas queria que ele desse um tratamento mais colorido, menos burocrático, a um certo tipo de notícia. Nelson afinal cedeu. Sentou-se à máquina e, pouco depois, entregou-me o texto sobre o casal que morrera no desastre de avião. Era uma obra-prima, mas notei que alguns detalhes — nomes, situações — haviam sido modificados. Chamei Nelson e pedi-lhe que fizesse as correções.
>
> — Não, a realidade não é essa — respondeu-me. — A vida como ela é é outra coisa.
>
> Eu me rendi ao argumento e imediatamente mudei o título da seção. Deveria chamar-se *Atire a primeira pedra*, mas ficou com o título de *A vida como ela é*, que considero um dos melhores momentos do jornalismo brasileiro. (Wainer, 1988: 152-3)

A vida como ela é... tornou-se um grande sucesso de público, em parte porque nas histórias diárias a coluna trazia uma forte ambientação carioca, com seus lugares, seus tipos urbanos, dando especial atenção para a descrição dos subúrbios. Só que as histórias eram de Nelson Rodrigues, com seus temas de traição, incesto, morte, suicídios e perversões. Numa edição de uma seleção desses contos, sugestivamente intitulada *Elas gostam de apanhar* e ilustrada por desenhos de Ziraldo, Nelson descreveu do seguinte modo as histórias de *A vida como ela é...*:

> Alguém dirá que A VIDA COMO ELA É insiste na tristeza e na abjeção. Talvez, e daí? O homem é triste e repito: — triste do berço ao túmulo, triste da primeira à última lágrima. Nada soa mais falso do que a alegria. Rir num mundo miserável como o nosso é o mesmo que, em pleno velório, acender o cigarro na chama de um círio. Pode-se dizer ainda que é triste A VIDA COMO ELA É — porque o homem morre. Que importa tudo o mais se a morte nos espera em qualquer esquina? Convém não esquecer que o homem é, ao mesmo tempo, o seu próprio cadáver. Hora após hora, dia após dia, ele amadurece para morrer. Há gêneros alegres, eu sei. Fala-se em "teatro para rir". Mas uma peça que tenha essa destinação específica é tão absurda, obscena, como o seria uma missa cômica. Agora o aspecto da sordidez. Nas abjeções humanas, há ainda a marca da morte. Sim, o homem é sórdido porque morre. No seu ressentimento contra a morte, faz a própria vida com excremento e sangue. (Rodrigues, 1964: 3)

Não foi à toa que, no auge de sua campanha contra a *Última Hora*, em 1953, Lacerda insistiu tanto no ataque moralista ao "tarado" Nelson Rodrigues. Gustavo Corção, católico colaborador da *Tribuna da Imprensa*, com o apoio do cardeal do Rio de Janeiro, dom Jaime Câmara, acusava Nelson de ser contra a família brasileira e a religião. O curioso é que, embora a sua família mantivesse boas relações com Getúlio, Nelson simpatizava com a UDN e até já havia votado em Carlos Lacerda para vereador. Mesmo nas eleições presidenciais de 1950, ele havia votado no brigadeiro Eduardo Gomes, e não em Getúlio Vargas. Mas, naquele momento, malgrado as suas opções políticas, o nome de Nelson Rodrigues estava associado à *Última Hora* e ao getulismo, despertando a ira moralista da campanha lacerdista (Castro, 1992: 244-8).

Os contos de *A vida como ela é...*, além de importantes para oficializar a imagem pública de tarado e criar a de autor carioca, também se tornaram um grande laboratório para a elaboração das peças teatrais ambientadas no Rio de Janeiro. Com exceção de *Álbum de família*, em que Nelson explicitamente localizava a ação numa fazenda em Minas Gerais, todas as peças anteriores a *A falecida* não possuíam indicações precisas de localização espacial. Já nas tragédias cariocas há nas histórias referências a diversos locais da cidade, assim como a tipos que representariam a vida urbana do Rio de Janeiro, tais como Boca de Ouro, o bicheiro de Madureira. Sábato Magaldi relaciona essa mudança na dramaturgia rodriguiana com as dificuldades com a censura e com a crítica que suas peças vinham sofrendo, assim como com a experiência de escrever *A vida como ela é...* Era como se o teatro de Nelson fosse tocado pelo "novo diálogo com o leitor, espontâneo e direto" presente nos contos diários publicados na *Última Hora* (Magaldi, 1993: 67-8).

Um dos aspectos importantes presentes nesse conjunto de peças é o humor. Porém, Nelson fez questão de classificá-las como tragédias: *A falecida*, *Boca de Ouro* e *O beijo no asfalto* são "tragédias cariocas"; *Perdoa-me por me traíres*, "tragédia de costumes"; *Otto Lara Resende ou Bonitinha, mas ordinária* é simplesmente uma "peça em três atos"; *Toda nudez será castigada* é uma "obsessão em três atos"; *A serpente*, "peça em um ato". A única peça que Nelson classificou como comédia foi *Os sete gatinhos*, mas era uma "divina comédia". Sábato Magaldi chegou a sugerir a Nelson Rodrigues que na organização de seu *Teatro completo* esse conjunto de peças estivesse reunido sob a denominação "tragédia carioca de costumes", o que faria referência ao realismo da ambientação, da linguagem e também ao humor. Mas Nelson rejeitou e preferiu designá-las tragédias cariocas, fato que Magaldi interpreta da seguinte maneira:

> Como Nelson impôs sua obra, sobretudo no início, contra a dominante comédia de costumes, não gostaria de filiar-se a uma corrente cuja ambição artística lhe parecia em geral menor. Tanto pela

> fidelidade ao seu universo como a um projeto estético superior, Nelson julgava imprescindível mover-se sempre no território da tragédia. (Magaldi, 1993: 66)

Portanto, embora a opção por um maior enraizamento de sua produção teatral possa ser vista como uma estratégia de Nelson Rodrigues para obter sucesso de público e crítica, por outro lado, havia a preocupação em não ser confundido com um "teatro para rir", de apelo puramente comercial, sempre pronto a fazer concessões ao gosto popular. Pompeu de Sousa, crítico e amigo de Nelson Rodrigues, chamou a atenção para essa mudança, considerando *A falecida* uma comédia de costumes, mas de grande valor artístico:

> (...) sua obra passa por uma transição (...). Passa da tragédia universal para a comédia de costumes carioca, suburbana, "zona norte da cidade"; sem perder, entretanto, sua universalidade essencial. Uma estranha e personalíssima comédia de costumes, é verdade, que fez o próprio autor equivocar-se na sua classificação e chamá-la de "tragédia carioca", ao primeiro e melhor exemplar, até aqui, de sua obra neste novo rumo: *A falecida*. Mas indiscutivelmente, comédia de costumes, como suponho ter demonstrado em duas ou três crônicas que publiquei por ocasião de seu lançamento cênico. Comédia de costumes de uma altitude onde nunca se elevara o pobre gênero em nossa língua, digna daquela onde se situou a tragédia do mesmo autor. Comédia de costumes que oferece todo o mesmo extenso e rico campo de estudos sobre a contribuição do autor, tanto no terreno da concepção criadora, como no da construção cênica e no da composição literária. Neste último, jamais se terá exemplo de tão extraordinária dignificação dramática do trivial e de tão bela poetização da gíria. (Sousa, 1959: 14)

Foi exatamente esse aspecto da elaboração dos diálogos a partir da fala cotidiana, elemento que já havia sido elogiado por Manuel Bandeira nas primeiras peças, um dos mais ressaltados pela parcela da crítica que recebeu *A falecida* como uma grande novidade nos palcos brasileiros. *A falecida* tinha diálogos sobre futebol, jogo do bicho, personagens jogavam sinuca num botequim, freqüentavam a Cinelândia e moravam na Aldeia Campista, Zona Norte do Rio de Janeiro.

Mas, como de costume, havia também os que consideraram a peça grosseira e destituída de valor artístico. Um desses críticos foi Renato Vieira de Melo, que assinava a coluna de teatro de *O Jornal*. No artigo publicado em 11 de julho de 1953, ele diz:

> Com toda a sua brutalidade, a sua grosseria, os seus tons macabros e funéreos, os seus disfarces de montagem, a busca deliberada e infantil do escabroso, a peça do sr. Nelson Rodrigues é apenas mais uma história de marido enganado. E um marido que sabe da sua desdita em artigo de morte e faz chantagem contra o amante, arranca dinheiro para o enterro e vai apostar no último ato num campo de foot-ball. Não sei como se possa descobrir nessa história vulgar sentido trágico e político; só mesmo um grupinho de iniciados e eleitos, no qual, garanto, não se inclui o público a julgar pelas reações que pressenti na platéia.
>
> Não tenho a intenção de incompatibilizar o autor com o público, somente me admiro que o senhor Nelson Rodrigues, afinal de contas um intelectual bem pensante, insista na tecla da escabrosidade e do escândalo, quando se dirige a um público igualmente bem pensante como ele e que não quer saber dessas coisas. O trágico e o poético exigem antes de qualquer coisa verbo; e se completam com os acessórios do espetáculo. Ora o sr. Nelson Rodrigues dá a impressão que teme o verbo ou não o possui em escala suficiente para galgar o trágico e o poético. Então, arrima-se e esconde-se nos artifícios de montagem. A sua peça parece um prato muito enfeitado, tendo no fundo um bife duro e sem paladar. É a história, em que não há uma estrutura dramática, nem preparo cênico, nem caracterização dos personagens. Um "fait-divers" dialogado em gíria, que não emociona nem interessa; o quotidiano mais rasteiro, que o autor não teve forças para elevar ao plano artístico e muito menos dramático, um folhetim que se transviou no palco.

> (...) Eu não sou contra o realismo, ao contrário, mas na peça do sr. Nelson Rodrigues há mais do que realismo — há a procura mórbida do mórbido. Será isso arte, tragédia e poesia? Tenho as minhas dúvidas.

A falecida foi encenada pela Companhia Dramática Nacional, do Serviço Nacional de Teatro, e estreou no Teatro Municipal, abrindo a temporada oficial de 1953. A encenação foi premiada: José Maria Monteiro recebeu o prêmio de melhor diretor da Associação Brasileira de Críticos Teatrais, e Sônia Oiticica foi premiada melhor atriz pela Prefeitura do Distrito Federal. Porém, os dois prêmios de melhor autor ficaram para Guilherme Figueiredo, por *A raposa e as uvas*.

Ao mesmo tempo que *A falecida* marcou o encontro de Nelson com a tradição da comédia de costumes, como apontou Pompeu de Sousa, ela também abriu caminhos para uma certa interpretação de sua obra como crítica social. É preciso lembrar que, nas suas origens, em autores como Martins Pena e Arthur Azevedo, a comédia de costumes tinha uma perspectiva crítica, que já havia se perdido na época em que Nelson Rodrigues começou a escrever para teatro (Milare, 1994: 31-2). Portanto, não é por acaso que o realismo e o humor ácido presentes nas tragédias cariocas sugeriram tal interpretação.

Além de *A falecida*, outras três peças foram fortemente associadas a esse viés crítico: *Os sete gatinhos* (1958), *Boca de Ouro* (1959) e *O beijo no asfalto* (1960). Tais peças foram escritas num momento em que o neo-realismo do cinema italiano começava a inspirar algumas cabeças pensantes no Brasil. O ano de 1958 marcou a definição do Teatro de Arena de São Paulo como um teatro de autores nacionais, com a estréia de *Eles não usam black-tie*, de Gianfrancesco Guarnieri. Além de autores nacionais, priorizaram-se também temáticas políticas ou de crítica social. Foi nesse mesmo ano que se fundou o grupo Oficina, liderado por José Celso Martinez Corrêa, associado a um experimentalismo de vanguarda e à divulgação das peças de Bertolt Brecht no Brasil, assim como de suas idéias sobre teatro.

No ano seguinte, enquanto Nelson Rodrigues lançava *Boca de Ouro*, colocando em cena o jogo do bicho, Oduvaldo Vianna Filho fazia do futebol o tema da peça que escreveu para o Teatro de Arena, intitulada *Chapetuba Futebol Clube*. Era o universo da cultura popular urbana tratado nos palcos a partir de uma ótica crítica.

Em 1960, ano de inauguração de Brasília, símbolo dos anos JK, Dias Gomes escreveu *O pagador de promessas,* e Nelson, *O beijo no asfalto*. Enquanto Zé do Burro virava notícia de jornal ao ser impedido pelo padre católico de pagar uma promessa feita a Iansã na igreja de Santa Bárbara, Arandir via a sua vida desmoronar sob acusações de homossexualismo e crime, tramadas por um repórter inescrupuloso mancomunado com um delegado de má conduta. É também importante lembrar que *O pagador de promessas* e *Boca de Ouro* eram as peças do repertório do Teatro Nacional de Comédia, companhia oficial do Serviço Nacional de Teatro, durante a sua excursão pelo país no ano de 1962.

Através desses exemplos, pode-se afirmar que as tragédias cariocas de Nelson Rodrigues estavam afinadas com uma tendência da intelectualidade brasileira daquele momento, que valorizava o realismo como recurso estético para retratar a vida cotidiana do povo, com suas mazelas, frutos das desigualdades e das injustiças sociais. Só que a perspectiva rodriguiana era distante da cultura política de esquerda, que aos poucos se tornava hegemônica em alguns setores do campo artístico-intelectual da década de 1960, setores com os quais Nelson começou a travar um embate mais explícito em 1961. Portanto, embora nosso autor sempre negasse a presença de um conteúdo de crítica social em suas peças, é compreensível que esse tipo de apreensão de sua obra fosse feita naquele período.

A polêmica em torno de *Os sete gatinhos* é ilustrativa. Alguns críticos consideraram-na de extremo mau gosto, mas houve também quem visse na peça a denúncia das condições de vida degradantes da classe média baixa carioca. A peça foi lançada em 1958, num Festival Nelson Rodrigues. Segundo o *Correio da Manhã* de 15 de outubro, era a primeira vez na história do teatro brasileiro que se fazia um festival de peças de um autor ainda vivo e em plena atividade criadora. Tal fato demonstra que, apesar de toda a aura de maldição que cercava seu nome e de toda a discussão sobre a validade estética de seu teatro, Nelson Rodrigues já vivia um período de grande consagração. Numa nota publicada no dia 7 de outubro no *Diário da Noite*, o autor "mais discutido do Brasil" foi chamado a explicar a sua nova peça que estava para estrear:

> Nelson Rodrigues, o autor mais combatido do Brasil, o mais incensado e o mais caluniado, vem aí com nova peça, *Os sete gatinhos*, que estreará sexta-feira no Carlos Gomes. Para matar a curiosidade do público que quer saber sempre do que se tratará na próxima obra desse dramaturgo, ele mesmo fez esta declaração sobre a temática da peça:
>
> — Um dos personagens de *Os sete gatinhos* afirma que nós usamos na terra uma cara que não é a nossa. Está aí, talvez, toda a chave da minha "divina comédia". *Os sete gatinhos* projetarão no palco, com sua luz violenta e implacável, a verdadeira, a inconfessa fisionomia de todos nós e de cada um de nós. Quem quiser ver a sua própria cara, assista *Os sete gatinhos*.

Como se percebe, na sua declaração Nelson chama muito mais a atenção para o caráter universal das "verdades" existentes em sua peça, apoiadas numa visão acerca da natureza humana, do que para o que se poderia denominar de situação social ou condição de classe de suas personagens. Porém, Paulo Mendes Campos escreveu na época um texto em que, ao lado da defesa do caráter poético da obra, que ele considerava a melhor até então escrita por Nelson, destacava o seu aspecto de denúncia social:

> Entre as múltiplas dimensões desta, vou encontrar na dimensão realista — a pobreza que estiola e prostitui famílias das classes inferiores — a que me atrai e mais me interessa. (...) O desenho é perfeito, pungente, desvendando-nos a visão de outro pecado original, o pecado original do nosso tipo de civilização; a sociedade dividida em castas. Nessa ordem de idéias, o fulcro da peça pode ser o momento

> em que uma das filhas do velho Noronha atira-lhe ao rosto o *insulto* ignominioso: *Contínuo!* Dentro do contexto, essa simples palavra resume toda a dimensão social de *Os sete gatinhos*. Um contínuo que não quer ser contínuo e cujas filhas se prostituem. Uma sociedade sem segurança material ou mental, corroída pelo dinheiro e pela fricção com que as idéias e semi-idéias se transmitem entre pessoas desprovidas de dinheiro. Uma sociedade injusta e imbecilizada: na rua, em casa, no colégio, no trabalho. Uma sociedade que sofre de vermes como Silene. Uma família que apodrece dentro da ordem capitalista. (Campos, 1993: 154-5)

Na sua defesa de *Os sete gatinhos*, Paulo Mendes Campos tinha em mira os críticos que consideraram a obra fraca em termos artísticos, mas também aqueles que, fisgando a isca lançada por Nelson, a desaprovaram em termos morais ou discordaram da visão pessimista do autor sobre o gênero humano, traduzida na máxima "todos somos canalhas". Na coluna assinada por PCM, publicada no *Correio da Manhã* em 21 de outubro, argumentos estéticos, morais e acusações de sensacionalismo são acionados pelo crítico no julgamento da peça e de seu autor:

> O sr. Nelson Rodrigues disse-nos que em *Os sete gatinhos* exaltava a sordidez. E não nos mentia. Pois tudo o que há de mais abjeto, repelente, repulsivo, nojento, sórdido, extravasa nos três atos recém-estreados no Carlos Gomes, inaugurando o "Festival Nelson Rodrigues".
>
> Como é que esse autor — dos mais importantes do Brasil de todos os tempos, com uma peça de ressonância universal — desperdiça seu talento com a imundície?
>
> Neste seu último original não existe aquela força poética fragmentada ou total da qual sempre nos deu tão belas mostras alguns de seus trabalhos anteriores. Seu diálogo, porém, é ainda o mesmo, dos mais expressivos, dos mais próximos ao cotidiano. Como é que o autor que tem a capacidade de criar um começo de segundo ato realmente admirável e nos dá com freqüência através da linguagem usada e dos tipos exibidos, a presença do nosso ambiente, com seus costumes e tipos, sacrifica esse raro poder de fixação e comunicação, para reduzi-lo a

> instrumento de fatigante vulgaridade, como se fosse simplesmente caçador de clichês do mais barato sensacionalismo?

A críticas que, como essa, apareceram nos jornais, Nelson Rodrigues respondeu numa entrevista concedida ao jornal *Última Hora* — onde trabalhava —, em 28 de outubro, dizendo que certos críticos são "vira-latas do teatro". A partir da indignação gerada por tal declaração de Nelson, Attilio Cerino fez uma enquete com críticos, autores e atores teatrais cujo tema era "Nelson Rodrigues — gênio ou charlatão?", publicada no número 4 da revista *Teatro Ilustrado*, de dezembro de 1958. Entre dez entrevistados, um respondeu que o autor não era nem gênio nem charlatão. Cláudio Bueno da Rocha, crítico da *Tribuna da Imprensa*, por motivos óbvios, foi o único a afirmar categoricamente que Nelson era um charlatão. Três entrevistados consideraram o autor um gênio, entre eles, Joracy Camargo. E a maioria respondeu que ele era um gênio, mas que estava escrevendo peças ruins: Paschoal Carlos Magno disse que Nelson era um talento desperdiçado com "temas e personagens que não o merecem"; o ator Sérgio Cardoso reconheceu o talento do autor de *Vestido de noiva*, mas afirmou que naquele momento ele estava desorientado; a atriz Maria Sampaio só gostou de *Vestido de noiva*; o autor e ator Aurimar Rocha disse que a peça *Os sete gatinhos* foi escrita com o objetivo de obter boa bilheteria; o crítico Henrique Oscar considerou que somente *Vestido de noiva* era uma obra importante e que *Os sete gatinhos* era a pior de todas as peças do autor, um talento desperdiçado na busca de sensacionalismo e escândalo.

Embora estatisticamente tal enquete não seja representativa, pois não é possível afirmar que o seu resultado possa ser generalizado para a crítica em geral, ela traz alguns elementos importantes para entendermos a posição de Nelson no campo artístico-intelectual nesse período. A consagração avassaladora de *Vestido de noiva* consolidou a imagem de gênio, porém, para uma parte da crítica, um gênio inconstante, pois cedia a impulsos autopromocionais e, com as temáticas das tragédias cariocas, fazia concessões a apelos comerciais, pensando na bilheteria.

Em 1967, *Os sete gatinhos* foi encenada novamente, e, de acordo com os jornais, pela primeira vez uma peça de Nelson Rodrigues era montada num teatro da Zona Sul do Rio de Janeiro, o extinto Teatro

Miguel Lemos. Nesse contexto pós-golpe militar de 1964, outro personagem já havia sido forjado por e para Nelson: o reacionário. Porém, algumas críticas à peça voltaram a utilizar antigos elementos: a denúncia do seu caráter popularesco, apelativo, que a aproximava mais da comédia do que da tragédia, num sistema de valores em que a primeira é algumas vezes vista como gênero menor, ou, na ótica inversa, o elogio ao desvendamento da hipocrisia pequeno-burguesa por ela promovido. Para os críticos afinados com a primeira posição, o mau gosto que caracteriza *Os sete gatinhos* contradiz a suposta genialidade do autor de *Vestido de noiva*, tal como na análise de Yan Michalski, publicada no *Jornal do Brasil* de 27 de abril de 1967:

> O simples fato de que uma peça como *Os sete gatinhos* tivesse encontrado um produtor disposto a lançá-la (em 1958), e um outro disposto a promover a sua remontagem (em 1967) prova a força do mito Nelson Rodrigues. Fosse esse texto de autoria de um outro dramaturgo, menos conhecido ou menos institucionalizado como *gênio excêntrico*, temos certeza de que ninguém o levaria suficientemente a sério para investir nele dinheiro e trabalho. Acontece, porém, que o halo de genialidade que cerca o nome de Nelson — a partir de *Vestido de noiva*, a partir de mais algumas das suas obras autenticamente importantes, e até a partir de algumas falas particularmente felizes que valorizam outras peças suas, de menor expressão — acabou por se projetar também sobre as maiores aberrações literárias e dramáticas criadas pelo mesmo autor. As suas crônicas *A vida como ela é*, que em qualquer parte do mundo seriam apontadas como um cristalino exemplo de subliteratura, gozam entre nós de um prestígio que não depõe muito favoravelmente sobre o nosso amadurecimento intelectual; e até o grotesco *guignol* ora em cena no Teatro Miguel Lemos chega a ser considerado, por alguns intelectuais de indiscutível sensibilidade, como uma obra de fôlego autenticamente trágico.
>
> (...) *Em Os sete gatinhos*, estamos no reino dos débeis mentais, mesquinhos, pequeninos, incapazes de transcender a sua limitadíssima visão do seu limitadíssimo universo. Uma tragédia isso? Nunca! No máximo, uma frágil tentativa de transpor para o palco um vulgar e tolo folhetim popularesco.

> Nem ao menos a tão decantada autenticidade de Nelson Rodrigues pode ser reconhecida aqui, a não ser potencialmente, em uma outra idéia insinuada e logo desperdiçada, por falta de um aprofundamento suficiente; (...).

Por outro lado, ainda que com ressalvas quanto à estrutura da peça, Fausto Wolff a insere no que ele considera uma perspectiva de crítica social presente na obra de Nelson Rodrigues, tal como publicado na sua coluna da *Tribuna da Imprensa* em 2 de maio de 1967:

> *Os sete gatinhos* é uma brincadeira de Nelson Rodrigues. Uma brincadeira frustrada, em grande parte, mas que só poderia ser tentada pelo "monstro"; pelo mais profissional e atuante dos nossos autores; pelo menos iniciado culturalmente, pelo mais primitivo, pelo marquês de Sade tropical, pelo mais talentoso e mais condicionado homem que já escreveu teatro neste País. (...) Nelson tentou (...) abrir a golpes de machado uma enorme brecha na estrutura social bem comportada, pequeno-burguesa, moralista, quase romântica. Para tanto jogou com todos os elementos: foi prosaico, escatológico, ridículo, cômico, grotesco e, às vezes, poético. (...) Ao lado de suas afirmações conscientes e moralistas que beiram a infantilidade, há em *Os sete gatinhos* um permanente dualismo subconsciente que só agora os mais modernos autores do teatro do absurdo estão atingindo. Com quatro ou cinco falas, Nelson demonstra que os seus personagens possuem, como ele, um sem-número de "eus" a lutar dentro de si. Isso evidentemente, cria uma fronteira muito tênue entre a tragédia e a farsa rasgada.

O universo dramático de *Os sete gatinhos* contribuiu para que Nelson consolidasse a imagem de autor dos subúrbios e da classe média baixa, às vezes designada pequena burguesia. Embora a gama de tipos sociais que ele criou seja mais ampla, pois há personagens ricos, grã-finos para falar como Nelson, de classe média alta, proprietários rurais e marginais, muitas vezes o que vai predominar é a sua associação com o universo criado em *Os sete gatinhos*. Se, por um lado, nas suas memórias e outros escritos autobiográficos, Nelson Rodrigues reforçava a sua personagem de autor carioca, reelaborando episódios de sua infância na Zona Norte como fundamentais para a sua formação de dramaturgo, por outro, ele quase sempre rechaçava a idéia de que as suas peças atacavam a classe média, categoria sempre mencionada pelos jornalistas em suas entrevistas, ou que se limitavam a retratar tal universo. Ele sempre ressalvava a idéia de que a sua visão valia para qualquer ser humano, independentemente de pertencimentos de classe, nacionalidade etc.

Ao mesmo tempo que afirmava o seu enraizamento na cidade do Rio de Janeiro, ao dizer que a partir do Méier já sentia saudades do Brasil, Nelson fazia questão de reivindicar universalidade para o seu teatro. Numa entrevista concedida à *Última Hora* em 12 de janeiro de 1976, ao ser indagado pela repórter sobre o porquê de fazer da Zona Norte e da pequena burguesia temas de sua obra, ele responde:

> Porque a pequena burguesia é a única que não se corrompe. A miséria corrompe, a fome corrompe, a abundância corrompe, o ouro corrompe. Mas o ouro, o pobre ouro do pequeno burguês, não o corrompe nunca. E o pequeno burguês é parecidíssimo com o homem. Por isso ele me interessa. Há na sua projeção as eternas paixões humanas.

Em 14 de janeiro do mesmo ano, numa entrevista concedida a Gilberto Braga, publicada em *O Globo*, Nelson reafirma seu ponto de vista:

> O negócio é o seguinte: a classe dos meus personagens é um revestimento, não uma coisa essencial. Porque o que me interessa além da classe é o homem. Pra mim o sujeito, seja lá de que classe for, continua tendo as mesmas paixões, sendo o mesmo homem, um esquimó ou um mandarim, não importa.

Em *Boca de Ouro*, peça escrita em seguida a *Os sete gatinhos* e, como esta, grande sucesso de público, o próprio Nelson brinca com a leitura sociologizante de suas tragédias cariocas, que valorizava nelas o aspecto de crítica social, num diálogo em que um grupo de grã-finas se encontra com o bicheiro de Madureira:

> PRIMEIRA GRÃ-FINA (*que parece exibir Boca de Ouro como um bicho*) — O Boca não é meio neo-realista?

> SEGUNDA GRÃ-FINA — É um tipo!
> TERCEIRA GRÃ-FINA — O De Sicca ia adorar o Boca!
> PRIMEIRA GRÃ-FINA — Você é meio neo-realista! É, sim. Boca, pode crer, é! (Rodrigues, 1993c: 911).

Hélio Pellegrino, amigo íntimo de Nelson e notório intelectual de esquerda, escreveu na época um ensaio crítico sobre a peça, no qual procurou relacionar o aspecto de crítica social, de um realismo crítico, com a dimensão universalizante buscada pelo autor:

> Há, na obra de Nelson Rodrigues, duas fases distintas, embora complementares. Em primeiro lugar, existe a fase mítica, em que o autor trabalha predominantemente com realidades arquetípicas, sem qualquer compromisso substancial com o mundo objetivo. Já na sua segunda fase, balzaquiana, por assim dizer, Nelson Rodrigues faz com que seus personagens desçam do Olimpo e se plantem no chão do mundo, no chão do subúrbio carioca, de onde passam a brotar com um vigor e uma autenticidade admiráveis. Esta transição se processa, no entanto, sem prejuízo dos aspectos míticos da obra, que continuam encravados no coração do teatro de Nelson Rodrigues e lhe conferem a sua grandeza poética e a sua universalidade. (Pellegrino, 1993: 217)

Se *Os sete gatinhos* dividiu a crítica quanto à validade estética da obra, *O beijo no asfalto* conseguiu inúmeros admiradores. A peça foi escrita em 1960, a pedido da atriz Fernanda Montenegro, e estreou em 1961. A encenação foi um grande sucesso de público, com recorde de bilheteria nas primeiras semanas. Bárbara Heliodora, que não havia gostado de *Os sete gatinhos*, escreveu uma crítica elogiosa a *O beijo no asfalto*, ressaltando o talento de Nelson em "retratar" o subúrbio carioca:

> Nelson Rodrigues não foge à regra de que é sempre quando se trata de uma temática que domina integralmente que o dramaturgo melhor se realiza: voltando à reportagem sobre a vida do subúrbio carioca em *Boca de Ouro* e *O beijo no asfalto*, Nelson Rodrigues retomou o caminho que no início de sua carreira, com *Vestido de noiva* e *A falecida*,

> prometia ao Brasil um autor dramático autêntico. E com *O beijo no asfalto*, parece-nos que realmente é atingido, mais uma vez, o nível da obra de estréia. (Heliodora, 1993: 222)

A peça foi escrita quase na mesma época em que Nelson publicava um folhetim de grande sucesso na *Última Hora*, intitulado *Asfalto selvagem*, assinado não mais por Suzana Flag, e sim por Nelson Rodrigues. E foi justamente a *Última Hora* o jornal atacado na peça. Na história de *O beijo no asfalto*, que Bárbara Heliodora comparou a *O processo* de Kafka, há uma campanha difamatória contra um inocente que beijou na boca um homem à beira da morte, a pedido do próprio moribundo. Quem desencadeia a campanha moralista que destrói a vida do acusado é Amado Ribeiro, repórter policial, personagem verídico que trabalhava na *Última Hora*, mancomunado com um delegado inescrupuloso. Entre as inúmeras referências desabonadoras ao jornal, há uma fala em que uma personagem diz: "— Como é que um jornal, papai! O senhor que defendia tanto o Samuel Wainer! E como é que um jornal publica tanta mentira!" (Rodrigues, 1993c: 964).

Ruy Castro conta que a estréia da peça foi o catalisador da saída de Nelson do jornal. Enquanto Amado Ribeiro adorou se ver personagem da peça, Samuel Wainer pediu a Nelson que trocasse o nome do jornal. Porém, para o diretor Fernando Tôrres não havia como mudar o nome depois da peça já estreada; e Nelson acabou concordando em mantê-lo. Tal fato o levou a pedir demissão, aceita sem objeções por Samuel Wainer (Castro, 1992: 315-6).

Ao colocar em sua peça a *Última Hora* promovendo uma campanha moralista nos moldes do que fazia a *Tribuna da Imprensa*, Nelson azedou ainda mais as relações no seu ambiente de trabalho, que já não andavam nada boas. Desde março de 1961, Nelson vinha publicando artigos num semanário intitulado *Brasil em Marcha*, muitos deles com um viés assumidamente conservador.[9] Eram muitos os intelectuais de esquer-

[9] O semanário *Brasil em Marcha* possuía uma linha conservadora e reunia em suas páginas algumas das forças políticas que em 1964 se articularam em torno do apoio ao golpe militar.

da na *Última Hora,* e Nelson foi comprar briga pública no *Brasil em Marcha* justamente com os dramaturgos de esquerda, representados por Vianinha. Começava a se desenhar um outro personagem, o reacionário, que surpreendeu a muitos que consideravam Nelson um crítico feroz da moral burguesa. É como se conservadorismo político e crítica social fossem elementos absolutamente antagônicos na personalidade de nosso autor.

O REACIONÁRIO

A polêmica com Oduvaldo Vianna Filho foi fundamental para a elaboração da imagem pública de reacionário de Nelson Rodrigues. Na época, Vianinha, parte de uma nova geração de autores teatrais de esquerda, havia lançado uma peça sobre Cuba, intitulada *Patria o muerte*, escrita em parceria com Armando Costa e Antônio Carlos Fontoura. Nelson partiu para o ataque com um texto intitulado "A cambaxirra da revolução", publicado em 31 de março de 1961, em que criticava o título em espanhol da peça. O autor ridicularizava ainda a ingenuidade de Vianinha, que o teria levado a apoiar Cuba em vez de pensar no Brasil. Daí a idéia de cambaxirra da revolução:

> A revolução tem de tudo: sujeitos bestiais que saem por aí bebendo o sangue, chupando carótidas, decapitando marias antonietas. Mas há também o que eu chamaria os colibris, as cambaxirras. O Vianinha é justamente a "cambaxirra da revolução". Tão terno e tão passarinho que não daria um tiro nem de espingarda de rolha. Quando o vejo, a minha vontade é oferecer-lhe alpiste na mão. (*apud* Castro, 1992: 319)

Antes que Vianinha respondesse, Carlos Estevam Martins, presidente do Centro Popular de Cultura, escreveu um ensaio, publicado no jornal da União Nacional dos Estudantes, *O Metropolitano*, no qual defendia um teatro popular e chamava Nelson de reacionário. Em 7 de abril, o autor de *Vestido de noiva* publicou no *Brasil em Marcha* uma réplica, em que assumiu pela primeira vez a identidade de reacionário:

> O Brasil atravessa um instante muito divertido de sua história. Hoje em dia, chamar um brasileiro de reacionário é pior do que xingar a mãe. Não há mais direita nem centro: — só há esquerda neste país. Perguntem ao professor Gudin: — "Você é reacionário?". Sua resposta será um tiro. Insisto: — o brasileiro só é direitista entre quatro paredes e de luz apagada. Cá fora, porém, está sempre disposto a beber o sangue da burguesia. Pois bem. Ao contrário dos setenta milhões de patrícios, eu me sinto capaz de trepar numa mesa e anunciar gloriosamente: — "Sou o único reacionário do Brasil!". E, com efeito, agrada-me ser xingado de reacionário. É o que sou, amigos, é o que sou. Por toda parte, olham-me, apalpam-me, farejam-me como uma exceção vergonhosa. Meus colegas são todos, e ferozmente, revolucionários sanguinolentos. Ao passo que eu ganho, eu recebo da Reação.
>
> E, no entanto, vejam vocês: — como é burra a burguesia! Eu, com todo o meu reacionarismo, confesso e brutal, sou o único autor perseguido do Brasil, o único autor interditado, o único que, até hoje, não mereceu jamais um mísero prêmio. Pois bem. Enquanto a classe dominante me trata a pontapés e me nega tudo — que faz com os outros? Sim, que faz com os autores altamente politizados? Amigos, eis o equívoco engraçadíssimo: — a burguesia os trata a pires de leite, como gatas de luxo. O Dias Gomes, com o seu *Pagador de promessas*, fez um rapa de prêmios. O Flávio Rangel não dá um espirro sem que lhe caia um prêmio na cabeça. O meu amigo Augusto Boal, premiado. O Vianinha, premiadíssimo.
>
> Há, porém, uma hipótese a considerar: — quem sabe se o equívoco não é laboriosamente premeditado? Porque meus colegas citados têm, a um só tempo, um imenso talento teatral e uma imensa burrice política. O talento distrai a burguesia e a burrice a serve. (*apud* Castro, 1992: 321)

Nesse artigo, Nelson chamou de "revolucionários burros" aqueles que defendiam um teatro popular nos moldes propostos por Estevam Martins. Ele os acusava ainda de excluir o ser humano de suas peças e chamava o ensaísta de "centauro de Marx de galinheiro com Brecht também de galinheiro". Logo em seguida, no *Brasil em Marcha* de 14 de abril, foi a vez de Vianinha responder a Nelson.

O artigo de Vianinha foi intitulado "Aves, galinhas e conselhos (carta a um avicultor)", numa brincadeira com o fato de Nelson tê-lo chamado de cambaxirra, colibri e também marxista de galinheiro. Vianinha reconhece em Nelson um artista, mas destaca o reacionarismo de sua concepção sobre a natureza humana:

> Acho você sincero como escritor, nunca pondo no papel aquilo que a pressão social exige, escrevendo o que passa na sua cabeça. Você é o que escreve e, talvez por isso, seja bom artista. Nelson, só D. Jaime Câmara pode negar em você o artista. Daí, é claro, sua mui justa indignação quando pichado de reacionário. Reaça, para você, sabe que é reaça, gaba-se disso, tem ânsia de vômito quando vê operário, acende vela para Rockfeller, não assiste a suas peças, não entende de candomblé, nunca ouviu falar no Garrincha, usa batina dentro de casa. No seu modesto entender, reacionário é gagá. Gagá é gagá, Nelson. Reacionário é um sujeito ativo, atuante, inteligente, empenhado, engajado que, como você, luta para que suas idéias existam.
>
> Mas você é reacionário, Nelson.
>
> Não pode entender isso quando se solidariza, nas suas peças, com os Boca de Ouro, com os humilhados e ofendidos.
>
> Mas você é reacionário, Nelson.
>
> Sua solidariedade afirma o que eles têm de pior para deixarem de ser humilhados e oprimidos.
>
> (...) Suas peças exaltam o indivíduo que abdicou de sua máxima aspiração de dominar o real e resolveu passar o resto da vida se desencontrando, fulgurante, urrando e batendo no peito como um animal, feliz por não ter de pensar. Exaltação da marginalidade. Exaltação e loas ao homem que escolheu deixar de ser homem. (Vianna Filho, 1983a: 83-5)

O dramaturgo do Partido Comunista Brasileiro continuava sua argumentação dizendo que Nelson estava ficando ultrapassado e acusando-o de querer se autopromover estabelecendo a polêmica com um grupo de jovens autores que despontavam nos palcos:

> Nelson, você está é ficando para trás: por isso botou penas em cima de mim. Sua sinceridade está começando a desbotar. Cada vez mais você quer se saber bom autor: mais e mais autor na opinião dos outros. O programa do *Boca de Ouro* está repleto desses julgamentos afirmando que você não é o Shakespeare só porque não usa calçãozinho.
>
> Nelson, você está começando a se defender, por isso saiu para o ataque às galinhas.
>
> É bom você sair para a discussão. É ótimo, é coisa pensada. Mas você está começando mal, aferrando-se no escolhido, garantindo com pretéritos aplausos recebidos. Está jogando com o que tem de realizado contra o que está por se realizar, ditando cátedra enquanto é tempo com dossiê embaixo do braço, envolvido de uma atmosfera entre papal, de senhor de engenho e de Adhemar de Barros. Você sabe que o projeto de teatro brasileiro que se instalou é irreversível e deixa você longe vários corpos. (...) Ao invés de comprar galocha e guarda-chuva, você quer parar o toró que vem aí. Logo, logo — a continuar assim — você estará escrevendo "A vida como ela foi" no vetusto *Correio Paulistano*. Dentro da avicultura que lhe é tão cara, logo, você é um falcão com hérnia; uma águia, no poleiro, vestida de noiva. (Vianna Filho, 1983a: 85-6)

No mesmo número do jornal, foi publicada a tréplica de Nelson Rodrigues, intitulada "Drácula ou passarinho?". No artigo, Nelson diz estranhar a agressividade de Vianinha, já que na verdade ele lhe tinha feito um elogio, e responde aos ataques ao seu teatro citando Engels e fazendo referência à admiração de Marx e Engels por Balzac:

> Então, no seu ressentimento, o Vianinha nega, de alto a baixo, o meu teatro. E por que nega? É simples: — porque eu não faço propaganda política, porque não engulo a arte sectária. Em suma: — o Vianinha queria que o "Boca de Ouro" parasse a peça e apresentasse um atestado de ideologia. Mas ele quer mais. Não basta o persona-

> gem. Exige também do autor o mesmo atestado. A minha vontade é perguntar ao Vianinha: "Ô rapaz! Você é revolucionário ou tira?"
>
> E, no entanto, o velho Engels, em carta a Minna Kautsky, dizia: — "Longe de mim censurá-la por não haver escrito uma narração socialista, um 'romance de Tendência', como nós dizemos, os alemães, no qual fossem glorificadas as idéias políticas e sociais do autor. Isto não é o que eu penso. Quanto mais as idéias do autor permanecerem ocultas, mais isto servirá para valorizar a obra de arte. O realismo, ao qual me refiro, manifesta-se independente das próprias opiniões do autor".
>
> Ainda Engels declarava, com a mais brutal sem-cerimônia, que preferia Balzac a todos os "Zolas presentes, passados ou futuros". Veja o Vianinha: — Engels preferia Balzac que, no prefácio da *Comédie Humaine,* saiu-se com esta bomba: — "l'écris à la luer de deux verités éternelles: la Religion, la Monarchie". Outro que punha o Balzac nas nuvens era o Marx, Vianinha, era o Marx! Repito: — o velho Marx foi um deslumbrado pelo clerical e monarquista Balzac. (Rodrigues, 1983: 88)

O que está em jogo na polêmica são concepções distintas de arte e da relação entre arte e política. O tom do debate é intelectualizado, e a referência a Balzac remete às interpretações sobre as tragédias cariocas de Nelson, já mencionadas anteriormente. Porém, a polêmica com as esquerdas mudou de tom depois do golpe militar.

Nelson Rodrigues utilizou o grande espaço que tinha na imprensa da época para expressar as suas opiniões favoráveis ao golpe militar. Em particular, a partir de 1967, através de sua coluna diária de *O Globo,* intitulada *Confissões*, mas também nas crônicas de futebol. O ataque aos intelectuais e artistas de esquerda foi adquirindo uma marca antiintelectualista. Para Nelson, a cultura de esquerda formava uma espécie de *establishment* que ele desejava combater.

Essa produção de si como não-intelectual, ou como o antiintelectual, nas crônicas das décadas de 1960 e 1970, se relacionava ao confronto com a intelectualidade marxista que tendia a estabelecer os novos cânones do campo artístico-cultural do período. Nelson Rodrigues passou a afirmar com mais intensidade o seu antiintelectualismo, que pode ser traduzido como antiesquerdismo, consolidando a imagem pública do reacionário. Assim como havia feito com as acusações de tarado, mórbido e obsceno promovidas pelos setores conservadores da sociedade nas décadas de 1940 e 1950, Nelson Rodrigues incorporou o papel de reacionário.

Esse papel foi, principalmente, fruto da busca em estabelecer uma posição legítima no campo artístico e intelectual da época. Atacado pelos "novos", pelos recém-chegados ao campo, Nelson procurou garantir um lugar na disputa em questão. E fazia parte da estratégia transformar as crônicas numa espécie de *front* nessa luta.

Roberto Schwarz analisa o contexto do pós-golpe militar até 1969 como sendo marcado por uma relativa hegemonia cultural de esquerda. Para ele, apesar da ditadura de direita, nas livrarias, nos teatros, na movimentação estudantil, na Igreja progressista, enfim, "nos santuários da cultura burguesa", a esquerda dava "o tom" (Schwarz, 1978: 62). Nesse cenário, o autor comenta o impacto do engajamento de Nelson na crítica a tal hegemonia:

> Um caso interessante de adesão artística à ditadura é o de Nelson Rodrigues, um dramaturgo de grande reputação. Desde meados de 68 este escritor escreve diariamente uma crônica em dois grandes jornais de São Paulo e Rio, em que ataca o clero avançado, o movimento estudantil e a intelectualidade de esquerda. Vale a pena mencioná-lo, pois tendo recursos literários e uma certa audácia moral, paga integral e explicitamente — em abjeção — o preço que hoje o capital cobra de seus lacaios literários. Quando começou a série, é fato que produzia suspense na cidade: qual a canalhice que Nelson Rodrigues teria inventado para esta tarde? Seu recurso principal é a estilização da calúnia. Por exemplo, vai à meia-noite a um terreno baldio, ao encontro de uma cabra e de um padre de esquerda, o qual nesta oportunidade lhe revela as razões verdadeiras e inconfessáveis de sua participação política; e conta-lhe também que D. Hélder suporta mal o inalcançável prestígio de Cristo. Noutra crônica, afirma de um conhecido adversário católico da ditadura, que não pode tirar o sapato. Por quê? Porque apareceria o seu pé de cabra. Etc. A finalidade cafajeste da fabulação não é escondida, pelo contrário, é nela que está a comicidade do re-

> curso. Entretanto, se é transformada em método e voltada sempre contra os mesmos adversários — contra os quais a polícia também investe — a imaginação abertamente mentirosa e mal intencionada deixa de ser uma blague, e opera a liquidação, o suicídio da literatura: como ninguém acredita nas razões da direita, mesmo estando com ela, é desnecessário argumentar e convencer. Há uma certa adequação formal, há verdade sociológica nesta malversação de recursos literários: ela registra, com vivacidade, o vale-tudo em que entrou a ordem burguesa no Brasil. (Schwarz, 1978: 91)

Pela crítica de Roberto Schwarz, é possível imaginar o grau de irritação que as crônicas de Nelson despertavam na época. Não que Nelson fosse um autor oficial da ditadura militar. Ao contrário, suas peças continuavam a ser censuradas, assim como outras produções suas. *Toda nudez será castigada*, de 1965, teve problemas com a censura, assim como o romance *O casamento*, lançado em 1966, censurado logo em seguida e liberado em 1967. Vários filmes inspirados em suas histórias também tiveram dificuldades com a censura no período, assim como as novelas que escreveu para televisão.

Por outro lado, a associação de sua imagem à defesa do regime militar lhe rendeu uma série de homenagens oficiais entre 1969 e 1972, tais como: Ordem do Rio Branco, no grau de Comendador; Medalha do Mérito Tamandaré; Medalha do Pacificador; Medalha da Ordem do Mérito Militar e Medalha do Mérito Santos Dumont.[10] Além das boas relações com o regime, Nelson também conseguiu se legitimar como porta-voz dos descontentes com a suposta hegemonia cultural das esquerdas, que ansiavam por uma maior liberdade de criação e eram contra o que nos anos 1980 foi chamado de patrulha ideológica. Ele será tomado, tanto no teatro quanto no cinema, como uma espécie de antídoto contra a arte politicamente engajada.

De modo coerente, o teatro de Nelson praticamente se calou no período de seu engajamento nos embates políticos da época. Durante a ditadura,

[10]Essas informações foram obtidas numa reportagem da revista *IstoÉ* de 25 de julho de 1979, e a referência à Ordem do Rio Branco, com a qual Nelson foi agraciado em 12 de abril de 1972, foi confirmada pelo cerimonial do Itamaraty.

ele escreveu apenas três peças: *Toda nudez será castigada*, de 1965; *Anti-Nelson Rodrigues*, de 1973, e *A serpente*, de 1978. Esse período também foi marcado por dificuldades de saúde e por muito trabalho, com presença diária nos jornais e com programas de televisão, o que prejudicou a sua criação teatral. Mas, a meu ver, esse "silêncio" foi também uma recusa em fazer de seu teatro arena para as discussões políticas nas quais ele estava engajado. Em várias entrevistas do final da década de 1970 ele dizia estar preparando uma peça intitulada *O arcebispo vermelho*, obviamente uma crítica a um de seus principais opositores na época, D. Hélder Câmara, representante da Igreja progressista que Nelson abominava. Tal peça, se é que não se tratava simplesmente de uma provocação de Nelson, nunca foi escrita.

Além das opiniões conservadoras em termos políticos, Nelson Rodrigues também surpreendeu com sua militância anti-revolução sexual e em defesa de uma moral sexual e amorosa puritana. O tarado oficial declarava que "a pior forma de solidão é o sexo sem amor" (Rodrigues, 1995b: 321).

Parece paradoxal que o dramaturgo que causou escândalo na crítica e no público ao fazer da sexualidade um elemento sempre presente em sua obra, tendo sido várias vezes acusado de tarado, pudesse defender esse tipo de ideal amoroso. Porém, nota-se que, tanto nas crônicas quanto no teatro, existe uma matriz romântica que percebe o mundo moderno como um momento histórico em que algo se rompeu, que vê o conflito como expressão do ódio e não como fruto da desigualdade, que tem uma nostalgia, ainda que desencantada, de uma época em que o senso de pertencimento e as relações tradicionais ainda não eram ameaçadas pela fragmentação e pela alienação.

Não que tais opiniões não houvessem aparecido antes na boca de seus personagens. Mas elas apareciam enfraquecidas e contraditas pela abundância de taras e perversões que desfilavam no palco. Agora elas surgiam nas crônicas e nas entrevistas com o *status* de opinião do autor. Essa filosofia do amor se funda numa perspectiva sobre a natureza humana que está presente em toda a obra teatral de Nelson, mas que se torna mais explícita nesse momento e surpreende os que viam nas peças, mais do que a denúncia da moral sexual burguesa, a defesa de uma sexualidade transgressora.

Nas inúmeras entrevistas que Nelson concedeu na década de 1970, muitas vezes ele foi indagado sobre o seu pretenso reacionarismo e sobre o apoio ao regime militar. As cobranças se tornaram mais fortes depois da prisão de seu filho, Nelson Rodrigues Filho, em 1972. Nelsinho viveu clandestino entre 1970 e 1972 e era militante do Movimento Revolucionário 8 de Outubro (MR-8). Quando Nelsinho foi preso e torturado nos porões da ditadura, Nelson sofreu um grande abalo, pois, ao que parece, ele verdadeiramente não acreditava que tortura fosse prática corrente nas prisões do regime militar (Castro, 1992).

Com seu bom relacionamento com figuras importantes do regime, Nelson Rodrigues ajudou pessoas como Zuenir Ventura e Hélio Pellegrino a escapar da prisão. Porém, não conseguiu fazer o mesmo por seu filho, porque Nelsinho se recusou a ter o privilégio de ser solto sozinho e afirmou que só deixaria a prisão se todos os companheiros também fossem libertados. A partir de então, Nelson passou a denunciar a tortura e a defender a anistia total para presos políticos, ainda que continuasse a considerar que o regime militar tinha sido importante para evitar o que ele supunha ser iminente em 1964: uma revolução comunista no Brasil (Castro, 1992).

Num dos momentos mais comoventes de seu empenho em libertar o filho, Nelson publicou em13 de junho de 1979, no *Jornal do Brasil*, a "Carta pela Anistia". O homem público antiesquerdista visceral, devido a uma situação biográfica específica, deu lugar ao pai que, sofrendo pelo destino do filho, veio a público clamar pela anistia que favoreceria justamente aquela esquerda que ele tanto condenara. Eis o que diz Nelson Rodrigues na carta destinada ao presidente João Baptista Figueiredo:

> Quis o destino que meu filho, Nelson, na altura dos 24 anos, entrasse na clandestinidade. Talvez, um dia, eu escreva todo um romance sobre a clandestinidade e a prisão do meu filho. A prisão não é tudo. (Preciso chamar você, novamente, de senhor.) O senhor precisa saber que meu filho foi torturado. Isso me foi ocultado pelo Nelsinho, por causa do meu estado de saúde.

> Ora, um presidente não pode passar como um amanuense. Há uma anistia. Tem que ser uma anistia histórica. O que não é possível, presidente, é que seja uma anistia pela metade. Uma anistia que seja quase anistia. O senhor entende, presidente, que a terça parte de uma misericórdia, a décima parte de um perdão não tem sentido. Imagine o preso chegando à boca de cena para anunciar: — "Senhores e senhoras, comunico que quase fui anistiado".
>
> Não se faz isso para uma platéia internacional abismada. Que se dirá em todas as línguas e sotaques? E que dirá o próprio Deus? Bem, nunca se acreditou tão pouco em Deus. Mas não importa, nada importa, o que importa é o que disse Dostoievski, certa vez: — "Se Deus não existe, então tudo é permitido".
>
> Estou dizendo tudo isso, Figueiredo, de coração para coração, de alma para alma. Dirão os lorpas e pascácios: — "O presidente não está sozinho". Está. Se der a anistia que Deus quer.
>
> João Baptista, meu filho Nelsinho vai ter o filho na prisão, em agosto.
>
> Deus te ame eternamente, Figueiredo. (Rodrigues, 1996: 289-90)

Nesse mesmo ano, numa entrevista concedida em 25 de julho à revista *IstoÉ,* Nelson reafirmou seu apoio ao regime, mas sem nenhum entusiasmo. O repórter perguntou se Nelson Rodrigues nunca se arrependeu de ter elogiado o regime militar, e ele respondeu: "As coisas estavam assim: ou você era a favor ou era comunista. Você tinha que tomar uma atitude. O pior de tudo que pode haver é realmente o comunismo. Se o Brasil caísse no domínio comunista, por 48 horas que fosse, eu estourava os miolos." E o repórter insistiu: "Mas o senhor se arrependeu ou não do que escreveu?" E Nelson respondeu: "O comunismo seria pior. Eu sou um artista, sou um romancista, um cronista, tenho um sentimento poético da vida e da morte. É só nessa base que peço que me julguem."

Nessa mesma entrevista, o repórter repetiu o que na época se tornou um verdadeiro senso comum sobre nosso autor e que distinguia o reacionarismo do criador do revolucionarismo da obra. Nesse registro, a obra seria independente de seu autor e artisticamente valorizada apesar do reacionarismo de seu criador. Tal interpretação instaura uma dicotomia, entre a obra e a visão de mundo de seu autor, que parte do pressuposto de que qualquer tipo de crítica social é elaborada a partir de uma perspectiva progressista. Quando Marx e Engels vêem na obra de Balzac a denúncia das estruturas da sociedade capitalista em formação, ponto de partida de toda a discussão acerca do realismo, isso não quer dizer que a crítica presente no autor seja progressista, em oposição aos seus ideais monarquistas e clericais. Ao contrário, o que é ressaltado é a possibilidade de uma crítica social profunda a partir de um ponto de vista conservador (Marx e Engels, 1974).

Uma das entrevistas mais tensas em que o nosso autor foi questionado sobre suas opções políticas apareceu acompanhada por um artigo em que a mesma associação é feita, só que em sentido contrário: se Nelson Rodrigues é um reacionário, logo a sua obra é artisticamente fraca. Trata-se do artigo de Armindo Blanco, intitulado "Um Pirandello para uso doméstico", que acompanhou a entrevista de Nelson ao *Pasquim*, na edição de 28 de março de 1980. Armindo Blanco, que trabalhou com Nelson Rodrigues na *Última Hora* entre 1958 e 1961 e no *Globo* entre 1967 e 1971, diz que o teatro rodriguiano, desde o início, requenta idéias manjadas, que só pareceram originais aqui entre nós. Na sua tentativa de desqualificar a obra teatral, o jornalista usa como argumento as opiniões políticas conservadoras do dramaturgo:

> Em síntese — e destrinchando o rebuscamento dramatúrgico, as complexidades formais do discurso ideológico, (...) o "Vestido" refere a disputa de duas irmãs pelo mesmo homem no âmbito da classe possidente, perdida, adverte o autor por via oblíqua, em questiúnculas intestinais e vis quando deveria estar coesa diante do perigo maior, do mal apocalíptico: o comunismo. O alvo da disputa podia ser uma gleba ou uma indústria. O que está em causa é a posse por si mesma, a propriedade privada; em torno, a imaginação calculadamente mórbida do dramaturgo multiplica rituais, fetiches, inatualidades, falas & silêncios mágicos, firulas de escatologia expressionista como a da mão do homem apalpando uma bunda feminina à luz bruxuleante e pálida de um velório (o buguês morre pelo sexo, como o peixe pela boca).

> E enquanto Ziembinski, com uma luminotécnica dos anos 20, mas que no Brasil pareceu a última palavra, a transformar em "marco" (em "fonte seminal", diria Sábato Magaldi) esta hidra de sete cabeças aparentes e uma só verdadeira, jazia esquecida, no terreno baldio das supostas impossibilidades cênicas, uma obra-prima tão antropofagicamente brasileira como *O rei da vela*, de Oswald de Andrade. Foi necessário, por obra da mudança de agulhas operada por Zimba, esperar mais de 20 anos para que José Celso descobrisse o segredo das linhas. E ele, sim, desencadeasse uma revolução estética que, de fato, rasgaria novos caminhos, que só o golpe de 68 (derrubada de Costa e Silva, Junta Militar, AI-5) conseguiria barrar, postergar, entulhar.
>
> Revolução mesmo era essa aliança do espírito debochado da Rua do Piolho com a essência subversiva do teatro, contra a qual — *et pour cause* — se voltou toda a parafernália da repressão, ajudando a reemergir do limbo, com a subsidiada cumplicidade de uma certa elite assimilada, o periférico e inexportável bolor rodriguiano. Ou seja, este eterno dever sobre a "podridão humana", tão propício à bricolagem teatral e cinematográfica; e com o autor repetindo incansavelmente, em múltiplas entrevistas à bricolagem jornalística, o refrão que lhe garante a sobrevida artificial: "Se vier o comunismo, dou um tiro na cabeça".

Na entrevista em questão, feita por Armindo Blanco, Jaguar, Fausto Wolff, entre outros, Nelson foi duramente questionado acerca de tais opiniões:

> Fausto — Honestamente, Nelson, não consigo entender uma coisa: como é que você pode apoiar um regime que quis matar seu filho? Meu Deus do céu!
>
> Nelson — (Obstinadamente) — Eu salvei meu filho!
>
> Fausto — (Teatralmente) — E quantas centenas de filhos você não conseguiu salvar?
>
> Nelson — (Com os braços em cruz) — Agora sou responsável por todas as atrocidades que fizeram! (...) Sabe por quê? Porque gozei daque-

> las passeatas sem um preto, sem um operário, sem um desdentado, passeatas grã-finas da classe dominante! (Senta-se arquejante.)
>
> Fausto — Mas como é que você, um jornalista, pode defender um regime que fechou jornais, arrebentou jornalistas, obrigando as pessoas hoje a lerem as mesmas coisas estampadas?
>
> Nelson — Sou absolutamente contra a censura. Sou absolutamente contra a tortura, que é, obviamente, uma coisa ignóbil, uma bestialidade iníqua. Sou rigorosamente contra a perseguição aos jornalistas.
>
> Fausto — Como você sempre fora um jornalista de oposição, não entendi este seu adesismo. Foi um negócio que me chateou muito: "Poxa, o Nelson anda entregando o ouro aos bandidos." (...)
>
> Nelson — Imaginem que ouvi falar que eu era um vendido. Na *Veja* desta semana veio Antonio Callado dizer que desde que me conheceu, na pré-adolescência, sempre fui um reacionário.

A crítica pessimista e desesperançada, presente em toda a sua obra teatral e também na sua visão sobre as esquerdas, tem como contraponto o tom triunfante que Nelson adota nas suas crônicas a respeito da seleção brasileira. É como se o escrete, a pátria em chuteiras, fosse a única possibilidade de redenção dos brasileiros nos anos de ditadura militar. Nelson sempre dizia que o brasileiro seria um narciso às avessas, que, em vez de amar a própria imagem, cuspia nela. O futebol brasileiro surge como a redenção do Narciso que cospe na própria imagem.

Em 1950, quando o Brasil foi humilhado pela derrota da final da Copa do Mundo, muito se falou sobre a fraqueza racial dos brasileiros, como se o fracasso fosse um destino, uma fatalidade. Nelson via na vitória de 1958 uma primeira redenção. As suas crônicas esportivas têm um tom épico, em que os jogadores, pretos, mulatos e de origem humilde em sua absoluta maioria, são os heróis que redimem a nação e se autoredimem das humilhações que pesam em suas histórias de vida. Numa crônica escrita em 1969, Nelson Rodrigues narra um jogo entre Brasil e Inglaterra realizado no Maracanã. As elites, principalmente paulistas, que estavam na platéia torciam pela Inglaterra, achavam que o escrete brasileiro era fraco. Por outro lado, o povo acreditava na seleção e torcia. O Brasil ganhou de dois a zero, gols de Tostão. As elites acharam a vitória imerecida, mas o povo vibrou. Na narração do cronista: "E mais: um crioulo sem um dente, que arrancara a camisa. Plástico, lustroso, ornamental, uivava na rampa. O olé o vingara de velhas e santas humilhações" (Rodrigues, 1995b: 86).

O futebol seria a antítese das passeatas. Estas seriam, na visão de nosso autor, realizações de grã-finos e de uma elite intelectualizada, ao passo que os jogos no Maracanã seriam as verdadeiras manifestações públicas dos humilhados e ofendidos, daqueles negros, pobres e desdentados que não estavam nas ruas a protestar.[11] Nelson Rodrigues imaginava a possibilidade de um grande congraçamento nacional através da catarse coletiva proporcionada pelo futebol.

A MALDIÇÃO CONSAGRADA

Ainda que sempre tenha sido considerado pela imprensa um autor maldito, o processo de consagração pelo qual Nelson Rodrigues passou, e o qual ajudou a construir, fez com que desde a sua estréia nos palcos, na década de 1940, ele nunca deixasse de estar em evidência. Sempre discutido, encenado, com uma presença maciça nos meios de comunicação desde pelo menos a década de 1950, com seus folhetins e seus contos de *A vida como ela é...*, Nelson se tornou um dos autores mais populares e conhecidos do Brasil.

É na década de 1970 que essa popularização se amplia ainda mais, por meio de inúmeros filmes nacionais baseados em sua obra, muitos deles com grande sucesso de público. Desde 1952, com *Meu destino é pecar*, a obra rodriguiana vinha sendo adaptada para as telas. Mas é a partir da filmagem de *Toda nudez será castigada*, com direção de Arnaldo Jabor, que o filão se consolidou. *A dama do lotação*, filme de 1978 dirigido por

[11]Ver como exemplo "Um pesadelo com cem mil defuntos", em Rodrigues (1995b: 27-30).

Neville d'Almeida com base num conto de *A vida como ela é...*, foi um dos maiores sucessos do cinema brasileiro, com 6,5 milhões de ingressos vendidos.[12]

Quando Nelson morreu, estava no auge de sua popularidade e era visto pelos empresários do ramo da cultura como fonte de sucesso comercial garantido. Numa reportagem de 11 de junho de 1979 publicada na revista *Visão*, diz-se que, mal Nelson terminou de escrever *A serpente,* já havia vários empresários disputando o texto. A revista *Veja* de 12 de março de 1980 trouxe Nelson Rodrigues como tema da reportagem de capa, sob o título "O sucesso do maldito". A mesma revista, no número de 31 de dezembro do mesmo ano, imediatamente após a morte de Nelson, continha uma reportagem em que se comentava o sucesso que sua obra vinha fazendo nos palcos e nas telas. O filme *Os sete gatinhos*, de Neville d'Almeida, havia sido uma das maiores bilheterias do ano. *A serpente* havia feito uma temporada de sucesso no Teatro do BNH no Rio, e *A falecida* permaneceu durante todo o ano em cartaz no Teatro Popular do Sesi de São Paulo.

Logo após a sua morte, houve uma onda de novas montagens e vários filmes foram lançados, como *Álbum de família*, de 1981, dirigido por Brás Chediak, e *Engraçadinha*, do mesmo ano, sob a batuta de Haroldo Marinho Barbosa. Grandes seminários também foram realizados, com o objetivo de discutir e analisar a obra de Nelson Rodrigues. Em 1984, o teatro do BNH foi rebatizado de Teatro Nelson Rodrigues, num grande evento que reuniu artistas, intelectuais e políticos.

[12]Até 1999 foram os seguintes os principais filmes realizados no Brasil a partir da obra de Nelson Rodrigues: *Meu destino é pecar* (1952), de Manuel Pelufo; *Boca de Ouro* (1962), de Nelson Pereira dos Santos; *Bonitinha, mas ordinária* (1963), de J. P. de Carvalho; *Asfalto selvagem* (1963), de J. B. Tanko; *O beijo* (1964), de Flávio Tambellini; *A falecida* (1965), de Leon Hirszman; *Engraçadinha, depois dos 30* (1966), de J. B. Tanko; *Toda nudez será castigada* (1972), de Arnaldo Jabor; *O casamento* (1975), de Arnaldo Jabor; *A dama do lotação* (1978), de Neville d'Almeida; *O beijo no asfalto* (1980), de Bruno Barreto; *Os sete gatinhos* (1980), de Neville d'Almeida; *Bonitinha, mas ordinária* (1980), de Brás Chediak; *Álbum de família* (1981), de Brás Chediak; *Engraçadinha* (1981), de Haroldo Marinho Barbosa; *Perdoa-me por me traíres* (1983), de Brás Chediak; *Boca de Ouro* (1990), de Walter Avancini; *Traição* (1998), de Arthur Fontes, Cláudio Torres e José Henrique Fonseca; *Gêmeas* (1999), de Andrucha Waddington. Fonte: *Cult.* Revista brasileira de literatura, n. 41, ano IV, dezembro de 2000.

Na década de 1990, a consagração de Nelson Rodrigues ganhou novo fôlego. A importante biografia de Ruy Castro, lançada em 1992, as reedições do teatro completo, a publicação das confissões, das crônicas de futebol, dos contos de *A vida como ela é...* e dos romances foram fundamentais. Pode-se afirmar que, por vários motivos, a década de 1990 é, para a obra de Nelson, a da conquista da unanimidade.

Em primeiro lugar, nosso autor passou a significar sucesso comercial garantido, elemento imprescindível numa conjuntura em que havia cada vez menos espaço para o experimentalismo e na qual o apoio oficial do Estado às produções artísticas se tornava cada vez mais raro. Numa reportagem de *O Globo*, de 3 de fevereiro de 2002, com base nos dados fornecidos pela Sociedade Brasileira dos Autores Teatrais (SBAT), compara-se o número de montagens de textos de Nelson Rodrigues com o de outros clássicos do teatro nacional. No período de 1996 a 2001 houve 97 montagens de textos de Nelson, enquanto Plínio Marcos foi encenado 19 vezes, Vianinha, 15 e Jorge Andrade, apenas nove.

Essa *overdose* de Nelson, como diz o título da reportagem, tem ainda outros motivos além dos objetivos comerciais. Encenar Nelson Rodrigues parece ter se tornado uma espécie de teste necessário para os atores brasileiros de televisão se legitimarem como artistas de teatro. Outra questão importante é que a própria história se encarregou de suavizar os elementos polêmicos da obra, que valeram a Nelson os rótulos de tarado e reacionário. As transformações da moral sexual e o fim da ditadura militar permitiram um novo olhar sobre a obra do autor.[13]

Porém, um aspecto empobrecedor de tal unanimidade é a transformação do autor maldito, polêmico, em gênio inquestionável. É como se tudo o que Nelson escreveu possuísse o timbre da genialidade, não importa que

[13]Nelson Rodrigues, no entanto, mantém certa aura de maldito. Recentemente, em agosto de 2002, na comemoração dos noventa anos de seu nascimento, a TV Globo apresentou separadamente, em semanas consecutivas, os três episódios do filme *Traição*, baseados em contos de *A vida como ela é...*. Na abertura do programa, o ator Tony Ramos, depois de falar um texto segundo o qual Nelson era genial e havia inventado o moderno teatro brasileiro, advertia os telespectadores que as histórias eram "fortes" e não aconselháveis para menores de 16 anos. Por isso, segundo o apresentador, a emissora teria escolhido veicular o programa depois das 23 horas.

se fale de *Vestido de noiva* ou dos folhetins de Suzana Flag. E mais: as famosas frases provocativas do autor muitas vezes são consideradas espécies de "minutos de sabedoria" por seus admiradores. Toda essa exaltação acrítica acaba por produzir uma visão homogeneizadora sobre autor e obra, que encobre suas contradições e ambigüidades.

São exatamente essas contradições que alimentam os múltiplos personagens que constituem as imagens públicas de nosso autor. Porém, não se está falando aqui de uma fragmentação total, ou de dicotomias insuperáveis, pois apesar dessa diversidade, e das metamorfoses sofridas por Nelson Rodrigues ao longo de sua trajetória intelectual, há permanências na sua visão de mundo que permitem desvendar uma certa unidade entre todos esses aspectos. Uma ótica hobbesiana sobre a natureza humana, uma representação do ser humano como irracional, um pessimismo radical aliado a um vislumbrar de possibilidades de redenção do homem, realismo naturalista e romantismo conservador em constante confronto, esses são alguns dos elementos do pensamento de Nelson Rodrigues. A análise do modo pelo qual o autor trata em sua obra as temáticas das relações familiares, da vida urbana, das articulações entre arte e política, assim como a discussão mais explícita acerca da natureza humana, permite compreender como se constrói tal visão de mundo.

CAPÍTULO II Teatro em família

A família é o inferno de todos nós.

Nelson Rodrigues

SOBRE FAMÍLIA E PARENTESCO

Há um certo senso comum em torno de Nelson Rodrigues que o associa ao ataque à família como instituição. Essa acusação é parte importante na construção da sua imagem pública de autor obsceno, tarado, maldito. É através da temática da família que os dramas das relações interpessoais se constroem. Em todas as suas peças teatrais, Nelson Rodrigues faz da família um foco privilegiado das tensões e conflitos entre as personagens. Mas que famílias são essas que o nosso autor põe em cena? Quais são os tipos de relações de parentesco representadas?

O parentesco explicita a dupla dimensão dos seres humanos, que são ao mesmo tempo seres biológicos e indivíduos sociais. Se, por um lado, os diferentes sistemas de parentesco das sociedades humanas sempre se baseiam em vínculos biológicos, por outro, eles são fundamentalmente sistemas culturais. A união de indivíduos que não têm ligações biológicas pelo casamento, que os torna parentes, e todo tipo de comportamento social que se espera resultar de tais laços asseguram o domínio do social sobre o biológico, do cultural sobre o natural (Schneider, 1968; Lévi-Strauss, 1982: 520). Para Raymond Firth, o parentesco é, portanto, uma "reinterpretação em termos sociais dos fatos da procriação e da união sexual regularizada", que cria uma série de complexos relacionamentos sociais que envolvem questões econômicas, políticas, jurídicas etc. (Firth, 1998).

A família, que é um tipo de instituição social baseado nas relações de parentesco, designa, de acordo com Lévi-Strauss, um grupo social que deve possuir ao menos três caraterísticas: origina-se no casamento; compreende marido, mulher e crianças nascidas dessa união, ainda que se possa conceber a presença de outros parentes agregados a esse núcleo; seus membros são unidos por laços legais, por direitos e obrigações de natureza econômica, religiosa ou outras e por um conjunto de direitos e interditos sexuais, assim como uma série variável e diversificada de sentimentos psicológicos, como amor, afeto e respeito (Lévi-Strauss, 1979: 93).

Assim, a família depende muito mais das considerações sociais e culturais do que das naturais. O casamento, desse ponto de vista, é o principal meio legal de estabelecer alianças entre famílias, envolvendo trocas econômicas e políticas que em muitas sociedades são consideradas mais importantes do que critérios de natureza sexual ou afetiva (Lévi-Strauss, 1979 e 1982).

A importância da família e das relações de parentesco na formação da sociedade brasileira é um tema fundamental do nosso pensamento social. A essa centralidade da família corresponderia um tipo humano guiado por sua vida sentimental. Há também um senso comum consolidado que descreve o brasileiro como um ser com sentimentos à flor da pele, que age mais de acordo com o coração do que com a razão. Nesse sentido, a experiência brasileira diferiria da de outros povos, como os ingleses por exemplo, na sua maneira de lidar com as emoções. O Brasil seria caracterizado como lugar de relações interpessoais "quentes", emotivas, em oposição aos países de outra tradição, mais "frios", racionais, sendo estes, em geral, confundidos com a civilização.

A formulação de Sérgio Buarque de Holanda sobre o homem cordial é fundamental nessa caracterização. O brasileiro não agiria na vida social de acordo com as regras da polidez, e sim segundo um "fundo emotivo extremamente rico e transbordante". O convívio social aqui seria avesso aos ritualismos e aos aspectos coercitivos da civilidade. Dessa aversão derivaria um desejo de estabelecer intimidade, principalmente com aqueles que são superiores na hierarquia social, que se expressaria no uso disseminado do diminutivo. O contato interpessoal intenso e íntimo que marcaria a nossa experiência social seria uma espécie de tentativa de estender à sociedade o tipo de convívio que existiria na família. Para Sérgio Buarque, essa importância da família na nossa formação social seria um problema na medida em que a lógica familiar teria de ser superada para a construção de um Estado moderno, que pautasse sua ação política pela racionalidade burocrática e não por um sentido patrimonial (Holanda, 1979: 101-12).

Essa relevância atribuída à família e aos sentimentos na construção da sociedade brasileira também aparece, de maneira diversa, na obra de Gilberto Freyre. A noção de família patriarcal é central na sua interpretação da sociedade brasileira. A casa-grande, junto com a senzala, é o sistema econômico, social e político que funda a organização social do Brasil, e a família patriarcal é o instrumento que viabiliza essa fundação. Portanto, a autoridade maior é o *pater familias*, o senhor rural que concentra em suas mãos os destinos de seus comandados e materializa o seu poder na arquitetura da casa-grande colonial:

> A força concentrou-se nas mãos dos senhores rurais. Donos das terras. Donos dos homens. Donos das mulheres. Suas casas representam esse imenso poderio feudal. "Feias e fortes." Paredes grossas. Alicerces profundos. Óleo de baleia. Refere uma tradição nortista que um senhor de engenho mais ansioso de perpetuidade não se conteve: mandou matar dois escravos e enterrá-los nos alicerces da casa. O suor e às vezes o sangue dos negros foi o óleo que mais do que o de baleia ajudou a dar aos alicerces das casas-grandes sua consistência quase que de fortaleza. (Freyre, 1984: lxvii)

A família formava um conjunto com duas outras instituições que também constituíam a economia patriarcal: a escravidão e a monocultura. Esta última aparece na obra de Gilberto Freyre, mais do que a escravidão, como a responsável pelos problemas econômicos do regime patriarcal. Em *Nordeste*, há toda uma argumentação sofisticada e inovadora para a época a respeito do desequilíbrio ecológico da monocultura e dos seus efeitos, no sentido de distanciar homens e natureza, reproduzindo nessa relação a hierarquia do jugo que marcava as relações sociais sob o patriarcalismo. É como se esse "patriarcalismo absorvente" envolvesse não somente os homens e as coisas, mas também a natureza (Freyre, 1989: 74-5).

Mas o que é a família patriarcal? Sua característica mais destacada é a de englobar sob o domínio direto do *pater familias* muito mais do que a família nuclear. A família patriarcal é formada pelo pai, esposa e filhos, mas também por outros parentes, agregados, escravos domésticos, enfim, por todos que têm uma relação de proximidade, física e afetiva, com a casa-grande. Esse espírito patriarcal de coesão da família faz com que até mesmo os mortos e os santos sejam considerados parte dela, seus membros. Outro traço do patriarcalismo brasileiro, segundo o autor, é uma relação frouxa com o cristianismo, visto que a autoridade dos representantes da Igreja estava submetida à do senhor de engenho e devido à influência das senzalas na religiosidade da casa-grande (Freyre, 1984: lxviii).

Essa família é o principal veículo de um esforço civilizador feito pelos portugueses nos trópicos americanos, sob condições físicas bastante adversas. Portadora de valores civilizacionais e principal fator colonizador num empreendimento que foi, antes de tudo, obra da iniciativa particular, Gilberto Freyre vê na família patriarcal e na sua fortaleza, a casa-grande, as guardiãs de uma memória proustiana do brasileiro e considera o seu estudo a nossa busca do tempo perdido (Freyre, 1984: lxxxv).

Outros pontos importantes na visão do mestre de Apipucos sobre a formação da família patriarcal brasileira são o intercurso sexual entre povos distintos e a miscigenação que dele resulta. A proximidade com a senzala era também uma proximidade sexual, e isso de vários modos. As relações mais comuns eram as de senhores com escravas, dos meninos das casas-grandes com os meninos das senzalas e dos pequenos rapazes que se iniciavam sexualmente com mulheres escravas. Os corpos dessas mulheres, na expressão do autor, constituíram "a arquitetura moral do patriarcalismo". Sem descartar a violência característica dessas relações, Gilberto Freyre faz dos relacionamentos sexuais um dos muitos tipos de laços que incorporaram os escravos à família patriarcal (Freyre, 1984: 450).

Mas essa incorporação não se faz sem ambigüidades e contradições. A doçura no trato com os escravos domésticos atenuou os males da escravidão para a moral e o caráter do brasileiro da casa-grande. Esses escravos domésticos eram considerados pessoas da casa, como se fossem parte da família. As mães-pretas, as amas-de-leite, as mucamas, o menino com o qual se brincava educaram sentimentalmente o brasileiro. Mas a contraface da doçura era a arbitrariedade do poder concentrado nas mãos do senhor rural, que podia decidir sobre a vida e a morte não somente de seus escravos, mas também de todos aqueles que estavam sob seu domínio: filhos e esposas. Assim, se havia afeições, confraternizações de valores e sentimentos, tolerância religiosa, havia também sadismo e masoquismo. O sadismo como o prazer em impor sofrimento, e o masoquismo como, mais que o prazer, a aquiescência em sofrer.

O sadismo e o masoquismo não caracterizam somente as relações entre senhores e escravos, e sim qualquer relação entre fortes e fracos. Daí o fato de filhos e esposas serem tratados pelos senhores quase como se estivessem no mesmo nível dos escravos, sendo alvo de freqüentes maus-tratos. É este o ponto fraco do esforço civilizador da colonização portuguesa na América: a deposição de um poder descomunal nas mãos de indivíduos que, justamente por concentrar tanto poder, praticam excessos. Por outro lado, na visão de Gilberto Freyre, os que são submetidos a tais excessos são alquebrados, tornam-se passivos e resignados com o próprio sofrimento. Até mesmo porque a proximidade e a possibilidade da afeição amenizam a dor e criam expectativas de compensações. Sadismo e masoquismo aparecem, então, como limites para a construção das relações afetivas nessa sociedade, incluindo aqui uma distinção entre sexo e afetividade, na qual o primeiro pode ser tanto criador da segunda quanto uma derivação perversa do excesso.

A partir da definição da noção de família patriarcal, é possível tentar estabelecer uma comparação com a família mediterrânea, tal como descrita por autores como Pitt-Rivers e Peristiany. Se, por um lado, existem algumas semelhanças entre a família patriarcal de Gilberto Freyre e a família mediterrânea estudada por esses autores, por outro, há também muitas diferenças.

A tendência à endogamia é um traço comum, mas na família mediterrânea a intenção de manter a filha o mais próximo possível da família nuclear é mais destacada pelos antropólogos. De acordo com a análise de Pitt-Rivers, espera-se que as mulheres fiquem em casa porque elas são repositórios da honra masculina e, portanto, devem ser guardadas do contato com outros homens. A recusa em trocar mulheres revela mais uma intenção em manter a maior proximidade possível entre as filhas e as suas famílias nucleares de origem do que uma regra que proíba o casamento fora de uma dada classe social. Como a noção de honra se refere a um problema de comportamento sexual, do zelo pelo comportamento feminino depende o *status* dos membros da família (Pitt-Rivers, 1977: 118).

A procura de resguardar as mulheres da rua e de mantê-las longe dos olhares dos estranhos também é apontada por Freyre como característica da família patriarcal. Gilberto Freyre relata uma série de casos de famílias que preferem a prática da endogamia, como os clássicos Wanderley, em que a sucessão de casamentos internos cria, além de uma regularidade das características fenotípicas da família, uma constância de características morais. Assim, os Wanderley seriam caracterizados pelo alcoolismo; os Albuquerque, pela tendência a mentir; os Cavalcanti, pela aversão a pagar dívidas; os Sousa Leão e os Carneiro da Cunha, pela erotomania. Ao que parece, Gilberto Freyre não era um entusiasta da endogamia estrita, já que ela poderia causar uma série de problemas de adaptação dos povos europeus, especialmente nórdicos como os Wanderley, ao meio tropical. Portanto, a própria importância da miscigenação e da mobilidade social na nossa formação relativiza a regra da endogamia (Freyre, 1984: 255-6).

Quanto à questão da honra, este elemento não é muito ressaltado por Gilberto Freyre na descrição da família patriarcal. O pragmatismo do senhor de engenho, herança direta dos portugueses, fazia com que o equivalente à honra, ou seja, o direito de orgulho de uma pessoa reconhecido pela sociedade, estivesse mais relacionado ao poder de mando e à posse de coisas, fossem elas terras, homens ou mulheres. Isso se reflete numa posição social menos rígida das mulheres, mesmo as das grandes famílias rurais, em relação ao mundo mediterrâneo. Um exemplo disso é a existência, relativamente comum, de mulheres que administram a propriedade devido ao falecimento do marido ou outras causas. Outro aspecto importante das relações entre os gêneros ressaltado por Freyre é o exercício do mando pelas mulheres proprietárias sobre seus escravos, o que flexibiliza um pouco a regra do resguardo para com estranhos do sexo masculino.

Em *Sobrados e mucambos*, Gilberto Freyre analisa o processo histórico da decadência desse patriarcado rural fundador da sociedade brasileira e construção de um patriarcado urbano. A partir do século XIX, com a complexificação da sociedade brasileira, a família patriarcal se transforma em vários sentidos. As principais transformações dizem respeito à separação física e de convívio social entre sobrados e mucambos, em contraste com a proximidade que havia entre casa-grande e senzala; ao crescimento do papel da rua, em oposição à casa, na vida social das cidades; às transformações nas relações entre gêneros e entre gerações, o que implica processos de individuação que estão em conflito com o poder do *pater familias*. O autor abarca o resultado dessas transformações sob a denominação de semipatriarcalismo, mas ressalta a permanência da importância dos valores patriarcais na sociedade brasileira. As suas palavras resumem o sentido dessas mudanças sociais:

> Por outro lado, foi um período de diferenciação profunda — menos patriarcalismo, menos absorção do filho pelo pai, da mulher pelo homem, do indivíduo pela família, da família pelo chefe, do escravo pelo proprietário; e mais individualismo — da mulher, do menino, do negro — ao mesmo tempo que mais prostituição, mais miséria, mais doença. Mais velhice desamparada. Período de transição. O patriarcalismo urbanizou-se. (Freyre, 1996: 22)

Com essa complexificação da sociedade, a ênfase da análise de Gilberto Freyre, diferentemente de *Casa-grande & senzala*, volta-se mais para os desajustamentos do que para os equilíbrios. Os antagonismos ficam mais explícitos porque já não existe a proximidade com os escravos e as zonas de confraternização entre os diversos segmentos sociais se restringem cada vez mais.

A rua torna-se uma ameaça à estabilidade da casa porque o seu crescimento gera uma possibilidade de socialização que é diferente da vida doméstica e que atrai jovens e mulheres. Estas são mantidas o mais possível fora da rua e dentro da casa, o que se assemelha à posição das mulheres nas sociedades mediterrâneas como seres que têm o interior do lar como seu espaço de ação, em oposição à rua, domínio dos homens (Pitt-Rivers, 1977: 118). Mas, por outro lado, a própria arquitetura dos sobrados permitia às mulheres um tipo de relação com o mundo da rua e, portanto, com os homens, bastante diferente do que havia na casa-grande:

> A varanda e o caramanchão marcam uma das vitórias da mulher sobre o ciúme sexual do homem e uma das transigências do sistema patriarcal com a cidade antipatriarcal. Ciúme que se exprimira em termos tão fortes na arquitetura quase de convento da casa-grande. Com a varanda e o caramanchão veio o namoro da mulher senhoril não apenas com o primo mas com o estranho. Um namoro tímido, é verdade, de sinais de lenço e de leque. Mas o bastante para romantizar o amor e torná-lo exógamo. Quando as urupemas foram arrancadas à força dos sobrados do Rio de Janeiro, já no tempo de Dom João, e dos sobradões do Recife e das cidades mais opulentas da colônia já quase independente de Portugal, pode-se dizer que se iniciou nova fase nas relações entre os sexos. (Freyre, 1996: 154)

Do mesmo modo, a rua cria para os filhos possibilidades de escapar, ao menos parcialmente, do domínio de seus pais. Principalmente através do bacharelismo, que Gilberto Freyre vê como fonte de contestação, não só do poder do *pater familias*, mas também de toda a sociedade e a política baseadas na instituição do patriarcalismo. Esse conflito de gerações é ao mesmo tempo resultado e causa de uma maior mobilidade social.

Nessa nova etapa do nosso processo civilizador, a europeização dá o tom. Ao contrário do "orientalismo" que marcou a fase anterior, a urbanização traz outros modelos de civilidade, especialmente o inglês. O novo individualismo urbano, oposto ao holismo patriarcal, produz o início de um processo que Norbert Elias designou de informalização das relações entre gêneros e entre gerações (Elias, 1997). A família abre espaço para outros agentes civilizadores, como a escola, a Igreja e mesmo o Estado. Mas, ainda que a família patriarcal perca a importância que tinha no início da colonização, os valores da sociedade patriarcal vão permanecer distintivos da civilização que se erigiu no Brasil.

Antonio Candido, num artigo intitulado "A família brasileira", generaliza o modelo da família patriarcal de Freyre para as regiões ao sul, especialmente as áreas de influência histórica paulista. Na sua definição, a família patriarcal é uma organização com uma dupla estrutura: um núcleo central, legalizado, formado pelo casal branco e seus filhos, e uma periferia mal delimitada, feita de escravos e agregados, incluindo concubinas e filhos bastardos do *pater familias* (Candido, 1951: 292).

Assim como Gilberto Freyre, Antonio Candido aponta para a autoridade quase ilimitada do *pater familias*, a quem cabe por direito a iniciativa política e econômica. Os filhos e a mulher são espécies de bens do chefe da família e, assim como os agregados, devem se subordinar à sua autoridade. No caso das mulheres, porém, o autor faz uma ressalva: embora se sujeitassem aos maridos e fossem condenadas a um sistema de reclusão, elas exerciam um papel importante no gerenciamento das coisas da casa, que exigia capacidade de comando e iniciativa. Portanto, a situação social das mulheres em relação aos maridos não seria de inferioridade, e sim de complementaridade. Para Candido, o regime patriarcal criou, no Brasil, condições para o exercício de aspectos viris da personalidade feminina (Candido, 1951: 295-6).

Outro aspecto ressaltado por Candido diz respeito ao casamento como um tipo de elo estabelecido a partir de critérios econômicos e políticos que ditavam as necessidades de aliança entre as famílias. Em contraposição a isso, havia uma certa tolerância com relacionamentos que fugiam aos padrões considerados normais, alguns deles até certo ponto incestuosos. Essa tolerância era fruto de uma opção pela estabilidade em detrimento dos aspectos emocionais (Candido, 1951: 303).

Do mesmo modo que Freyre, o autor aponta para o vínculo entre a modernização do país e a decadência progressiva da autoridade paterna. Essa seria a mudança mais significativa da família contemporânea e estaria espelhada na mudança de significado do casamento. A iniciativa no casamento foi sendo transferida dos pais para as partes interessadas, o que o tornou cada vez mais uma questão individual e não de grupo. Porém, diferentemente do autor de *Casa-grande & senzala*, Candido não vê nisso algo negativo e desagregador da sociedade brasileira (Candido, 1951: 308).

Essa noção da família patriarcal como modelo da família brasileira vem sendo criticada nas últimas décadas por cientistas sociais e historiadores. O uso do conceito de família patriarcal teria como efeito a supressão das diferenças entre os múltiplos modelos de família que existiram em nossa história, os quais podem ser investigados através de pesquisas empíricas que comprovam que o modelo proposto por Freyre e desenvolvido por Candido não pode ser generalizado (Corrêa et al., 1982: 25).

A crítica ao modelo de família patriarcal elaborado por Freyre tem como principal argumento o de que ele predominou apenas numa determinada região do Brasil durante o período colonial, o Nordeste açucareiro, e, ainda assim, somente entre as famílias mais abastadas. Um estudo sobre a família paulista diz que no início do século XIX as famílias extensas, de tipo patriarcal, não chegavam a 26% dos domicílios da região. O que teria predominado no Sul do país entre os séculos XVIII e XIX seriam as famílias com estruturas mais simplificadas e com menor número de componentes, indicando uma pluralidade muito maior de combinações do que o modelo patriarcal poderia revelar (Samara, 1987: 30-1).

Uma pesquisa mais recente mostra que mesmo numa região colonial cuja principal atividade econômica era o cultivo de cana-de-açúcar — similar, portanto, ao Nordeste açucareiro de Freyre —, é possível afirmar o predomínio de arranjos familiares plurais e muito diversos do tipo patriarcal. Em Campos dos Goytacases, no Sudeste açucareiro, de acordo com a historiadora Sheila de Castro Faria, pode-se notar, através da análise de testamentos e inventários do século XVIII, uma variedade de relações familiares que também relativizam o patriarcalismo (Faria, 1998).

Sem querer aprofundar essa discussão, que não é o objetivo deste trabalho, penso ser possível, apesar das contestações empíricas sobre o predomínio numérico da família patriarcal na formação da sociedade brasileira, tomar o modelo proposto por Freyre como uma representação importante das relações familiares no Brasil. Mesmo em sua obra, há uma série de considerações sobre a flexibilidade do modelo, em consonância com a mobilidade ("plasticidade" e "miscibilidade") que esse autor enxergava na sociedade brasileira em formação.

Essa representação, embora possa não corresponder a um predomínio numérico constatável empiricamente, vem sendo reiterada de diversos modos na cultura brasileira. São inúmeros os filmes, novelas, obras literárias e peças teatrais em que aparecem representações da família brasileira com forte inspiração, seja ela consciente ou não, no modelo patriarcal de Freyre: famílias extensas, autoridade paterna forte, filhos e mulheres subjugados, assim como todo tipo de agregado.

Desse modo, o modelo de família patriarcal é uma referência fundamental quando o objetivo é investigar as representações sobre a família no Brasil. Sabemos que as representações, porém, não são meros produtos dos mundos das idéias, e sim dizem respeito a valores que atuam e norteiam a prática. Entender essas representações é também conhecer como a sociedade brasileira se constitui e se transforma ao longo da história.

O ARISTOCRATA E O PLEBEU: APROXIMAÇÕES ENTRE GILBERTO FREYRE E NELSON RODRIGUES

No teatro de Nelson Rodrigues, embora sejam muito variadas as formas de organização familiar, pode-se dizer que a questão da desagregação da família patriarcal ou semipatriarcal, como modelo capaz de englobar os indivíduos, é uma constante. Os esforços do pai em manter a família sob seu jugo estão sempre ameaçados, principalmente pelas mulheres, sejam elas filhas ou esposas, com suas insatisfações e seus anseios de individuação. Embora as famílias que aparecem na dramaturgia rodriguiana não sejam patriarcais, a dramatização da ruína da hierarquia familiar, com ênfase na perda de poder do *pater familias* e no rompimento de interdições — como o incesto e a traição — nas relações interpessoais, coloca o modelo descrito por Freyre como uma espécie de pano de fundo moral das histórias. Desse modo, o incesto e a traição rondam as relações entre pais e filhos, maridos e esposas, cunhados e cunhadas, primos e primas, irmãos e irmãs, e mesmo sogro e genro (no caso de *O beijo no asfalto*).

Porém, Gilberto Freyre acreditava no poder civilizador da família patriarcal, e Nelson Rodrigues via a família como suscitadora da explosão violenta da natureza. Para o primeiro, a família patriarcal foi o principal alicerce da construção da sociedade brasileira e do estabelecimento de uma civilização luso-tropical. Já na obra de Nelson Rodrigues, a família, através da convivência cotidiana, do repartir de certos segredos, do desenvolver dos sentimentos, é o que ameaça a civilização, entendida aqui no sentido de Elias, como capacidade de autocontrole, de controle das emoções (Elias, 1990). Essa desconfiança do dramaturgo em relação ao processo civilizador da sociedade brasileira, que aparece enfraquecido justamente onde deveria ser mais "naturalizado" — ou seja, na família —, confere um certo *ethos* plebeu à perspectiva de Nelson.

O contraste entre o aristocratismo de Freyre e o plebeísmo de Nelson se explica parcialmente pelas suas origens sociais. O primeiro pertence a uma família de origem rural e abastada, e o segundo é oriundo de uma família de classe média já plenamente estabelecida no meio urbano. Ainda que houvesse relações entre as famílias de Nelson e Freyre (este era amigo de Mário Filho e citou elogiosamente seu livro *O negro no futebol brasileiro* em *Sobrados e mucambos*), seus respectivos mundos possuíam diferenças significativas.

Mas esse contraste sugere ainda outras comparações. Acho irresistível compará-lo com as posições sociais de Tolstói e Dostoiévski na Rússia do século XIX. O primeiro, oriundo da nobreza rural e defensor da possibilidade de um entendimento entre os proprietários rurais e camponeses para a recuperação da sociedade russa. O segundo, representante de um intelectualismo plebeu, crítico dos literatos de visão de mundo aristocrática, mas que afirmava que "a alma russa é mais vasta do que as diferenças de classes, os interesses de classes e a lei de classes" (*apud* Hauser, 1998: 877).

Dostoiévski se ressentia de nunca ter tido as mesmas condições que permitiram ao autor de *Guerra e paz* escrever as suas obras. Premido pelas dívidas, pela necessidade de escrever para sobreviver, Dostoiévski tinha de se comprometer com seus editores em entregar suas obras rapidamente, em ritmo frenético, sem a possibilidade de revisão e aprimoramento

Como "proletário literário", nos seus próprios termos, sempre trabalhando sob a pressão de um contrato, queixava-se do excesso de trabalho e gostaria de ter podido escrever ao menos um romance do modo como Tolstói escrevera as suas obras (Hauser, 1998: 876).

Tolstói, por sua vez, criticando o valor artístico das obras do autor de *Crime e castigo*, comparou Dostoiévski a um cavalo que à primeira vista causa uma ótima impressão e parece valer muito dinheiro, mas que, se olhado com mais atenção, se nota que suas patas são defeituosas e que ele manca, não valendo, portanto, quase nada (Hauser, 1998: 888).

Apesar de todas essas diferenças, Hauser ressalta algumas semelhanças em suas respectivas visões de mundo:

> Apesar da mais profunda antítese concebível, existe uma unidade básica entre Dostoiévski e Tolstói na atitude de ambos para com o problema do individualismo e da liberdade. Consideram ambos que não há maior mal do que a emancipação do indivíduo da sociedade, sua solidão e isolamento. Ambos desejam rechaçar, por todos os meios de que dispõem, o caos que ameaça invadir o indivíduo alienado da sociedade. (Hauser, 1998: 884)

De maneira similar aos dois escritores russos, havia semelhanças e diferenças nas visões de mundo do aristocrático Freyre e do plebeu Nelson. Portanto, tais distinções de *ethos* não se configuram numa oposição absoluta. É amplamente conhecida a imensa admiração e mesmo identificação que Nelson Rodrigues sentia por Dostoiévski. Por outro lado, por mais de uma vez ele comparou Gilberto Freyre a Tolstói. Numa crônica publicada em *O Globo*, em 28 de março de 1970, Nelson Rodrigues compara a obra do escritor pernambucano com *Guerra e paz*:

> Na minha juventude, os literatos patrícios perguntavam uns aos outros: — "Quando sai tua 'Guerra e paz'?". E todos respondiam: — "Estou caprichando". Mas a "Guerra e paz" não saía. Eu só imaginava o escândalo que seria se, um dia, explodisse, no Brasil, uma súbita "Guerra e paz". Até que, há pouco, fui ler todo o Gilberto Freyre. Li e

> reli. Fiz a enorme descoberta. Sua obra tem o movimento, a profundidade, a variedade do romance tolstoiano. (Rodrigues, 1995b: 143)

Embora a admiração que ambos sentiam fosse mútua e houvesse amizade entre eles, ao contrário da complicada relação que existia entre os dois escritores russos, em determinados aspectos as suas visões sobre a sociedade brasileira eram bastante diferentes. Além das perspectivas diversas sobre o processo civilizador brasileiro, tal como destacado acima, a questão racial também era um ponto de divergência de Nelson Rodrigues em relação a Gilberto Freyre.

Em várias crônicas, Nelson Rodrigues afirma que Gilberto Freyre se engana ao pensar que o Brasil é uma democracia racial. Numa *Confissão*, publicada em *O Globo* em 11 de março de 1968, Nelson narra o seguinte episódio sobre a visita de Sartre ao Brasil:

> Ao terminar a palestra, Sartre não se conteve e fez a pergunta, irritado: — "E os negros? Onde estão os negros?". O filósofo só tivera, até então, uma platéia louríssima, alvíssima, sardenta e de olho azul. Podia perguntar, e tinha razão de perguntar: — "E os negros? Onde estão os negros?". Perto de Sartre, um brasileiro cochichou para outro brasileiro: — "Os negros estão por aí assaltando algum *chauffeur*!" (Rodrigues, 1993b: 183)

No desfecho dessa crônica, Nelson diz que no Brasil os brancos não gostam dos negros nem os negros gostam dos negros, portanto, por aqui, estes são os seres mais solitários da Terra, condição contrária à que poderia existir numa democracia racial.

Num dos episódios de suas memórias, publicadas em 1967 no *Correio da Manhã*, ele comenta as críticas que sofreu pela peça *Anjo negro*. Essa peça, escrita em 1946, foi censurada em 1948 e depois liberada no mesmo ano. Antes mesmo de estrear, em abril de 1948, ela foi motivo de polêmicas. O principal personagem, por exemplo, um homem negro chamado Ismael, teve de ser interpretado por um branco pintado de negro, pois, caso contrário, a comissão na época encarregada de selecionar os textos que seriam encenados no Teatro Municipal impediria a estréia (Castro, 1992: 202-4).

Anjo negro, classificada por seu autor como uma tragédia em três atos, foi combatida por muitos críticos na imprensa, mas permaneceu por dois meses em cartaz, o que era sinal de sucesso na época. A ação se passa "em qualquer tempo, em qualquer lugar". Ismael, o personagem principal, é médico, tem raiva de ser negro e odeia o irmão de criação branco, Elias. Sua esposa, Virgínia, é branca e muito bonita. Ela vive numa espécie de prisão doméstica imposta pelo marido, a quem odeia. Elias é cego, de cabelos claros e anelados, e tem um rosto doce e feminino, o exato contrário do irmão de criação. Ficou cego porque Ismael, aparentemente sem querer, trocou os remédios que ele estava usando nos olhos. Elias tem medo e não gosta do irmão, que batia nele quando eram menores.

A casa em que vivem Ismael e Virgínia é cercada de muros altos, com o objetivo de isolá-la completamente do mundo externo e dos estranhos. Todos os filhos deles morrem ainda pequenos e, no dia do enterro do terceiro filho, Elias chega para ficar em sua casa. Contrariado, Ismael diz que só vai deixá-lo ficar por um dia e isolado no quarto nos fundos, proibindo Elias de falar com Virgínia. Elias e Virgínia se encontram, e ela conta como se casou com Ismael, mesmo sem gostar dele: uma prima de Virgínia se enforcara depois de vê-la beijando seu noivo. Como vingança por ter destruído o casamento da prima e tê-la levado ao suicídio, a família da moça consentiu que Ismael violasse Virgínia e depois se casasse com ela.

O casal foi morar na mesma casa onde morava Virgínia, e a cama de solteira onde se realizou o estupro foi mantida do mesmo jeito que estava na noite da violação. Virgínia, com o desejo de ter um filho branco, envolve-se com Elias. Na verdade, os filhos negros que nasceram foram assassinados por ela. O marido sabia de tudo, mas não fazia nada porque achava que o fato os unia ainda mais. Quando Ismael sabe que Virgínia o traiu, resolve se vingar no filho em seu ventre, mas ela o convence a vingar-se em Elias, e atrai o cego para a morte. Ismael dá um tiro no rosto de Elias. Dezesseis anos depois, a casa está mais sombria. A filha que nasceu, Ana Maria, é cega e virou uma linda adolescente. Quando pequena, Ismael a cegou e a fez crer que era seu pai e que era o único homem branco do mundo, pois todos os outros eram negros. A mãe revela toda a verdade para a filha, e esta confessa que já se deitou com o pai de criação. Virgínia e Ismael fecham Ana Maria num mausoléu de vidro e vão para o quarto. Como fruto desta relação, Virgínia espera um novo bebê, que também se tornará um anjo negro.

Anjo negro foi acusada de racista por muitos, mas também defendida como anti-racista por outros, como Abdias do Nascimento, ator negro ligado a um grupo chamado Teatro Experimental Negro (TEN), com uma postura crítica diante do racismo nas artes (Nascimento, 1993: 209-12). Nas suas memórias, citadas acima, Nelson opõe a sua perspectiva sobre as relações raciais no Brasil, expressa em *Anjo negro*, à pretensa democracia racial defendida por Freyre. Nas suas palavras:

> Quase posso dizer que *Anjo negro* nasceu comigo. Eu não sabia ler, nem escrever e já percebera uma verdade que até hoje escapa a Gilberto Freyre: — não gostamos de negro. Nada mais límpido, nítido, inequívoco, do que o nosso racismo. E como é humilhante a relação entre brancos e negros. Os brancos não gostam dos negros; e o pior é que os negros não reagem. Veja bem: — não reagem. (...) A "democracia racial" que nós fingimos é a mais cínica, a mais cruel das mistificações. (Rodrigues, 1993a: 225)

Essa divergência acerca da questão racial, a meu ver, remetia a uma outra, anteriormente mencionada, sobre o processo civilizador como um todo. Para Freyre, construímos uma outra civilização, enquanto, para Nelson, a civilização é fraca em face da natureza humana, é apenas uma superfície de aparente tranqüilidade que esconde sentimentos e paixões conturbados e violentos. E isso, para o dramaturgo, não diz respeito somente à sociedade brasileira.

Apesar dessas divergências importantes, existe uma série de afinidades nas suas trajetórias individuais. Ambos são pernambucanos. Gilberto Freyre nasceu em 1900, e Nelson Rodrigues, em 1912. Freyre escandalizou setores mais conservadores da sociedade da década de 1930, ao fazer da miscigenação e das trocas sexuais entre senhores e escravos temáticas centrais do seu livro *Casa-grande & senzala*, tendo sido até acusado de marxista (Rios, 2000: 50). Nelson Rodrigues, como já vimos, foi acusado de tarado na década seguinte por causa de suas peças, e esse rótulo o acompanhou durante toda a vida.

Ambos foram considerados por uma parte do campo intelectual como inovadores e até revolucionários em suas obras, mas conservadores, ou mesmo reacionários, na vida política.[14] Isso se deve em grande parte a uma aproximação com o regime militar estabelecido em 1964. Talvez essa acusação tenha atingido com mais profundidade Gilberto Freyre do que Nelson Rodrigues. Além do conservadorismo político, o escritor foi também acusado de ter produzido uma mistificação das relações raciais no Brasil, erigindo uma falsa idéia de democracia racial, o que levou sua obra a sofrer um período de esquecimento acadêmico relativo (Falcão e Araújo, 2001: 131-67). Já o dramaturgo, embora tido como um reacionário pela intelectualidade de esquerda nos anos 1960 e 1970, não teve suas peças postas no ostracismo, pois foi construída sobre ele uma dupla imagem: o Nelson pessoa pública, reacionário, e o autor genial de teatro. Não por acaso é justamente a partir da década de 1960 que há uma maior aproximação entre os dois.

Desde a década de 1940, pelo menos, havia uma admiração mútua entre Gilberto Freyre e Nelson Rodrigues. Freyre era amigo de Mário Filho, irmão de Nelson, e a sua opinião favorável à encenação de *Senhora dos afogados*, em 1948, foi fundamental para despertar no dramaturgo uma grande simpatia (Castro, 1992: 212).

Nesse período, havia entre eles uma outra afinidade importante: ambos poderiam ser identificados com o campo político antigetulista e anti-Estado Novo. Gilberto Freyre de modo mais direto, pois foi perseguido, assim como sua família, após a Revolução de 1930 e, em 1946, foi deputado constituinte eleito pela UDN. Já o pai de Nelson, Mário Rodrigues, teve seu jornal empastelado com a Revolução, o que gerou dificuldades

[14]Sobre a inovação que *Casa-grande & senzala* representou no cenário intelectual brasileiro na década de 1930, ver a introdução de Antonio Candido ao livro *Raízes do Brasil*, de Sérgio Buarque de Holanda.

para a família. Nelson, por sua vez, foi um eleitor fiel da UDN (com exceção da eleição de JK para presidente), partido político que era o principal representante do campo antigetulista no pós-1945 (Castro, 1992).

Mas foi a partir da década de 1960 que a relação entre os dois se estreitou. Havia em Nelson o sentimento de que tanto ele quanto Freyre haviam sido condenados a uma posição marginal no campo cultural brasileiro pelos intelectuais de esquerda. Essas polêmicas de Nelson Rodrigues com as esquerdas nas décadas de 1960 e 1970 serão tratadas em outro capítulo. Por ora farei apenas comentários a algumas crônicas sobre o mestre de Apipucos que ele escreveu nesse período.

No conjunto de textos selecionado por Ruy Castro e publicado na década de 1990, há 17 crônicas em que Nelson se refere a Gilberto Freyre, todas elas do período entre 1967 e 1970. Numa crônica de sua coluna *Confissões*, publicada em *O Globo* em 3 de outubro de 1968, Nelson escreve que Freyre foi esquecido porque "não aceitou a pressão das esquerdas" (Rodrigues, 1995a: 259). A mesma temática está presente em outra *Confissão*, publicada em 2 de julho de 1969. Nela, Nelson diz que Gilberto Freyre é o único grande artista no Brasil e que, no entanto, é totalmente ignorado pela imprensa por culpa das esquerdas (Rodrigues, 1995b: 89-90). A defesa de Freyre contra uma suposta conspiração das esquerdas contra seu nome aparece ainda em várias crônicas de 1970. Numa delas, de 22 de janeiro, Gilberto Freyre aparece como o grande intelectual em oposição aos "intelectuais de passeata" (Rodrigues, 1995b: 129-30). Em outra, publicada em 28 de março, Nelson comenta o silêncio nos jornais sobre o aniversário de setenta anos do conterrâneo e diz que isso se deve à sua independência em relação às esquerdas.

Gilberto Freyre, por sua vez, escreve vários artigos sobre Nelson. Em 26 de junho de 1973, foi publicada em *O Globo* uma entrevista de Nelson Rodrigues a Margarida Autran, por ocasião do lançamento em livro de *Toda nudez será castigada*. Esse texto de Nelson havia sido adaptado para o cinema, e o filme, dirigido por Arnaldo Jabor, estava fazendo um imenso sucesso. No rodapé da entrevista foi publicado um pequeno artigo de Gilberto Freyre, em que ele dizia que Nelson era o maior teatrólogo brasileiro, equivalente a Eugene O'Neill. Mas Gilberto Freyre também faz o elogio da prosa jornalística de nosso autor, comparando-o a Eça de Queirós (*O Globo*, 26/06/1976). Em 1977, esse texto é aproveitado como prefácio do livro de crônicas jornalísticas de Nelson Rodrigues intitulado *O reacionário*, no qual, como já foi dito, foi publicada uma série de crônicas sobre o autor de *Sobrados e mucambos*.[15]

Além das relações pessoais e dos comentários públicos de ambos sobre suas respectivas obras, importa aqui perceber a família patriarcal — como sistema de crenças e valores — assim como a sua desagregação como referências importantes para os dramas familiares que se desenrolam no teatro de Nelson Rodrigues.[16]

FAMÍLIAS DE NELSON RODRIGUES

Em todas as peças teatrais de Nelson Rodrigues está presente a questão da família. As formas de organização familiar vão variar muito: nuclear (*Os sete gatinhos*), família que inclui outros parentes ou agregados (*Álbum de família*), casal sem filhos morando com agregados (*A mulher sem pecado, O beijo no asfalto*) e outras inúmeras combinações. Mas, se as formas são múltiplas, os temas são sempre os mesmos: amor, ciúme, in-

[15]É interessante mencionar aqui o comentário de Vogt e Waldman sobre as similitudes entre Gilberto Freyre e Nelson Rodrigues: "Nelson Rodrigues é como se fosse um autor português lendo o Brasil. É, se se quiser, uma espécie de Gilberto Freyre do teatro nacional. Conservador, reacionário, inteligente e inventivo. Feito para fazer o novo conservar o velho e a tradição. (...) Na corda bamba, contraditório, contrário a si mesmo, Nelson Rodrigues é um autor tão novo e tão velho quanto Gilberto Freyre. É um autor que repetiu com inteligência e inventividade o que autores portugueses do século XIX já tinham dito sobre Portugal. *Vestido de noiva* é para o teatro brasileiro o que *Os Maias* é para o romance português ou *Casa-grande & senzala* é para a sócio-antropologia no Brasil" (Vogt e Waldman, 1985: 45-7).

[16]No que diz respeito às relações pessoais entre os dois, é interessante citar uma reportagem da revista *Veja* de 12 de março de 1980. Trata-se de uma matéria de capa, cujo título significativo era "O sucesso do maldito". Assinado por Jairo Arco e Flexa e José Castello, o texto assim comentava a amizade entre Freyre e Nelson Rodrigues: "O sociólogo Gilberto Freyre, parceiro menos freqüente de Nelson nessas madrugadas socráticas, pensa que seu amigo é um perdido no século XX. 'Ele é um misto de tapuia e grego.' Nascidos no mesmo Recife, os dois costumam tomar Nescau com bolachas sempre que Gilberto Freyre vem ao Rio, para as reuniões do Conselho Federal de Cultura" (p. 46).

cesto, traição, sexo, morte, pureza e impureza, segredo, desvio perpassam todas as peças. Maria Luiza Boff, autora de uma tese de doutorado intitulada *Mito e tragédia nas relações familiares do teatro de Nelson Rodrigues*, afirma: "A família é identificada como o reduto principal dos personagens e da ação e, pela exigüidade do espaço onde ocorrem as compulsões e desatinos, favorece a tragédia entre os membros que a compõem."[17]

As famílias de Nelson Rodrigues representam a tensão entre os valores portados pelo modelo patriarcal como referência simbólica importante e os anseios de individuação, especialmente das mulheres (Carneiro, 1987: 73). Essa desagregação de um modelo mais englobante de família também se revela na dramaturgia rodriguiana através de pequenos detalhes, como, por exemplo, o fato de que em nenhuma de suas peças os membros da família comem juntos. Aliás, as pessoas das famílias rodriguianas praticamente não fazem nada em conjunto, nenhuma atividade cotidiana, a não ser despejar amor e ódio entre si.

A diluição do patriarcado como referência simbólica para os padrões de relações familiares na sociedade brasileira é resultado de um processo histórico de modernização. Uma das conseqüências mais importantes desse processo de modernização para o modelo patriarcal é a perda de poder do chefe de família, especialmente a partir da segunda metade do século XIX. Gilberto Freyre aponta para o crescimento da importância de ideologias individualistas, que gerou o conflito de gerações entre pais e filhos, assim como a retirada do casamento do âmbito decisório da família para a iniciativa dos indivíduos. Seguindo a análise de Freyre, Jurandir Costa destaca o crescimento do poder médico e a difusão da medicina higienista no final do século XIX como elementos decisivos na desvalorização social dos patriarcas. Na defesa de mulheres e filhos, o médico conferiu cientificidade aos anseios destes por uma maior independência diante do *pater familias*. O patriarca, fundamentalmente um proprietário, deveria

[17]Essa tese de doutorado, defendida na UFRGS, está disponível para consulta, assim como várias outras, no site www.nelsonrodrigues.com.br. A presente citação foi extraída da página 1 do resumo.

ser substituído pelo "pai higiênico", funcionário da "raça" e do Estado, que casou por amor e não para aumentar a propriedade. Ele deveria ser amoroso com a esposa e os filhos, zelando pela subsistência material e pela conformação racial e moral da família (Freyre, 1996; Costa, 1983: 240). Jurandir Costa assim resume os argumentos médicos contra o patriarcalismo:

> O patriarca colonial era combatido pelos higienistas porque, através do dinheiro e do poder, conseguia comprar o corpo das mulheres jovens e corromper fisicamente sua progenitura. Entretanto, estava subentendido que, ao dirigir-se aos velhos patriarcas, os médicos atingiam o pai. Reduzindo a figura do pai à parca condição biológica do velho, a higiene despojava-o de sua aura epopéica. A decadência física e moral era uma maneira de transportar para o social o cerceamento que vinha sofrendo a função político-econômica do chefe de família. Era também uma maneira de desequilibrar o sistema de poder familiar, fornecendo trunfos a mulheres e filhos na luta interna contra o absolutismo paterno. O filho e a esposa jovens tinham, diante da "espécie" e da sociedade, um valor incomensuravelmente maior que o do patriarca (Costa, 1983: 225).

Portanto, a falência do patriarcalismo como modelo para o estabelecimento das relações familiares se traduz principalmente no esvaziamento dos papéis tradicionais do pai e do marido (Carneiro, 1987: 76). Nas peças de Nelson Rodrigues, esses papéis são associados à capacidade englobante da família, que é permanentemente colocada em xeque pelos personagens femininos, sejam eles esposas ou filhas. Tais personagens, através de diversos tipos de transgressão, mas particularmente os de natureza sexual, trazem à tona um outro padrão de relação entre os gêneros (Salem, 1988: 171).

Em quase todas as peças estão presentes tais transgressões. Em *A mulher sem pecado*, a esposa, fiel até então, foge com o motorista após o marido atormentá-la insistentemente com suspeitas sobre a sua fidelidade. Em *Anjo negro*, a mulher trai o marido com o irmão dele, e dessa traição resulta uma filha. Na peça que inaugura o ciclo das tragédias cariocas, *A falecida*, o marido descobre, após a morte da mulher, que ela o traía. *Perdoa-me por me traíres* gira totalmente em torno do tema do adultério feminino, assim como *Viúva, porém honesta* (1957). *Os sete gatinhos* é a história de um parricídio, de um pai assassinado pelas filhas. *Em Otto Lara Resende ou Bonitinha, mas ordinária* (1962), a moça pobre se prostitui para sustentar a família, e a moça rica trama o seu próprio estupro por vários "crioulões". Geni, a prostituta de *Toda nudez será castigada* (1965), une-se a um viúvo, mas também se envolve com o filho dele. Em sua última peça, *A serpente* (1978), Nelson conta a história de dois casais, em que uma das mulheres procura o marido da irmã porque seu próprio esposo é impotente com ela.

Porém, a fraqueza dos chefes de família também se revela através de suas próprias transgressões. Assim como o senhor rural de Gilberto Freyre, o pai rodriguiano é ele mesmo sujeito a desvios. Em *O beijo no asfalto*, o pai moralista, depois de alimentar as acusações injustas de homossexualismo que pesam sobre seu genro, confessa sua paixão homossexual por esse mesmo genro a quem havia acusado. Porém, assim como a transgressão feminina mais freqüente e temida é a traição, a transgressão masculina mais comum é o incesto, ou melhor, o cultivo de desejos incestuosos. O incesto deve ser entendido aqui não apenas como a relação amorosa com parentes de sangue, e sim com todo e qualquer parente, com quem se convive intimamente no círculo familiar.

Álbum de família tem o incesto como tema principal: pais que amam filhos e vice-versa, irmão que deseja a irmã, cunhada apaixonada pelo cunhado, todos os desejos concentrados no âmbito da família. Em *Perdoa-me por me traíres*, o tio deseja a sobrinha que ele mesmo criou. Em *Os sete gatinhos*, o pai ama a filha mais nova e envia clientes para as outras filhas se prostituírem. Em *Vestido de noiva* e *A serpente*, cunhados desejam as cunhadas e vice-versa.

A traição e o incesto são, na dramaturgia rodriguiana, equivalentes ao que Gilberto Freyre denominou sadismo e masoquismo, pois também expõem os limites dos sentimentos na família. Incesto e traição são, nos textos de Nelson, fruto de uma estrutura familiar absorvente, que conforma os sentimentos de maneira auto-referida e pautada pela desigualdade. Mas, se para Freyre o sadismo e o masoquismo são apenas derivações perversas do sistema patriarcal que não ameaçam a sua capacidade civilizadora, em Nelson a traição e o incesto demonstram a fragilidade dos laços familiares, em que a natureza sempre ameaça vencer a cultura.

Para o desenvolvimento dessa dupla temática, do incesto e da traição nas famílias rodriguianas, escolhi cinco peças que considero fundamentais. Através de *Álbum de família* e de *Os sete gatinhos*, procurarei percorrer o tema dos desejos incestuosos em duas configurações familiares diferentes. Na primeira peça é representada uma família de tipo semipatriarcal, habitante do meio rural, rica e relativamente isolada do resto do mundo. Já na segunda, tem-se uma família nuclear, urbana, de classe média baixa, cujos membros têm uma intensa vida extrafamiliar. As histórias ocorrem em épocas diferentes: *Álbum de família*, em 1924, e *Os sete gatinhos*, embora não haja uma rubrica do autor neste sentido, parece se passar no momento em que Nelson a escreveu, ou seja, no final da década de 1950.

No que diz respeito à traição, preferi trabalhar com três textos em que o tema aparece de maneiras diferentes. Em *A mulher sem pecado*, a traição da mulher é justificada pelos ciúmes doentios do marido. A família é rica, mas a mulher é de origem pobre. O casal não tem filhos, mas possui agregados em casa. Nessa história, a traição feminina não é punida no final. Outra peça importante é *A falecida*. O foco aqui é um casal sem filhos, de classe média baixa, o marido desempregado. No final, mesmo já morta, a mulher acaba pagando pelo adultério que cometeu. Por fim, em *Perdoa-me por me traíres*, tem-se um casal com uma filha, a situação social aparentando ser de classe média alta, e a mulher acaba punida com a morte pela sua traição. Porém, ela é punida pelo cunhado, e não pelo marido, pois este justifica seu adultério e pede que ela o perdoe por tê-lo traído.

Com a análise dessas peças pode-se tentar configurar que inferno familiar é esse construído pelo nosso autor, que tanto abalou os setores mais conservadores da sociedade brasileira, defensores da moral e dos bons costumes, durante pelo menos três décadas.

INCESTOS EM CENA: *ÁLBUM DE FAMÍLIA* E *OS SETE GATINHOS*

Álbum de família é sem dúvida a peça mais maldita de Nelson Rodrigues. A ação principal se passa em 1924 e tem como cenário uma propriedade rural. Jonas, o pai, 45 anos, tem por hábito deflorar meninas e, eventualmente, as engravida. É descrito como tendo vaga semelhança com Jesus. A cunhada, tia Rute, solteirona feia e invejosa da beleza da irmã, é apaixonada por ele e arranja as meninas na localidade. Dona Senhorinha é a esposa de Jonas, tem quarenta anos, é bonita e visivelmente insatisfeita com o casamento.[18] É importante lembrar que Jonas e Senhorinha são primos. O casal tem quatro filhos: Guilherme, o mais velho, é seminarista; Edmundo, o segundo, é caracterizado como "adolescente, com alguma coisa de feminino"; Nonô, o terceiro, é louco, anda nu pela floresta e tem, segundo sua mãe, um corpo muito bonito, tendo sido um menino muito desenvolvido na infância; Glória, a filha mais nova, estuda num colégio interno e é alvo da adoração de seu pai.

Paralelamente à ação principal, há na estrutura da peça a narração de um *speaker* sobre as fotografias do álbum de família que vão se sucedendo. São seis fotografias: a primeira, datada de 1900, mostra Jonas e dona Senhorinha no dia seguinte ao seu casamento; a segunda, de 1913, retrata a família com os quatro filhos pequenos; a terceira, sem data, é de Glória na primeira comunhão; a quarta também não é definida temporalmente e retrata dona Senhorinha e tia Rute; a quinta é uma fotografia antiga de Nonô, com 13 anos de idade, e dona Senhorinha; na sexta, aparece Jonas em julho de 1924, em pose taciturna.

[18]Embora Nelson Rodrigues defina as idades de Jonas e Senhorinha, elas são contraditórias com outros dados que o autor apresenta. Por exemplo: Jonas e Dona Senhorinha se casam em 1900, ele com 25 anos e ela com 15. Portanto, em 1924, quando se desenrola a ação, ele teria 49 anos e não 45, e ela 39 e não quarenta.

Cada fotografia aparece ao longo do texto acompanhada pela narração de um *speaker*, que dá informações erradas sobre a família, contraditórias com a ação que se desenrola, e também faz comentários de um "mau gosto hediondo", no dizer de Nelson. Nosso autor resume a característica do *speaker* dizendo na rubrica que ele é "uma espécie de opinião pública". Embora dilacerada por conflitos e transgressões, a família é descrita por ele sempre como harmoniosa, exemplar, bela.[19]

A relação dos pais com os filhos é o principal foco de tensão da peça. Dona Senhorinha tem uma clara preferência pelos filhos homens, em especial por Nonô, e odeia Glória. Por outro lado, Jonas tem adoração por Glória e odeia os filhos homens. E a recíproca é verdadeira, pois os filhos homens odeiam o pai e amam a mãe, com a ressalva de que Guilherme é mais atraído por Glória. Os filhos homens são considerados uma ameaça pelo pai, que procura reafirmar seu poder de mando através de uma formulação que traduz a essência do patriarcalismo:

> JONAS (*gritando*) — Mas ELES estão enganados comigo. Eu sou o PAI! O pai é sagrado, o pai é o SENHOR! (*fora de si*) Agora eu vou ler a Bíblia, todos os dias, antes de jantar, principalmente os versículos que falam da família! (Rodrigues, 1993c: 529)

A crise explode com a chegada dos filhos à fazenda. Apenas Nonô morava na fazenda, mas não entrava em casa desde o início de sua loucura. Cada um deles volta para casa por um motivo diferente. Edmundo é o primeiro a chegar, após brigar com a esposa. Ele havia sido expulso de casa pelo pai, logo após seu casamento, por ter tomado partido da mãe durante uma briga conjugal. Quando Edmundo retorna, uma das meninas defloradas por Jonas está tendo complicações no parto, ao mesmo tempo que ele já está negociando o defloramento de outra virgem com o

[19]Flora Süssekind analisa do seguinte modo a função do *speaker* na peça: "Daí, em outra de suas peças, *Álbum de família*, Nelson procurar, também deslocando de seu contexto próprio, ridicularizar a figura do *speaker* de futebol, aquele que procura se impor como uma figura neutra, que 'vê' o jogo e o narra como acontece ('Você vê o jogo ouvindo a Rádio Globo') mas é na verdade um veículo de idéias cristalizadas tradicionais". (Süssekind, 1977: 11)

próprio avô da menina, tudo arranjado pela tia Rute. Ela, que tem ódio da irmã, inveja de sua beleza e um grande amor pelo cunhado, durante uma briga da família, revela ter sido ele o único homem com quem se deitou, numa noite em que estava bêbado. Ao mesmo tempo que se revolta ao ver a mãe aceitar tal situação e briga com o pai por causa disso, Edmundo se submete à autoridade paterna e se humilha diante dele ao beijar sua mão.

Edmundo diz sempre que se separou da mulher porque só pensava numa única mulher, e fica sugerido que tal mulher é a sua mãe. Ele tem ciúme, por exemplo, quando a mãe fala carinhosamente de seu irmão, Nonô. Mas o principal alvo de seu ódio é Jonas:

> EDMUNDO — Seria tudo melhor se em cada família alguém matasse o pai! (Rodrigues, 1993c: 537)

Durante uma discussão com o pai, a revelação de um segredo da família será fatal para Edmundo: a mãe, que ele considerava uma santa e era seu único amor, traíra o pai com outro homem. Após tal revelação, Edmundo se mata na frente da mãe. No seu velório, surge Heloísa, sua esposa. Ela e dona Senhorinha têm um diálogo ríspido. Heloísa diz que seu casamento não pôde se consumar, que durante três anos o marido não havia sequer tocado nela, porque a lembrança de outra mulher sempre o impedia. E Heloísa deixa claro que sabe que a tal mulher, que ele dizia ser a única com a qual poderia realizar-se sexualmente, era dona Senhorinha:

> HELOÍSA (*exultante*) — Eu não existia para ele. Edmundo só podia amar e odiar pessoas da própria família. Não sabia amar, nem odiar mais ninguém! (Rodrigues, 1993c: 564)

Guilherme, o filho mais velho, chega dizendo que largou o seminário e, assim como Edmundo, também se revolta, dessa vez com o fato de uma das meninas defloradas pelo pai estar dentro da casa em trabalho de parto. Ele conta, então, que uma vez assassinou uma dessas meninas que o pai engravidou, uma muda, pisando no seu ventre e dando-lhe pontapés.

Sempre que seu hábito de procurar meninas virgens para deflorar é questionado pelos filhos, Jonas diz haver um motivo que não pode ser revelado. Aos poucos, o personagem diz que vê a filha em cada uma das meninas. Ou seja, para escapar do incesto real, ele praticava o incesto imaginário com cada uma delas.

É a tia Rute, depois de ser expulsa de casa por Guilherme e de ser humilhada por Jonas, que sugere a rede de laços incestuosos que une a família:

> TIA RUTE (*num crescendo*) — Vocês não podem fazer isso comigo. (*grita*) EU CONHEÇO SEGREDOS DA FAMÍLIA! SEI por que Guilherme e Edmundo voltaram — SEI! Sei por que Nonô enlouqueceu — por que mandaram Glória para o colégio interno!... (Rodrigues, 1993c: 542)

Em seguida, Guilherme explica o porquê da volta de Glorinha à casa dos pais. Ela fora expulsa do colégio interno porque mantinha uma relação amorosa com uma amiga, e as duas tinham sido flagradas por uma das freiras beijando-se na boca. O pai não acredita no relato do filho, porque pensa que a filha é uma menina pura. Guilherme, por sua vez, decide que não permitirá nenhum contato da irmã com o pai, pois o considera sensual e indecente. Eis o diálogo dos dois:

> GUILHERME — Agora o seguinte: eu vim na frente, Glória chega a qualquer momento, hoje ou amanhã, não sei. Eu queria combinar justamente uma coisa. ELA NÃO VEM PARA AQUI!
>
> JONAS — Não vem para aqui — como?... por quê?
>
> GUILHERME (*veemente*) — Porque esta casa é indigna — PORQUE VOCÊ NÃO PODE TER CONTATO NEM COM SUA PRÓPRIA FILHA! (*exaltadíssimo*) Você mancha, você emporcalha tudo — a casa, os móveis, as paredes, tudo! (Rodrigues, 1993c: 543-4)

Este diálogo é precioso para a análise aqui proposta. O incesto aparece sempre nessa família rodriguiana como um elemento que enfraquece a autoridade paterna, que põe à prova o poder civilizador da família constituída nos moldes do patriarcalismo. Na peça, os filhos homens estão sempre em disputa com o pai, seja pelo amor da mãe, como no caso de Edmundo e Nonô, seja pelo amor de Glória, como no de Guilherme.

O pai acusa Guilherme de ser sensual como ele, pois a sensualidade seria uma marca da família. Ao que Guilherme responde que se automutilou para escapar dessa herança familiar, sendo, portanto, o único capaz de tomar conta de Glória. Quando Glória chega, ele a leva para uma igrejinha. Há um longo diálogo entre eles, no qual a menina revela seu amor pelo pai, diz que vê o rosto do pai na imagem de Nosso Senhor e que também pensava nele quando beijava a colega de colégio. Enquanto Guilherme tenta convencê-la de que o pai é impuro, ela reafirma seu amor por Jonas. Por fim, Guilherme fala que seu desejo pela irmã foi o que o levou a querer ser padre e, na impossibilidade de convencê-la a suicidar-se junto com ele, termina por assassiná-la, atirando-se depois embaixo de um trem.

No velório simultâneo de Guilherme e Glória, trava-se o diálogo final da peça, entre Jonas e dona Senhorinha. Enquanto ela fala do seu amor pelos filhos homens, o patriarca confessa que sempre via o rosto da filha quando beijava uma mulher e que seu desejo dependia da filha. É então que dona Senhorinha faz a revelação mais importante da peça: quando Jonas descobriu, há sete anos, que a mulher o traía, obrigou-a a confessar o nome do amante. Na ocasião, ela mentiu e disse o nome de um conhecido da família, que imediatamente foi assassinado por Jonas. Mas, na verdade, dona Senhorinha fez isso para ocultar a identidade de seu amante: seu filho Nonô, um adolescente de 13 anos na época. Foi por isso que o rapaz enlouqueceu. E a mãe diz:

> D. SENHORINHA (*abstrata*) — (...) Ele enlouqueceu de felicidade, não agüentou tanta felicidade! (Rodrigues, 1993c: 568)

Dona Senhorinha conta ainda que Edmundo se matou porque soube por ela quem fora o seu verdadeiro amante. Esse é o único incesto envolvendo pais e filhos consangüíneos que se concretiza na dramaturgia rodriguiana, e ele se dá entre mãe e filho. O pai evitou a realização de seus desejos incestuosos enviando a filha para o colégio interno e deflorando meninas que considerava semelhantes à filha. Mas a mãe levou às últimas conseqüências seus desejos e traiu o marido com o próprio filho. Tem-se então o seguinte diálogo:

> JONAS — (...) (*depois de uma pausa, apaixonadamente*) Mas eu devia ter adivinhado, desde que Glória nasceu, que você não era meu amor!
>
> D. SENHORINHA (*com a mesma paixão*) — Pois eu ADIVINHEI o meu amor, quando nasceram Guilherme, Edmundo, Nonô!
>
> JONAS — Eu podia mandar buscar Glória no colégio, mas ia adiando, tinha medo. Quando se ama deve-se possuir e matar a mulher. (*com sofrimento*) Guilherme tinha razão: a mulher não deve sair viva do quarto; nem a mulher — nem o homem.
>
> D. SENHORINHA — Assassino!
>
> JONAS (*sem ouvi-la, com uma espécie de medo retrospectivo*) — Eu não queria fazer isso com Glória; tenho a certeza de que ela pediria para morrer comigo. (*numa espécie de frio*) Mas tive medo!
>
> D. SENHORINHA — Edmundo teve medo, e se casou; Nonô teve medo, e enlouqueceu... (*veemente, desafiante*) Agora eu, não!
>
> JONAS (*num desespero sagrado*) — Mas o pai tem direito. O pai até se quiser pode estrangular, apertar assim o pescoço da filha!
>
> D. SENHORINHA — Eu não quis esquecer; eu não quis fugir; eu não tive medo nem vergonha de nada. (*possessa*) Não botei meus filhos no mundo para dar a outra mulher! (Rodrigues, 1993c: 569)

Embora fosse o pai que defendesse ao longo de toda a peça a submissão total dos filhos à autoridade paterna, e reafirmasse, nesse momento, o direito do patriarca de decidir sobre a vida e a morte deles, foi a mãe que fez o elogio do incesto e explicitou um ideal endogâmico de família. Nada de trocas, nada de alianças, as relações de ódio e amor devem nascer e morrer no seio da própria família. Dona Senhorinha afirma que sempre teve nojo do marido e de todos os homens, só tendo amor aos filhos. Ao fim, ela mata o marido e, segundo a rubrica, "parte para se encontrar com Nonô e se incorporar a uma vida nova". Nesse final, somente Jonas é punido diretamente pelos seus desejos incestuosos, pois dona Senhorinha, sem demonstrar medo ou culpa, parece encontrar uma certa possibilidade de felicidade.

O tema dos desejos incestuosos entre pais e filhas aparece também em *Os sete gatinhos*. O contexto no qual a ação se desenrola é bastante diferente do de *Álbum de família*. A época não é mais o início do século, e sim o final da década de 1950. O cenário agora é urbano, a cidade do Rio de Janeiro, e a família é nuclear, formada por um casal e cinco filhas. "Seu" Noronha, o pai, mora com a mulher e as filhas no Grajaú, Zona Norte da cidade, e trabalha como contínuo na Câmara dos Deputados, fato do qual ele se envergonha.

No início da peça, Aurora, uma das filhas, funcionária pública, marca um encontro na saída do trabalho com um homem, Bibelot, descrito como típico malandro carioca. Nesse diálogo, Bibelot está tentando convencer Aurora a ir com ele até um apartamento em Copacabana, e a moça fala sobre sua família. Diz que o pai era da religião teofilista e vidente, muito sério, mas, ao mesmo tempo, rebaixado socialmente pela condição de contínuo, o que se nota pelo constrangimento de Aurora em revelar a profissão dele:

> AURORA (*veemente*) — Se, por acaso, eu fosse a esse apartamento contigo. Vamos imaginar. E meu pai?
>
> BIBELOT (*atarantado*) — Você me interpretou mal! Não me compreendeu!
>
> AURORA — Compreendi sim. Mas responde: e meu pai?
>
> BIBELOT — Que é que tem teu pai?
>
> AURORA (*enfática*) — Meu pai mudou muito. Antigamente, não ligava. Mas agora descobriu uma tal religião Teofilista. Acho que é: Teofilista. Dá cada bronca, menino! E virou vidente!
>
> BIBELOT — Ué, vidente?
>
> AURORA (*com certa vaidade*) — Vidente, sim, senhor! Ouve vozes, enxerga vultos no corredor. De amargar! Olha: você quer saber quem é meu pai? Vou te contar uma que vais cair pra trás, duro! Depois que ficou religioso (*com maior ênfase*) não admite papel higiênico em casa, acha papel higiênico um luxo, uma heresia, sei lá!
>
> BIBELOT — Quer dizer, um casca de ferida!
>
> AURORA — Meu pai?
>
> BIBELOT — Estou besta!

> AURORA (*completando a frase anterior*) — Como meu pai nunca vi! E, lá na Câmara, não faz graça pra ninguém!
> BIBELOT — Que Câmara?
> AURORA — Dos Deputados.
> BIBELOT (*com novo interesse*) — Ele é o que lá?
> AURORA (*com breve vacilação*) — Funcionário.
> BIBELOT (*animado*) — Vem cá: se teu pai trabalha na Câmara, talvez tenha influência... Quem sabe se teu pai não podia arranjar uma marreta pra eu voltar à PE? Lá ele é funcionário importante?
> AURORA (*desconcertada*) — Bem...
> BIBELOT — É?
> AURORA (*em brasas*) — Contínuo.
> BIBELOT (*amarelo*) — Sei... (...). (Rodrigues, 1993c: 831-2)

Após hesitar, falando sobre o pai e se colocando como "moça de família", Aurora decide ir com Bibelot para o tal apartamento. Então ela conta mais coisas sobre a família: ela e as irmãs se prostituem para juntar dinheiro para o enxoval da caçula, a única ainda virgem. Ela diz que o pai nem desconfia, e que a mãe sabe de tudo. Aurora e as irmãs revivem, de um modo um tanto pervertido, a personagem da prostituta que justifica sua escolha pela necessidade de manter a família, tal como aparece em *Crime e castigo*. Nelson Rodrigues era admirador da personagem Sônia, que tenta livrar seus irmãos e a madrasta doente da miséria através da prostituição e que se apaixona por Raskólnikov. Em *Os sete gatinhos*, porém, mais do que a necessidade, o que justifica a prostituição das filhas é um projeto familiar de ascensão social e redenção moral através do casamento da mais nova delas:

> AURORA (*no seu frenesi*) — (...) Deixa eu te contar: a minha vida dá um romance! Vai escutando. Lá em casa nós somos cinco mulheres. Da penúltima para a caçula, houve um espaço de dez anos. As quatro mais velhas não se casaram. Sobrou Maninha, que está agora com dezesseis anos, no melhor colégio daqui. E essa nós queremos, fazemos questão, que se case direitinho, na igreja, de véu, grinalda e tudo mais. Nós juntamos cada tostão para o enxoval...

> BIBELOT (*num riso meio sórdido*) — Hoje, ninguém dá mais bola pra virgindade!
>
> AURORA — Não dá você, mas nós damos, ora que teoria! (*muda de tom*) Também uma coisa eu te digo: o casamento de Maninha vai ser um estouro. Nem filha de Mattarazzo, compreendeu? Posso vender meu corpo, tal e coisa, mas o dinheirinho vai direto para o enxoval... Eu fico só com o ordenado do emprego... (Rodrigues, 1993c: 835)

A princípio, "seu" Noronha parece desconhecer tal atividade das filhas e procura impor sua autoridade moral à mulher e a elas. Ele se indigna, por exemplo, com os palavrões e rabiscos obscenos que encontra na parede do banheiro da casa e acusa a mulher, dona Aracy, que ele só chama de Gorda, e as filhas. Entre as filhas, Hilda parece adorá-lo, Débora e Aurora são submissas, e Arlete sempre o desafia. Por ser "a única que não topa a minha autoridade...", o pai a agride fisicamente e, em troca, ela o humilha chamando-o de contínuo.

"Seu" Noronha critica também os hábitos das filhas em casa, mudando a roupa de porta aberta, saindo do banho de toalha e andando de roupas íntimas. É através de sua religião que "seu" Noronha vai encontrar a explicação para a desagregação de sua família, que se expressa no fracasso das quatro filhas mais velhas em arranjar casamento. Para ele, há alguém corrompendo as virgens da família, o homem que chora por um olho só. O medo do pai é que o tal homem leve a última virgem, o seu sustentáculo moral. Silene é tida pelo pai e pelas mulheres da família como menina ingênua, ainda sem atributos físicos de mulher.

A tragédia familiar tem início quando um funcionário do colégio interno no qual Silene estuda traz a menina de volta para casa no meio da semana. O motivo da inesperada chegada de Silene é a sua expulsão do colégio. "Seu" Noronha é informado que a menina havia protagonizado um episódio grotesco, que contradiz radicalmente a imagem pueril construída pela família. Silene matara, a pauladas, no pátio do colégio, uma gata grávida, que, depois de morta, deu à luz sete gatinhos. Dr. Portela, o funcionário do colégio, é cercado pela família, que não acredita em seu relato, e "seu" Noronha o ameaça de morte. Numa de suas falas, o pai reafirma a imagem da família sobre a filha mais nova:

> "SEU" NORONHA — Se você falasse de outra filha, qualquer outra, eu não diria nada... Agora mesmo, se o senhor, ou você, xingar, chamar de vagabunda uma dessas (*aponta as mais velhas*) ou a Gorda, eu lavo minhas mãos... Mas você insultou quem não podia insultar. O senhor não pode entender a pureza de minha filha. Ou pensa talvez que minha filha é como sua mulher. (*trincando os dentes*) Não se mexa porque eu lhe enfio esse troço! (*muda de tom*) Sua mulher usa vestido colante. Vê-se o desenho da calça no vestido de sua mulher. (*exultante, mostrando Silene*) Minha filha, não. Quase não tem quadris, nem seios: o seio só agora está nascendo, só agora! Silene é pura por nós, ou você não percebe que ela é pura por nós? (*num berro*) Fala! (Rodrigues, 1993c: 852)

Quando Silene confirma o que havia dito o dr. Portela, o médico da família é chamado para examiná-la. O médico, dr. Bordalo, conclui que a menina está grávida, o que desencadeia um grande drama familiar. A família vê ruir o projeto de casar bem a filha mais nova, e o pai vai atribuir isso ao destino. Espírita, "seu" Noronha reafirma a idéia de que há uma força oculta por trás do fato de suas filhas não conseguirem se casar, o tal homem que chora por um olho só. Essa visão é compartilhada com outros membros da família, menos por Silene, que argumenta ter agido por sua própria vontade. Diante dessas agruras, a família se desintegra: a prostituição das irmãs perde o seu caráter "nobre", a sua justificativa moral, assim como a profissão de "seu" Noronha. Da mesma maneira que a imagem da família sobre Silene mostra-se falsa, a caracterização feita no início da peça a respeito de "seu" Noronha, pai sério, autoridade moral da família, que não podia saber da prostituição das filhas, aparece como uma máscara:

> "SEU" NORONHA (*num outro berro*) — Espera! Tenho outra idéia! Ninguém precisa sair daqui! Venha o senhor também, Dr. Bordalo!
>
> DR. BORDALO — Mas não há motivo! Não há motivo!

> "SEU" NORONHA (*frenético*) — Ouçam a idéia. (*baixando a voz, caricioso, ignóbil*) Eu não vou voltar mais para a Câmara, não senhor, e por quê? Ah, não! Vou ficar em casa, porque o que vocês ganhariam, lá fora, vão ganhar aqui, aqui!
>
> DR. BORDALO (*para todos*) — Este homem está louco!
>
> "SEU" NORONHA (*num desafio feroz*) — Por que louco? Vamos, explique!
>
> DR. BORDALO — O senhor está propondo um bordel de filhas!
>
> ("Seu" Noronha, fora de si, agarra o médico pelo braço, com desesperada energia)
>
> "SEU" NORONHA — Por que não? Olha: eu não vou mais servir cafezinho, nem água gelada, a deputado nenhum! (*para as filhas*) Vocês também podem largar o emprego. (*para o médico, num riso sórdido*) O emprego das minhas filhas é uma máscara! (*corta o riso*) Tive outra idéia (*cara a cara com o médico*): o senhor quer começar? Quer ser o primeiro? (Rodrigues, 1993c: 859)

Assim como em *Álbum de família*, os membros da família permanecem aprisionados, não fogem, participam da tragédia familiar até o fim. Espantado com a permanência das filhas e da mulher ao lado do pai, dr. Bordalo diz que eles "são escravos uns dos outros". Antes de capitular diante da oferta para estrear o bordel de filhas deitando-se com Silene, o médico da família chama "seu" Noronha de canalha, ao que este responde:

> "SEU" NORONHA (*num falso e divertido espanto*) — Canalha, eu? (*incisivo*) Eu só, não! Todos nós somos canalhas! (*rindo, pesadamente*) Também o senhor, também o senhor! (novamente sério e violento) Sabe por que esta família ainda não apodreceu no meio da rua? (*num soluço*) Porque havia uma virgem por nós! O senhor não entende, ninguém entende. Mas, Silene era virgem por nós, anjo por nós, menina por nós! (*feroz*) Mas, agora que Silene está no quarto — esperando o senhor! (*riso de desespero*) nós podemos finalmente cheirar mal e apodrecer... Quer ver uma coisa? Eu lhe mostro. (*para as mulheres*) Quem foi que escreveu nomes feios no banheiro? (*triunfante*) Podem confessar, por-

que já começamos a apodrecer. (*para o médico*) Preste atenção, doutor! (*para as mulheres*) Quem foi? (Rodrigues, 1993c: 860).

A partir daí, uma série de segredos é revelada. Dona Aracy, a Gorda, fazia os tais desenhos porque se sentia frustrada no casamento, abandonada pelo marido, que não a procurava "como mulher". Arlete se assume como lésbica e diz que tem nojo de homem. Aurora descobre que Bibelot, o homem que ela ama, é o mesmo que engravidou Silene. E, quando Bibelot vai visitá-la, cheia de ódio ela resolve revelar a seu pai o segredo que a irmã lhe confidenciara. "Seu" Noronha, então, apunhala Bibelot enquanto este dorme, e é então que as filhas percebem que o morto chora pelos dois olhos.

É Arlete que aponta primeiro para o verdadeiro responsável pelo destino das filhas: o pai. Através de um incesto simbólico, "seu" Noronha prostituía as filhas, enviando-lhes "clientes" e, quando se viu na impossibilidade de dar um "casamento de anjo" a Silene, fez o mesmo com ela. As filhas então descobrem que é ele o "demônio que chora por um olho só" e se unem para assassiná-lo. "Seu" Noronha não consuma ele mesmo o incesto, mas mantém o controle sobre a sexualidade das filhas, concentrando seus desejos em Silene, a suposta "virgem", intocável, imaculada, e prostituindo as outras a partir do momento em que passam a ter vida sexual ativa. Após a ruína do projeto familiar, mais uma vez "seu" Noronha pretende estar no controle através do bordel de filhas, opção claramente endogâmica que, se não interdita as trocas sexuais com pessoas de fora da família, impossibilita o estabelecimento de alianças via casamento.

Assim como em *Álbum de família*, por maiores que sejam as transgressões femininas, é o pai o elemento que corrompe a família e termina por ser assassinado pela mulher e/ou filhas. Em Gilberto Freyre, o senhor rural perverte as relações sociais por meio de sua *hybris*, de seus excessos, especialmente os de natureza sexual.[20] O pai ou marido da dramaturgia

[20]Sobre o tema da *hybris* em Gilberto Freyre, ver Benzaquen de Araújo (1994).

de Nelson Rodrigues, herdeiro dos valores patriarcais, também perverte as relações familiares ao submeter o amor pelos filhos ao desejo sexual e impedir o estabelecimento de relações exogâmicas, trazendo o fantasma do incesto para dentro da família.

Mas o tema do incesto e do amor na família, além de remeter ao problema específico da herança histórica do patriarcalismo, diz respeito também à questão mais geral sobre a distinção entre natureza e cultura. Nelson Rodrigues gostava de afirmar que "o homem só começa a ser homem depois dos instintos e contra os instintos", afirmação esta que está na base de seu pensamento sobre a relação entre sexo e amor e de sua tematização do incesto (Rodrigues, 1995b: 264).

Para Lévi-Strauss, a proibição do incesto é a própria cultura. Ela é a primeira regra, pois possui ao mesmo tempo a universalidade das tendências e dos instintos e o caráter coercitivo das leis e das instituições. Sendo assim, a proibição do incesto é o vínculo que une a dupla existência do homem como ser biológico e como indivíduo social. Essa interdição é um passo fundamental na passagem da natureza à cultura e, ao gerar a exogamia, estabelece as bases para um início de organização social. Gilberto Velho, em seu artigo "Literatura e desvio: Proust e Nelson Rodrigues", sugere que a temática do desvio, em Nelson Rodrigues, está relacionada ao incesto. O incesto, ao romper o pacto da exogamia, nega a cultura e suas regras, impondo-se como força destrutiva (Lévi-Strauss, 1982; Velho, 1994: 94-5).

Desse modo, o incesto desvenda as fragilidades do nosso processo civilizador específico, fundado na instituição da família patriarcal, bem como a tensão entre natureza e cultura inerente à condição humana. Os instintos sexuais estariam sempre à espreita para fazer o ser humano se rebelar contra as normas sociais. Dessa visão sobre a natureza humana decorre a construção do que poderíamos chamar de uma filosofia do amor rodriguiana, que tem por fundamento a não separação entre sexo e amor. Nelson Rodrigues escreveu mais de uma vez que "a pior forma de solidão é o Sexo sem Amor" (Rodrigues, 1995b: 321). O que distingue o ser humano dos animais é o amor, ao passo que o sexo sem amor é desumanizador. É como se esse sentimento, mais do que as leis da sociedade, tivesse o poder de conter o lado animalesco dos seres humanos. Em sua argumentação contra a educação sexual nas escolas, Nelson explicita seu pensamento:

> Mas quero resumir aqui para o próprio Gílson Amado, as minhas objeções contra a educação sexual. Antes de mais nada, ela desumaniza o homem e desumaniza o sexo. No dia em que o sujeito perder a infinita complexidade do amor, cairá automaticamente de quatro, para sempre. Sexo como tal, e estritamente sexo, vale para os gatos de telhado e os vira-latas de portão. Ao passo que no homem o sexo é amor. Envergonha-me estar repetindo o óbvio. O homem começou a própria desumanização quando separou o sexo do amor. Um dia farei um teste com o admirável Gílson Amado. Iremos para uma esquina. E ele verá que todos passam de cara amarrada. Exalando a mesma e cava depressão. São as vítimas do sexo sem amor. Tão simples enxergar o óbvio ululante. Devia não ser educação sexual, mas educação para o amor, simplesmente para o amor. E o homem talvez aprendesse a amar eternamente. (Rodrigues, 1995b: 151)

A dificuldade em controlar os sentimentos e os instintos ameaça uma ordem social caracterizada pela preponderância da esfera do íntimo e do privado. Em Gilberto Freyre, o excesso de natureza sexual que caracteriza o patriarcalismo brasileiro tem a face positiva da miscigenação e da criação de zonas de confraternização entre senhores e escravos, mas também produz sadismo e masoquismo. Em Nelson Rodrigues, a perversão na intimidade das relações familiares remete não somente à precariedade do processo civilizador próprio do Brasil, mas também à incompatibilidade entre os instintos do homem, especialmente o instinto sexual, e a humanidade traduzida de modo mais perfeito pelo sentimento do amor.

Nesse contexto, o amor que aparece nas relações pessoais descritas por Gilberto Freyre e por Nelson Rodrigues é algo distinto do amor romântico, ligado à emergência do indivíduo como valor. No artigo "Romeu e Julieta e a origem do Estado", Viveiros de Castro e Benzaquen de Araújo mostram que o amor na peça de Shakespeare é uma força individualizadora e oposta à família, mas também elemento de desindividualização. Os que amam formam um só indivíduo indiviso e, ao contrário da relação contratual, não há a necessidade de se eliminar as diferenças por meio do estabelecimento de um contrato. Em contraste com a amizade, o amor não implica simetria, e sim complementaridade (Viveiros de Castro e Benzaquen de Araújo, 1977: 154-5).

A definição do amor como um tipo de vínculo afetivo que envolve assimetria, complementaridade e desindividualização é importante para entendermos a visão dos nossos autores sobre a família como instituição social. Em Gilberto Freyre, a suposta doçura no trato com os escravos e subalternos, que conforma a vida íntima do brasileiro, produz também os parâmetros de sua educação sentimental. As relações afetivas, em especial as amorosas, entre desiguais que são próximos ameniza os antagonismos, mas não os elimina. Por outro lado, o equilíbrio é frágil, e o excesso, traduzido na violência contra os fracos e no sadismo, demarca as impossibilidades do amor na sociedade patriarcal. Com a decadência do patriarcado rural e com a emergência do individualismo ampliam-se as possibilidades do amor romântico. Mas, com o fim da proximidade, os antagonismos se acentuam, ao mesmo tempo que o espectro social das possibilidades das relações afetivas diminui. A prostituição nas cidades, por exemplo, aparece como a alternativa degradada aos intercursos sexuais entre a casa-grande e a senzala. Perde-se a doçura, mas mantêm-se o sadismo e o masoquismo, agora transpostos para o nível das relações sociais mais amplas entre dominadores e dominados.

Em Nelson Rodrigues, o amor intrafamiliar tem como parâmetros de suas possibilidades o incesto e a traição. O incesto é a radicalização, o excesso do amor entre pais e filhos, mas também a sua desumanização, já que se rompe com a regra que funda a cultura e se permite que os instintos se sobreponham ao próprio amor. Por outro lado, a traição é a alternativa sempre presente ao englobamento pela família. A mulher que trai é um tema recorrente na dramaturgia rodriguiana, e as relações afetivas entre marido e mulher são conformadas por essa possibilidade.

O DRAMA DA TRAIÇÃO: *A MULHER SEM PECADO*, *A FALECIDA* E *PERDOA-ME POR ME TRAÍRES*

A traição é, no teatro de Nelson Rodrigues, uma prerrogativa feminina. O adultério, presente em quase todas as suas peças, é sempre cometido pela mulher. Porém, algumas vezes, a traição é vista como algo justificado, como um comportamento que tem origem na solidão ou nos maus-tratos recebidos pela mulher. O adultério justificado é também tema de crônicas de *A vida como ela é*.... Numa delas, Nelson Rodrigues conta a história de uma mulher educadíssima que se casa com um marido grosseiro e desbocado. Além disso, ele bebia e tinha amantes. Quando a filha do casal tinha 13 anos, o pai estava de romance com uma mulher que ligava para a casa do casal e xingava a mãe da menina. Um dia, o marido chegou bêbado em casa e esbofeteou a mulher. A própria filha, então, aconselhou-a a sair de casa, e a mulher percebeu que "certas esposas precisam trair para não apodrecer" (Rodrigues, 1992b: 159-63).

Em duas das peças escolhidas para a análise acerca do tema traição, há o adultério justificado: *A mulher sem pecado* e *Perdoa-me por me traíres*. Já em *A falecida*, a traição é clássica: o marido só descobre no final e se vinga na mulher já morta.

A mulher sem pecado é a história de um marido que tem um ciúme doentio da mulher. Paralítico há sete meses, Olegário abriga em sua casa, além da mulher, a mãe, dona Aninha, que é doida, a sogra, um irmão de criação de sua mulher, uma empregada e um motorista. Olegário parece ter uma boa situação financeira, ao contrário da família de Lídia, sua mulher, que ascendeu socialmente por meio do casamento.

Olegário é absolutamente obcecado em checar a fidelidade de sua mulher. Além de torturá-la com perguntas e pressões psicológicas, ele pede aos empregados da casa que investiguem a sua vida, especialmente Umberto, o motorista, a quem ele manda que a siga em seus afazeres fora de casa. A obsessão de Olegário tem a ver com a experiência de seu primeiro casamento, quando foi traído pela mulher, e com a sua crença de que nenhuma mulher seria capaz de ser fiel, ainda mais a um marido impedido de cumprir as suas obrigações de homem.

Lídia é uma mulher jovem, bonita, vaidosa, que não quis ter filhos com seu marido. Essas características aguçam ainda mais o ciúme de Olegário. Ele pergunta à mulher para quem ela se arruma e desconfia até mesmo de sua imaginação. Durante uma de suas torturas psicológicas, Olegário inventa que recebeu um telegrama que dizia que o amante de Lídia sofrera um acidente de automóvel e ficara com as duas pernas esmagadas, só para ver se ela, assustada, diria o nome do hipotético amante. Segue-se uma discussão em que Lídia se queixa de que, mesmo antes de o marido ficar paralítico, ela se sentia abandonada, pois ele só pensava nos negócios. Ela diz que não sabe nada do amor porque ele não soube ser marido. Olegário reage com espanto e fala de seu ideal de amor entre marido e esposa:

> OLEGÁRIO — Mas eu quero te dizer, ainda, uma coisa. E vou dizer. (*num transporte*) Sabes que eu acharia bonito, lindo, num casamento? Sabes? Que o marido e a mulher, ambos, se conservassem castos — castos um para o outro — sempre, de dia e de noite. Já imaginaste? Sob o mesmo teto, no mesmo leito, lado a lado, sem uma carícia? Conhecer o amor, mesmo do próprio marido, é uma maldição. E aquela que tem a experiência do amor devia ser arrastada pelos cabelos... (Rodrigues, 1993c: 318)

Na concepção de Olegário, Lídia poderia traí-lo até mesmo com o pensamento ou por meio de seu passado misterioso, de coisas que ela tivesse feito antes de conhecê-lo. É um inferno interior, particular, que o atormenta com as dúvidas sobre a fidelidade da esposa e que o faz afirmar que

> OLEGÁRIO — (...) Ninguém é fiel a ninguém. Cada mulher esconde uma infidelidade passada, presente ou futura. (Rodrigues, 1993c: 322)

Olegário tem ciúme de todos os homens, menos de Umberto, pois este lhe disse que sofrera uma mutilação na infância que o impedia de sentir desejo por qualquer mulher. E é justamente Umberto que seduz Lídia, pois a história da mutilação era falsa. Desesperada com as desconfianças do marido e atormentada pelo desejo que Umberto despertou nela, Lídia ainda argumenta com Olegário:

> LÍDIA — Eu acho que você não quer é que eu seja fiel!
> OLEGÁRIO — Quem sabe?
> LÍDIA — Pelo menos está fazendo tudo para que eu seja... infiel. Não está? Quem meteu na minha cabeça a idéia do pecado? É a sua idéia fixa!
> OLEGÁRIO (*em desespero*) — Claro! A única coisa que me interessa é ser ou não ser traído! (Rodrigues, 1993c: 338)

Quando Olegário finalmente se convence da fidelidade da esposa, ele revela a Maurício, seu cunhado, que a sua paralisia era uma simulação para testar a fidelidade de Lídia:

> OLEGÁRIO — Foi uma experiência... Uma experiência que eu fiz com Lídia... Precisava saber, ter uma certeza absoluta, mortal... Agora sei, agora tenho a certeza... Há, no mundo, uma mulher fiel... É a minha... E perdão, Maurício... Chama a tua mãe... Ela que me perdoe também... Vou-me ajoelhar na frente de Lídia... (*exaltado*) Milhões de homens são traídos... Poucos maridos podem dizer: Minha mulher... eu posso dizer... minha! (*riso soluçante*) Minha mulher! (*corta o riso, senta-se na cadeira*) (*grita*) Lídia! Lídia! (Rodrigues, 1993c: 343)

Ao se fingir de paralítico, Olegário queria provar a capacidade da mulher em controlar os instintos sexuais e em subordiná-los ao amor fiel ao marido. Porém, quando Olegário resolve encerrar sua experiência, Lídia já havia partido com Umberto. Ao perceber que a mulher, sem pecado até então, o abandonara, Olegário se suicida. É como se, com a sua experiência, Olegário houvesse incitado a mulher a comprovar a veracidade de sua teoria acerca da fidelidade feminina. Lídia trai, porém quem é punido ao final é o marido, que a estimulou a trair. Apesar da tentativa de estabelecer um controle absoluto sobre a vida da mulher, Olegário é surpreendido pelo fato de ela fugir com o único homem com relação ao qual ele imaginava estar fora de perigo.

Perdoa-me por me traíres traz de volta o tema do adultério justificado. A peça se inicia com duas adolescentes, vestidas de colegiais, entrando num bordel. Uma delas, Nair, está levando a amiga, Glorinha, que está indo pela primeira vez ao lugar. O bordel é de Madame Luba, uma lituana que só mantém em seu estabelecimento meninas de família, de 15 ou 16 anos, e é especialista em oferecê-las virgens aos seus clientes mais ilustres, como os deputados, por exemplo. Glorinha resiste, com muito medo do tio que a cria, mas fica com um certo fascínio pelo local. Na saída, Nair diz a Glorinha que está grávida e que vai fazer um aborto, a menos que elas resolvam morrer juntas. Glorinha diz que tem medo do tio, que tem mais medo dele do que da morte. Depois de muita insistência, ela resolve acompanhar Nair até a clínica de aborto. Quando a operação começa a dar errado, Glorinha sai correndo para casa.

Glorinha era órfã de mãe, e seu pai vivia internado numa clínica para doentes mentais. Ela morava com seu tio Raul e com tia Odete, uma louca que vivia rondando pela casa. No dia seguinte ao acontecido com Nair, tio Raul resolve contar a verdadeira história da morte da mãe de Glorinha, que ela acreditava ter se suicidado. Tio Raul tinha descoberto tudo o que Glorinha havia feito no dia anterior e, furioso, resolvera desvendar segredos do passado.

Os pais de Glorinha, Judite e Gilberto, eram, de acordo com tio Raul, o casal mais feliz da família e só pensavam em sexo. Porém, a partir de um determinado momento, Gilberto, irmão de Raul, passa a desconfiar que Judite o trai. Ciumento, Gilberto não tem nenhuma prova, mas começa a estranhar algumas mudanças de hábito da mulher, como, por exemplo, o fato de ela deixar de tomar banho junto com ele. Consciente de que sua insanidade poderia levá-lo a matar sua mulher e a matar-se, Gilberto pede a tio Raul que o interne para tratamento.

Após seis meses, Gilberto tem alta e volta completamente mudado. A mulher o recebe friamente e ele acha estranho, mas não se aborrece. No dia seguinte, toda a família de Gilberto vai à sua casa, e tio Raul anuncia que tem provas de que Judite realmente o traía. Tio Raul havia colocado um investigador para seguir Judite e sabia de todos os seus passos, tinha inclusive provas materiais de sua traição. No entanto, Gilberto não apenas recusa as evidências, como também faz a defesa do adultério feminino:

> TIO RAUL (*possesso*) — Você resiste à evidência? Você recusa os fatos? Recusa as provas?
>
> GILBERTO — Recuso! Eu não acredito em provas, eu não acredito em fatos e só acredito na criatura nua e só.
>
> TIO RAUL — Mas é uma adúltera.
>
> GILBERTO — A adúltera é mais pura porque está salva do desejo que apodrecia nela. (Rodrigues, 1993c: 812)

Mais adiante, Gilberto continua a sua argumentação, que a família vê como sinal de sua insanidade mental:

> GILBERTO — Na casa de saúde eu pensava: nós devemos amar a tudo e a todos. Devemos ser irmãos até dos móveis, irmãos até de um simples armário! Vim de lá gostando mais de tudo! Quantas coisas deixamos de amar, quantas coisas esquecemos de amar. Mas chego aqui e vejo o quê? Que ninguém ama ninguém, que ninguém sabe amar ninguém. Então é preciso trair sempre, na esperança do amor impossível. (*agarra o irmão*) Tudo é falta de amor: um câncer no seio ou um simples eczema é o amor não possuído! (Rodrigues, 1993c: 812)

Diante do estarrecimento da mãe e dos irmãos, ele conclui seu raciocínio:

> GILBERTO — É que Judite não é culpada de nada! E, se traiu, o culpado sou eu, culpado de ser traído! Eu o canalha! (Rodrigues, 1993c: 812)

A família de Gilberto pede que ele se vingue, que castigue e humilhe a mulher. Mas ele a chama, atira-se aos seus pés e diz: "Perdoa-me por me traíres!". Em seguida, Gilberto é internado novamente e sai berrando frases: "Amar é ser fiel a quem nos trai!"; "Não se abandona uma adúltera!".

Caberá a tio Raul punir a adúltera. Judite admite para ele que tem vários amantes e que não se arrepende. Tio Raul a obriga a beber veneno, e ela acaba morrendo. Todos pensaram que fosse suicídio, mas ele confessa a Glorinha o seu crime.

Depois de saber das aventuras de Glorinha, tio Raul vê nela a repetição do destino da mãe. Ele se sente novamente traído, pois cultiva um amor incestuoso pela sobrinha, assim como o que sentia pela cunhada que ele mesmo assassinou. Tio Raul, sob a justificativa de lavar a honra do irmão e de sua família, matou Judite por ciúmes:

> TIO RAUL (*soltando*-a) — Mas não te farei nada, nada! Escuta, Glória, antes de morrer, escuta! Contei a história de tua mãe, porém não te disse que a amava, que sempre a amei. Ainda agora, neste momento, eu a amo. (*berrando*) Eu matei a mulher, a cunhada que me repeliu e porque me repeliu (*agarra novamente Glorinha — num soluço imenso*) JUDITE! (Rodrigues, 1993c: 823)

Para escapar de ser obrigada a beber veneno como a mãe, Glorinha sugere ao tio que eles bebam o veneno e morram juntos. Porém, ela faz o tio beber o veneno sozinho e vai para o bordel de Madame Luba. Glorinha vinga a morte da mãe, e o tio morre chamando por Judite.

Diversamente de *A mulher sem pecado*, as desconfianças do marido mostram-se verdadeiras. Porém, Gilberto atribui a si a culpa pela traição da mulher. Nas duas peças, a adúltera é a mulher abandonada, sem amor do marido, que rompe as convenções sociais para realizar seus desejos. Nos dois casos também, os que se sentem traídos acabam se suicidando: Olegário e tio Raul. Porém, enquanto Lídia escapa ilesa com o amante, Judite sofre com a vingança do homem que verdadeiramente se considerou traído.

A história de traição de *A falecida* segue um outro padrão. Ambientada na Zona Norte do Rio de Janeiro, a peça narra a história de um casal de classe média baixa sem filhos. A mulher, Zulmira, está convencida de que vai morrer em breve e tem obsessão por um enterro de luxo. O marido, desempregado, é vascaíno doente e passa boa parte do tempo jogando bilhar e discutindo futebol.

A ação tem início quando Zulmira vai a uma cartomante, e esta lhe diz para ter cuidado com uma mulher loura. A partir daí, ela passa a ter fixação numa prima, Glorinha, que mora na mesma rua. Além de loura, Glorinha é considerada pudica e muito séria. Zulmira não se conforma com o fato de a prima virar-lhe sempre a cara quando se encontram. Numa competição imaginária, já que a prima não toma conhecimento dela, Zulmira passa a querer ser mais pudica do que a prima e a sonhar com um luxuoso enterro para si mesma, capaz de causar inveja a Glorinha.

O puritanismo de Zulmira se exacerba a cada dia: não quer mais ir à praia para não ter de colocar maiô, não quer mais beijar o marido na boca e chega a mostrar nojo dele. A sua família se espanta e argumenta que ela se casou por vontade própria, e que o marido tem seus direitos. Mas, irredutível, Zulmira diz que deixou de ser mulher. A vontade de ser mais séria do que a prima é tanta que ela chega a pedir ao marido que "dê em cima" de Glorinha, para que possa vê-la "na lama". Entretanto, logo depois, Tuninho descobre, eufórico, que Glorinha é "o maior pudor do Rio de Janeiro" porque teve câncer e tiveram que extirpar-lhe um seio. Zulmira fica exultante e considera a doença um castigo pelo fato de a prima torcer-lhe o nariz.

Certa de que sua morte está próxima, apesar do parecer contrário do médico, Zulmira começa a tratar do seu enterro:

> ZULMIRA (*numa vidência*) — Quando eu morrer, Glorinha há de estar, na janela, assistindo, de camarote, o meu enterro, gozando. Ela sabe que estamos na última lona e, portanto, que meu enterro deve ser de quinta classe. Olha! eu quero sair daqui! nada de capelinha! Se Glorinha soubesse! Se pudesse imaginar que eu, na surdina, estou tomando as minhas providências! (Rodrigues, 1993c: 757)

Para conseguir tal enterro, Zulmira faz um último pedido a Tuninho antes de morrer. Ela pede que ele procure por João Guimarães Pimentel, milionário dono de lotações, diga que é primo de Zulmira e peça ao homem quarenta mil cruzeiros para o enterro. Tuninho estranha, mas, assim que a mulher morre, parte para fazer o que ela havia lhe pedido.

Na conversa com Pimentel, fazendo-se passar por primo de Zulmira, Tuninho descobre a história de traição da mulher. Pimentel diz que ela foi a mulher mais fácil que ele já havia conquistado, que não precisou de conversa nem de romance, e que tudo se passou num banheiro de uma sorveteria na Cinelândia:

> PIMENTEL — Pois é. Entrei na sorveteria e... Fui lá dentro... Mas em vez de empurrar a porta dos "Cavalheiros", empurrei a porta das "Senhoras". Abri assim e dou de cara com uma dona que estava na pia, lavando as mãos... Eu ia voltar atrás, mas ah! Não sei o que houve comigo! Deu-me a louca e já sabe: atraquei a Fulana, em bruto. Quer dizer, não houve um "bom dia", um "boa noite", não houve uma palavra entre nós, nada.
>
> TUNINHO (*sôfrego*) — E ela?
>
> PIMENTEL — Que é que tem?
>
> TUNINHO — Reagiu? Gritou?
>
> PIMENTEL — Nem piou! E se gritasse, o marido estava lá, a cinco metros, na mesa, tomando sorvete. Menino! E era hora de lanche, de movimento! Se me entra, lá, alguma dona e vê aquele negócio? Já imaginaste o bode, o angu-de-caroço? Tivemos tanta sorte, mas tanta, que não apareceu ninguém!
>
> (*Pimentel faz os cálculos*)
>
> PIMENTEL — Tudo durou uns cinco minutos. O gozado é o seguinte: nesses cinco minutos tinha havido o diabo entre nós... E quando eu saí, sem me despedir, nem nada, sujo de batom até a alma — quando eu saí, ela não sabia o meu nome, nem eu o dela... Não é fantástico?
>
> (*Tuninho ri com sofrimento*)
>
> TUNINHO — E o marido tomando sorvete! (Rodrigues, 1993c: 768-9)

Pimentel continua a sua história. Explica que Zulmira descobriu pelos jornais quem ele era e foi procurá-lo. A falecida confessou a Pimentel que odiava o marido porque ele lavara as mãos durante toda a lua-de-mel, como se tivesse nojo dela, e porque a chamava de fria. Na cama com Pimentel, ela gostava de berrar: "Estou traindo meu marido!"

O caso continuou até que Pimentel e Zulmira foram flagrados por Glorinha andando de braços dados na rua. Foi depois daquele dia que a prima passou a não mais cumprimentá-la e a virar-lhe o rosto. Culpada, Zulmira resolveu romper com Pimentel e disse:

> ZULMIRA — Mas ela tem razão! Eu é que não podia ter um amante! (Rodrigues, 1993c: 772)

A partir desse evento, Zulmira começou a implicar com a prima e a querer imitá-la, pois sentia a vigilância de Glorinha a cada ato seu. Glorinha a deixara fria e sem vontade de amar, com nojo de beijo.

Após ouvir toda a história, Tuninho revela que era marido de Zulmira e chantageia Pimentel para obter dele os tais quarenta mil cruzeiros. O marido traído da falecida providencia para ela o enterro mais barato possível, um "enterro de cachorro", ao qual ele mesmo não comparece. Em vez disso, Tuninho vai para o Maracanã lotado para assistir ao jogo entre Fluminense e Vasco e atira o dinheiro para o alto para apostar na vitória do Vasco com as duzentas mil pessoas que lotavam o estádio. Na sua excitação, de acordo com a rubrica, "Tuninho cai de joelhos. Mergulha o rosto nas duas mãos. Soluça como o mais solitário dos homens" (Rodrigues, 1993c: 779).

Ao contrário do adultério justificado das duas peças anteriores, o que predomina em *A falecida* é uma visão animalesca e naturalista das personagens. Embora o motivo da traição de Zulmira seja o mesmo de Lídia e de Judite, ou seja, a insatisfação no casamento, nessa tragédia carioca o que é destacado é a predominância absoluta dos instintos sobre a racionalidade humana. As personagens aparecem defecando no banheiro, tossindo, espremendo cravos, palitando os dentes e também fazendo sexo, traindo, de modo impulsivo e selvagem. Porém, ao contrário das duas personagens anteriores, Zulmira é atingida pelo sentimento de culpa, que a faz arrepender-se do adultério. Ela é, portanto, punida duplamente: pela sua consciência moral despertada no encontro com a prima e, depois de morta, pelo enterro indigno que o marido lhe proporcionou.

Outro ponto a ser destacado é a condição frágil de todos os maridos traídos. Olegário se fingia de paralítico e vivia com medo de ser traído. Gilberto tem um desequilíbrio nervoso, e Tuninho, por sua vez, está desempregado e "na lona". É como se a impossibilidade desses homens em assumir o papel de chefe de família, de autoridade moral temida e respeitada, se expressasse em sua condição rebaixada. Do mesmo modo que Jonas e "seu" Noronha, vítimas de seus próprios desejos incestuosos, esses maridos traídos têm sua autoridade questionada pelas mulheres e filhos. E, ao mesmo tempo que a autoridade masculina é frágil, não há nada que se possa pôr em seu lugar para garantir que a família seja capaz de educar os indivíduos no sentido do autocontrole de suas emoções. Os sentimentos que existem entre marido e mulher não são capazes de gerar tal estabilidade e, muito menos, os sentimentos entre pais e filhos, sejam eles de ódio ou amor.

Desse modo, incesto e traição expõem as impossibilidades do amor na família rodriguiana, pois marcam a vitória da natureza sobre a cultura, ou, como gostava Nelson Rodrigues, dos instintos sobre o que há de humano no homem. Assim como Gilberto Freyre, a temática do excesso também está presente aqui. Mas, onde Freyre via a positividade do desenvolvimento de uma civilização baseada nos afetos e nas sensibilidades, Nelson Rodrigues enxergava em negativo o inferno das paixões humanas.

O caráter transgressor do teatro rodriguiano se traduz na denúncia da superficialidade e da fragilidade das convenções sociais, desnudando o pensamento conservador que defende a família como alicerce da sociedade contra a liberdade individual. O cerne da questão gira em torno das contradições entre a moral sexual vigente e as práticas efetivas desenvolvidas nas relações interpessoais (Süssekind, 1977).

Por outro lado, o inferno familiar representado na dramaturgia de Nelson Rodrigues funda-se numa visão pessimista da natureza humana, de certo tom naturalista, no sentido de destacar o aspecto animalesco do ser humano. É essa perspectiva que permite perceber o que há em comum entre o dramaturgo, acusado de tarado por católicos conservadores, e o cronista, tachado de reacionário pelas esquerdas da década de 1960. Entre o intelectual que, perseguido pela censura, faz a defesa da liberdade de pensamento e aquele que, ao mesmo tempo, critica a modernização que inverte valores tradicionais e rompe hierarquias estabelecidas. É também por esse caminho que se pode compreender a proposta de uma educação sentimental sem educação sexual, na qual um ideal de amor puro e casto prevaleça.

Trata-se de uma visão de mundo que Nelson Rodrigues desenvolve desde a década de 1940, a partir de uma posição de intelectual do dissenso, seja por meio do vanguardismo artístico, seja por via das opiniões políticas expostas em suas *Confissões* das décadas de 1960 e 1970. Se o inferno familiar lhe rendeu a fama de artista maldito entre os defensores da família brasileira, os debates acerca das relações entre arte e política nos quais se envolveu nessas décadas reservaram-lhe o papel de reacionário fundamental no panorama cultural da época.

Outro aspecto a ser ressaltado é que tanto a traição quanto o incesto se tornam desvios quando vêm a público. Dizendo de outro modo, a acusação é parte fundamental da denúncia da fragilidade da instituição familiar. É preciso lembrar aqui a teoria interacionista acerca do desvio, que define que

> (...) não existem desviantes em si mesmos, mas sim uma relação entre atores (indivíduos, grupos) que acusam outros atores de estarem consciente ou inconscientemente quebrando, com seu comportamento, limites e valores de determinada situação sociocultural. Trata-se, portanto, de um confronto entre acusadores e acusados. (Velho, 1974: 23)

No teatro rodriguiano, a dimensão relacional do desvio é levada ao extremo, pois não há uma separação nítida entre acusadores e acusados. Os acusadores, de um momento para o outro, podem ser acusados, a partir da revelação de algum segredo, pois geralmente também se mostram passíveis de serem descobertos, denunciados. Por trás de todos esses desvendamentos, há o questionamento da coerência dos próprios padrões e regras que norteiam o convívio social, assim como da capacidade humana em submeter-se a essas normas.

Tais dramas se misturam, num conjunto expressivo de obras de nosso autor, com representações sobre o mundo urbano carioca que conferem realismo à sua perspectiva acerca da natureza humana e à visão sobre as relações sociais que dela deriva. A cidade de Nelson Rodrigues é o cenário privilegiado para o desfile de sua "galeria de monstros". Monstros esses que, fincados na cidade, ganham um ar de familiaridade, de proximidade, que contribui para fazer de Nelson um autor identificado com o que seriam os tipos e os estilos de vida carioca e, mais particularmente, dos subúrbios e da Zona Norte do Rio de Janeiro.

CAPÍTULO III A cidade encenada

A única coisa que fascina na viagem é a distância. Não são os usos, os costumes, os valores, nem as pontes fluviais, nem os museus, nem as torres. Fosse Capri ali na esquina, ou a basílica de São Pedro na praça Saenz Peña, e nenhum brasileiro sairia de sua rua, de seu bairro, de sua cidade.

Nelson Rodrigues

EXPERIÊNCIA URBANA E CRIAÇÃO LITERÁRIA

Nelson Rodrigues era conhecido como um grande frasista, autor de máximas que ficaram guardadas na memória daqueles que lêem seus textos ou assistem aos seus depoimentos em filmes e programas de televisão. Algumas dessas frases memoráveis dizem respeito ao Rio de Janeiro e ao carioca. Eis algumas delas, selecionadas por Ruy Castro (Rodrigues, 1997a): "O carioca é um ser encantado. No Rio, dois sujeitos que nunca se viram tornam-se como que súbitos amigos de infância e caem nos braços um do outro, aos soluços. É a única cidade em que pode nascer, entre dois desconhecidos, uma intimidade fulminante." "O carioca é o único sujeito capaz de berrar confidências secretíssimas de uma calçada para outra calçada." "O carioca é um extrovertido ululante." E a mais famosa delas: "[Nascido em Pernambuco], eu me sinto profundamente carioca. Eu sou essencialmente carioca."

A identificação de Nelson como um autor carioca se relaciona com as inúmeras representações sobre a vida urbana no Rio de Janeiro que sur gem em sua obra. A partir da articulação das visões da cidade presentes nos textos memorialísticos e confessionais, nas crônicas e na dramaturgia, é possível perceber uma análise rodriguiana da experiência urbana carioca. Suas representações sobre a cidade, obviamente, não são somente resultado da imaginação de um indivíduo criador, mas compartilham um imaginário urbano sobre o Rio de Janeiro, ao mesmo tempo que ajudam a criá-lo.

A relação entre experiência urbana e criação literária aparece de modo importante na literatura ocidental contemporânea. Inúmeros foram os autores que buscaram expressar tal experiência na ficção e que fizeram da cidade, mais do que cenário para o desenrolar da ação, tema de reflexão. Desde pelo menos a metade do século XIX, momento de expansão do capitalismo, a cidade contemporânea surge como um dos temas centrais do pensamento ocidental. Literatos, artistas, filósofos e cientistas sociais tomaram a cidade não somente como meio ambiente, como entorno, mas também como algo que se internaliza nos indivíduos, constituindo estilos de vida específicos do mundo urbano moderno. Nessas reflexões, a temática do urbano aparece vinculada à idéia de modernidade, fazendo das cidades, especialmente as metrópoles, o local do cruzamento entre uma forma específica de organizar o espaço e uma temporalidade característica do período histórico que se inaugura com o que Karl Polanyi denominou a "grande transformação" (Polanyi, 1994). Essa tradição de reflexão sobre a cidade tem na literatura, ao mesmo tempo, fonte e meio de expressão.

Um aspecto fundamental da vida nas grandes cidades contemporâneas é a heterogeneidade de estilos de vida e visões de mundo que convivem e se entrecruzam. A cidade é o lugar da multidão, onde é possível estar em contato permanente com inúmeros indivíduos e, ao mesmo tempo, desconhecer a maior parte deles. Um poema de Baudelaire traduz esse sentimento da proximidade distante produzido pelo mundo urbano:

A UMA PASSANTE

A rua em torno era um frenético alarido.
Toda de luto, alta e sutil, dor majestosa,
Uma mulher passou, com sua mão suntuosa
Erguendo e sacudindo a barra do vestido.

Pernas de estátua, era-lhe a imagem nobre e fina.
Qual bizarro basbaque, afoito eu lhe bebia
No olhar, céu lívido onde aflora a ventania,
A doçura que envolve e o prazer que assassina.

Que luz... e a noite após! — Efêmera beldade
Cujos olhos me fazem nascer outra vez,
Não mais hei de te ver senão na eternidade?

Longe daqui! tarde demais! nunca talvez!
Pois de ti já me fui, de mim tu já fugiste,
Tu que eu teria amado, ó tu que bem o viste![21]
(Baudelaire, 1985: 344)

O poema apresenta a multidão não como asilo do criminoso, preocupação fundamental dos reformadores urbanos de meados do século XIX, e sim "como o refúgio do amor que foge ao poeta". Na interpretação de Walter Benjamin, esse tipo de amor só pode surgir na multidão, pois não se trata de um amor à primeira vista, e sim à última vista (Benjamin, 1991: 42-3).

De alguma maneira, esse tipo de experiência marca as percepções do mundo urbano e o modo pelo qual os indivíduos interagem na cidade. A cidade produz os seus tipos sociais, que são espécies de porta-vozes dessas experiências: o *flâneur*, o cronista, o indivíduo de atitude *blasé* traduzem formas diferentes de sentir a cidade. Benjamin, em seus traba-

[21] A tradução é de Ivan Junqueira.

lhos sobre Baudelaire, identifica no *flâneur* aquele que, por não ter um lugar específico, por transitar entre vários mundos, tem uma percepção privilegiada e, ao mesmo tempo, distanciada, da cidade (Benjamin, 1991). Simmel também nos fala de uma atitude típica da vida das grandes metrópoles, a atitude *blasé*, que, ao gerar distanciamento e certa indiferença, protege os indivíduos de "um estado psíquico inimaginável" que resultaria do estabelecimento de "relações positivas" com um número excessivo de pessoas e da exposição exagerada aos estímulos psicofísicos desse ambiente (Simmel, 1967: 16-8).

Como herdeiros intelectuais de Simmel, os autores da Escola de Chicago fizeram da preocupação com os estilos de vida produzidos nas cidades um aspecto central de suas pesquisas. Num artigo programático, Robert E. Park define a cidade como algo mais do que um amontoado de indivíduos, construções, transportes, tecnologias ou instituições. Nessa perspectiva, a cidade seria "um estado de espírito, um corpo de costumes e tradições e dos sentimentos e atitudes organizados, inerentes a esses costumes e transmitidos por essa tradição" (Park, 1967: 26).

A partir da mesma premissa de que a cidade gera uma experiência específica, Louis Wirth define o urbanismo como um modo de vida que resulta na complexidade das sociedades contemporâneas:

> A interação social entre uma tamanha variedade de tipos de personalidades num ambiente urbano tende a quebrar a rigidez das castas e a complicar a estrutura das classes e portanto induz a um arcabouço mais ramificado e diferenciado de estratificação social do que em sociedades mais integradas. A crescida mobilidade do indivíduo, que o coloca dentro do campo de estímulos recebidos de um grande número de indivíduos diferentes e o sujeita a um *status* flutuante no seio de grupos sociais diferenciados que compõem a estrutura social da cidade, tende para a aceitação da instabilidade e insegurança no mundo como norma geral. Esse fato contribui, também, para a sofisticação e o cosmopolitismo do habitante da cidade. Nenhum grupo isolado é possuidor da fidelidade exclusiva do indivíduo. Os grupos aos quais ele se acha

filiado não se prestam rapidamente a um simples arranjo hierárquico. (Wirth, 1967: 104)

Num artigo intitulado "Estilo de vida urbano e modernidade", Gilberto Velho analisa e atualiza a questão presente nesses autores:

> O ponto fundamental da minha análise é que, paralelamente a uma reorganização do espaço, às transformações na economia e na vida política, a metrópole contemporânea, na sua constituição e natureza, está indissoluvelmente associada a modos específicos de recortar e construir a realidade. Ela é conseqüência e, simultaneamente, causa de novas visões de mundo, com concepções particulares de tempo, espaço e indivíduo. (Velho, 1995: 227-8)

Em sua obra como um todo, Gilberto Velho chama a atenção para a diversidade de mundos e estilos de vida presente nas grandes cidades, apontando para o fato de que o indivíduo pode transitar por eles sem que isso necessariamente signifique um comportamento incoerente ou contraditório. Faz parte dos estilos de vida das grandes cidades essa possibilidade de os indivíduos assumirem vários papéis e interagirem em múltiplos níveis da realidade. Isso também resulta num conjunto infinito de maneiras de se apreender e expressar a experiência urbana contemporânea.

A literatura é uma fonte importante para a percepção dessas várias formas de apreender a cidade. No caso do Rio de Janeiro, autores como Manuel Antônio de Almeida, Machado de Assis, João do Rio e Lima Barreto produziram, em épocas distintas, uma experiência literária na qual a cidade não aparece como mero pano de fundo, e sim como uma construção simbólica a partir de seus tipos sociais, de seus lugares, de suas instituições. O Rio aparece na obra desses autores como um *mundo em si mesmo*, como centro articulador de uma visão mais ampla sobre a sociedade e a natureza dos homens (Morse, 1995: 206). Nelson Rodrigues também toma o Rio de Janeiro como o próprio mundo, como um laboratório onde são produzidos e testados sua visão de mundo, sua concepção acerca da natureza humana, seus preceitos ético-morais, ou seja, tudo aquilo que informa sua obra e que pretende ter validade universal. Nesse sentido, há uma grande semelhança entre Nelson e os escritores russos do século XIX, especialmente Dostoiévski, que também propõem temas universais elaborados a partir da experiência urbana de cidades contemporâneas e "periféricas".[22]

Pode-se afirmar que no conjunto da vasta obra de Nelson Rodrigues há pelo menos três representações diferentes da cidade do Rio de Janeiro. Uma delas diz respeito ao passado, ao período que vai da *belle époque* ao entreguerras e que se confunde parcialmente com a infância do autor na Aldeia Campista, Zona Norte do Rio de Janeiro. Essa representação da cidade como ela era remete, algumas vezes, às lembranças de sua infância e, outras, a um período que Nelson só conheceu por meio dos livros e da pesquisa em periódicos. Nessa representação há, de modo geral, a nostalgia de um tempo em que as relações sociais eram ordenadas, as hierarquias eram mais bem definidas, os moços respeitavam os mais velhos e as mulheres vestiam-se com mais roupas. Há ainda o diálogo com intelectuais de outras gerações, que fizeram da experiência urbana carioca matéria de sua criação literária: trata-se do Rio de Machado de Assis, de Olavo Bilac, de Benjamin Costallat. Muito do que Nelson escreve sobre a cidade na virada do século se baseia na leitura desses e de outros autores.

A representação da cidade como ela era serve de contraste ao presente do autor de crônicas diárias das décadas de 1960 e 1970. Na segunda representação, o Rio de Janeiro contemporâneo de sua vida adulta guarda poucas semelhanças com o passado. Na visão de Nelson, a modernização devastou as relações sociais, os valores e a própria natureza da experiência urbana carioca. Essa devastação é observada principalmente por meio do espaço público, de histórias que acontecem nas ruas, no Maracanã, em bares e restaurantes, em festas, na redação dos jornais. Ainda que não tenha chegado a igualar-se a São Paulo, que nosso autor via como local de solidão e de ausência de sociabilidade, o Rio de Janeiro aparece muitas vezes como cenário do vício, da desintegração, do individualismo egoís-

[22]Sobre esse tema, ver a questão do modernismo no subdesenvolvimento tal como discutida em Berman (1986).

ta. Mas é também a cidade da sociabilidade, das conversas "jogadas fora", das "ruas amorosas".

A terceira representação está presente em várias de suas peças teatrais. Em lugar da cidade atingida pela modernização nos seus espaços de sociabilidade, tal como mencionado acima, focaliza-se principalmente o mundo privado. A modernização e todas as transformações que ela traz se fazem sentir nos corações e mentes dos indivíduos em suas relações mais íntimas e, por isso mesmo, mais sujeitas aos desígnios dos instintos. Na dramaturgia rodriguiana, a associação entre modernização e civilidade na experiência urbana carioca mostra-se frágil e falha. É justamente a mudança de valores e costumes, no sentido de quebra de hierarquias e individualização, que faz com que as relações interpessoais sejam degradadas e permitam o emergir dos instintos, de uma natureza humana cruel e violenta.

Essas três maneiras de representar a cidade não são as únicas no universo rodriguiano, mas são significativas para a correlação que se pretende estabelecer aqui entre experiência urbana e criação literária. Essas representações são, por vezes, complementares e, por vezes, contraditórias, entre si e também internamente. Por exemplo, a cidade antiga, cenário da infância, é também marcada por violência, crimes e conflitos. Do mesmo modo, a corrompida cidade moderna tem seus momentos de poesia e encontro, especialmente no Maracanã. Todas essas representações, se analisadas em conjunto, são reveladoras da visão de mundo de nosso autor e de sua caracterização da cidade como palco privilegiado para a encenação dos dramas humanos, resultado de uma natureza contraditória, que pôs em cada um as dimensões de santo e de canalha.

A CIDADE COMO ELA ERA...

Em seus escritos memorialísticos ou confessionais, Nelson Rodrigues identifica na sua infância no subúrbio uma das grandes fontes inspiradoras de seu trabalho. O que nos interessa aqui não é buscar fatos verídicos da biografia de nosso autor, para depois investigar como tais fatos foram transpostos em sua obra ficcional. Mesmo porque, como já apontamos em outro momento, isso equivaleria a assumir uma certa perspectiva ingênua em face de sua ilusão biográfica. O objetivo é investigar como Nelson relaciona a sua experiência de habitante da cidade do Rio de Janeiro com a sua imaginação criadora, e que representação da cidade está presente nesses escritos.

Nelson Rodrigues nasceu no Recife em 1912 e veio para o Rio de Janeiro com a família em 1916. O pai, Mário Rodrigues, havia chegado à capital no ano anterior e se encontrava em situação financeira difícil. Por isso, a princípio, todos ficaram hospedados na casa do poeta Olegário Mariano. Logo depois, porém, Mário Rodrigues conseguiu um emprego no *Correio da Manhã* e pôde mudar-se com a família para uma casa na Aldeia Campista, Zona Norte do Rio de Janeiro, na rua Alegre, onde Nelson viveu parte de sua infância (Castro, 1992: 19-20).

Mas que Rio de Janeiro era esse que a família Rodrigues encontrou? Desde a segunda metade do século XIX, foram elaborados planos de reformas urbanas que visavam principalmente à modernização do espaço urbano, no sentido de conferir a ele maior funcionalidade e embelezamento, à higienização, especialmente através do controle de epidemias, e à manutenção da ordem. Tais reformas, no entanto, só vieram a ser implementadas de modo mais sistemático no início do século XX, em especial no período entre 1902 e 1906, quando Pereira Passos esteve à frente da prefeitura da capital da República (Mattos, 1998: 17).

O projeto republicano de transformar a capital numa cidade moderna estava associado ao ordenamento do espaço urbano, de modo que a população pobre fosse deslocada dos locais mais urbanizados e civilizados, verdadeiras vitrines do progresso, para regiões mais distantes e também mais precárias em termos de serviços urbanos. Essa população vai sendo cada vez mais impelida a construir as suas habitações nos morros ou nas áreas mais periféricas da cidade, os subúrbios.

O crescimento dos subúrbios já havia recebido um poderoso estímulo nas últimas décadas do século XIX. A inauguração de uma estação de trem em Madureira, trecho da Estrada de Ferro Dom Pedro II, futura Central do Brasil, é um exemplo importante; assim como a expansão da Estrada do Norte, depois Leopoldina Railway, também funcionou como elemento indutor do desenvolvimento das áreas periféricas da cidade. A princípio seguindo uma ocupação linear, com casas ao longo da linha férrea e com maior concentração nas estações, a construção de habitações logo passou a se dar também nas ruas perpendiculares à linha do trem, configurando um processo de crescimento radial (Abreu, 1987: 50-3).

Esse processo de ocupação se ampliou com a progressiva expulsão dos trabalhadores pobres das áreas mais nobres da cidade, seja a princípio pela política de bota-abaixo do prefeito Pereira Passos, seja como decorrência do processo de valorização e especulação imobiliária que tornou os preços dos imóveis incompatíveis com a renda dessas camadas da população. Tais medidas tinham como um de seus objetivos principais "limpar" a cidade de alguns de seus tipos sociais — tão bem representados na literatura de Machado de Assis, Lima Barreto e João do Rio —, associando ordenação e controle social com modernização do espaço urbano:

> Nos textos de Machado de Assis e Lima Barreto, em tons bastante distintos, a caracterização dos espaços da cidade por onde circulavam seus personagens tem em comum uma descrição não só da aparência material das casas e ruas, mas especialmente a descrição social dos tipos humanos que por lá transitavam. Assim, não é de se espantar que nossas elites urbanas propusessem reformas urbanas que tratassem de "limpar" a cidade não só em termos urbanístico-sanitários, mas também e especialmente de um ponto de vista social. Uma das conseqüências das reformas urbanas presididas por este espírito modernizador foi a busca de soluções que garantissem uma estratificação social do espaço urbano. A cidade ideal — que se projetava para as regiões centro e sul — seria o espaço por excelência da elite urbana, enquanto a "cidade real" — a dos subúrbios — abrigaria as camadas populares. A utilização do anglicismo subúrbio era recente na virada do século. O recenseamento de 1906 foi o primeiro a utilizar-se da dicotomia cidade/subúrbio, em lugar do tra-

dicional recorte freguesias urbanas/freguesias rurais, para se referir às divisões administrativas da cidade. (Mattos, 1998: 27)

O resultado desse processo, segundo Maurício Abreu, é que, já em 1930, a cidade estava bastante estratificada. As classes altas predominavam na "nova" Zona Sul (Copacabana, Ipanema etc.), as classes médias na antiga Zona Sul (Botafogo, Flamengo, Catete, Laranjeiras etc.) e na Zona Norte, e as classes pobres no subúrbio (Abreu, 1987: 94).

Embora a divisão entre a cidade real e a cidade legal nunca tenha se concretizado de modo absoluto na construção do espaço urbano carioca, pois a dinâmica da cidade impôs, a despeito dos desejos dos urbanistas, espaços de sociabilidade, de trânsito, de mediação que relativizam separações rígidas, é inegável que tais tentativas de segregação ficaram gravadas nas representações simbólicas da cidade. Nessas representações há, em geral, a atribuição de valores e significados distintos a três grandes áreas da cidade: Centro, Zona Sul e Zona Norte/subúrbios.

Gilberto Velho, em *A utopia urbana*, analisa um momento histórico em que tais representações já se encontram mais cristalizadas. A partir da pesquisa de campo realizada em Copacabana entre o final da década de 1960 e o início dos anos 1970, o autor coloca em relevo os sistemas classificatórios conformados no processo histórico ao qual estamos aludindo, que associam o mudar-se para a Zona Sul (em especial para a sua zona de ocupação mais recente) com melhorar de vida (Velho, 1975).

No "mapa do prestígio" da cidade, as áreas da Zona Sul foram relacionadas à maior disponibilidade de serviços urbanos, como transporte e iluminação, e também a mais opções de lazer. Assim, no discurso de seus moradores, Copacabana aparece como representante da modernidade, em oposição ao atraso da Zona Norte e dos subúrbios (Velho, 1975: 69). Com esses argumentos muitas vezes se explica a escolha em pagar um aluguel mais caro e morar em pequenos apartamentos, em vez de alugar moradias mais amplas e baratas no subúrbio ou na Zona Norte (Velho, 1975: 80-1).

Quando a família de Nelson Rodrigues chegou ao Rio, a cidade modernizada já estava consolidando essa hierarquização da qual os moradores de Copacabana estudados por Gilberto Velho são herdeiros. Lima Barreto foi talvez o autor que mais tematizou essas divisões da cidade e que deu ênfase à caracterização dos subúrbios como o lugar das habitações das vítimas do progresso e também do abandono do poder público. Essa diferenciação também se dá no universo dos valores, pois a modernização é associada por esse autor ao individualismo egoísta, à falta de escrúpulos, à ausência de vínculos coletivos com base na solidariedade. Para citar um exemplo, em *Clara dos Anjos*, cuja primeira versão foi escrita em 1904, Lima Barreto descreve a tragédia de uma família humilde do subúrbio, marcada duplamente pela pobreza e pela origem racial.

Clara dos Anjos era a filha única do carteiro Joaquim dos Anjos e da dona de casa Engrácia. A família vivia em uma humilde casa do subúrbio carioca e é descrita como gente pacata, sem muita ambição e com o gosto musical voltado para serestas e modinhas. Clara tinha 17 anos e era mulata. Os seus pais a tratavam com muito zelo e carinho, proporcionando-lhe uma vida recatada e, até mesmo, reclusa. Além do pai e da mãe, a única pessoa com a qual a menina podia sair era uma vizinha, Dona Margarida, personagem feminina importante, que representa um contraponto a Clara e, principalmente, a Dona Engrácia. Esta, a mãe de Clara, era extremamente sedentária e caseira, absolutamente incapaz de tomar iniciativas por conta própria. Dona Margarida era o seu oposto: viúva, teve de criar o filho e sustentar a casa sozinha, tarefa que cumpriu com muita dignidade. À passividade de Clara e de Dona Engrácia, Lima Barreto opõe com freqüência o espírito prático e dinâmico de Dona Margarida.

A harmonia familiar começa a se romper com a entrada do personagem Cassi Jones na história. Os pais de Clara são alertados sobre a fama do jovem, branco e de elite, representante do setor moderno da sociedade, conhecido como sedutor de moças pobres, as quais engravida para depois abandoná-las à própria sorte. Esse fato aguça a curiosidade de Clara, que se vê apaixonada pelo rapaz quando ele participa de uma festa em sua casa. E, apesar de todos os avisos sobre a falta de caráter de Cassi Jones e de todo o zelo de seus pais, Clara acaba grávida e abandonada pelo conquistador.

O autor tenta buscar explicações para o acontecido na forma como os pais de Clara levaram a cabo a sua criação. A seu ver, a influência perniciosa das modinhas e o enclausuramento da moça serviram para criar em seu espírito um sentimento romântico e um total despreparo para a vida. A ingenuidade de Clara e o seu caráter sonhador a fizeram presa de um destino previsível.

A partir dessa breve descrição, surgem algumas questões importantes. Em primeiro lugar, ao apontar o tipo de criação recebido por Clara como a causa principal de sua ruína, Lima Barreto mostra que o projeto familiar construído em torno da filha é incapaz de fazer frente ao destino reservado às moças pobres e de cor na sociedade brasileira do início do século. Ao crescer sem consciência de sua condição social, Clara desconhecia o quão restrito era o seu campo de possibilidades, pois, além de ser mulher, possuía o estigma[23] da cor e da classe social. Essa consciência de sua identidade deteriorada, nos termos de Goffman, só aparece para a protagonista após a publicização de seu drama e da sua humilhação diante da família do rapaz, de origem social superior à sua:

> Na rua Clara pensou em tudo aquilo, naquela dolorosa cena que tinha presenciado e no vexame que sofrera. Agora é que tinha a noção exata da sua situação na sociedade. Fora preciso ser ofendida irremediavelmente nos seus melindres de solteira, ouvir os desaforos da mãe do seu algoz, para se convencer de que ela não era uma moça como as outras; era muito menos no conceito de todos. (...) A educação que recebera, de mimos e vigilância, era errônea. Ela devia ter aprendido da boca dos seus pais que a sua honestidade de moça e de mulher tinha todos por inimigos, mas isto ao vivo, com exemplos, claramente... O bonde vinha cheio. Olhou todos aqueles homens e mulheres... Não haveria um talvez, entre toda aquela gente de ambos os sexos, que não fosse indiferente à sua desgraça... Ora, uma mulatinha, filha de um carteiro! O que era preciso, tanto a ela como às suas iguais, era educar o caráter, revestir-se de vontade, como pos-

[23]Utilizo aqui o termo estigma no sentido que Goffman lhe atribui: "a situação do indivíduo que está inabilitado para a aceitação social plena" (Goffman, 1988: 7).

> suía essa varonil Dona Margarida, para se defender de Cassi e semelhantes, e bater-se contra os que se opusessem, por este ou aquele modo, contra a elevação dela, social e moralmente. Nada a fazia inferior às outras, senão o conceito geral e a covardia com que elas o admitiam... (Lima Barreto, 1976: 127)

Na caracterização dos personagens femininos, vemos as opções que Clara poderia seguir no seu processo de individuação. Esse campo de possibilidades, como afirmei acima, comportava uma gama muito restrita de projetos individuais, embora Clara não tivesse consciência disso. No caminho da "normalidade", há dois modelos principais na história: Dona Engrácia, a mãe, e Dona Margarida, a vizinha. A primeira, descrita como pessoa sem iniciativa e sedentária, cumpria os papéis de esposa e mãe, mas sempre como apêndice do marido. A segunda, viúva, é descrita como ativa, varonil, possuidora de uma ética do trabalho, mas sua imagem de dignidade é mantida à custa de uma renúncia à sexualidade; ou seja, a sua identidade principal é a de mãe, já que o papel de esposa era marcado pela viuvez. No outro caminho possível, o do desvio, os modelos se multiplicam, mas também podem ser identificados dois principais. O primeiro corresponde a uma personagem que havia sofrido o assédio de Cassi, mas que ainda assim consegue fazer um bom casamento. É importante frisar aqui que isso aconteceu em apenas um dos casos relatados, e foi visto como sorte. O segundo modelo possível, mais freqüente na narrativa, é o da ruína e da desgraça. Nele, as tragédias se sucedem: suicídios, vício, prostituição e isolamento social são as marcas deixadas na vida das moças que tiveram um destino semelhante ao de Clara. Com todo o seu voluntarismo, Clara imaginava que as moças que tiveram semelhante fim ao se envolver com seu amado contavam mentiras ou haviam sido por demais "oferecidas". Clara acreditava poder escapar a esse destino por meio do empenho em um projeto individual que superaria todas as barreiras. A protagonista sentia-se especial, diferente das outras moças — sentimento esse que compartilhava com seus pais, especialmente o pai, Joaquim — e, por isso, apta a transpor, através de sua vontade, as convenções sociais em nome do amor, sem sofrer uma estigmatização. Essa crença no poder de sua vontade de indivíduo em face da sociedade só se rompe quando seu projeto de formar uma família com o homem amado e com o filho que cresce em seu ventre cai definitivamente por terra. Clara percebe a sua condição social através da humilhação que sofre, e essa conscientização se expressa no diálogo que trava com sua mãe, encerrando assim a narrativa:

> Num dado momento, Clara ergueu-se da cadeira em que se sentara e abraçou muito fortemente a sua mãe, dizendo, com um grande acento de desespero:
> — Mamãe! Mamãe!
> — Que é minha filha?
> — Nós não somos nada nesta vida. (Lima Barreto, 1976: 128)

É importante notar ainda que Lima Barreto caracteriza o subúrbio carioca como um lugar onde todos se conhecem, ao contrário do centro da cidade, local onde o anonimato prevalece.[24] Os vícios e a corrupção provêm da modernização, que traz valores e costumes alheios ao cotidiano dos mais humildes. Segundo Oliveira, para Lima Barreto, nos subúrbios

> (...) se encontra o reduto da cultura popular, lá estão as modinhas, as serestas de violão, os cordões carnavalescos, o reisado, as brigas de galo, os ranchos. Nos subúrbios está o verdadeiro Brasil, está o povo que foi obrigado a se deslocar do centro da cidade pelo projeto urbanístico europeizante. O subúrbio guarda as tradições contra o furor demolidor da elite que desrespeita a arquitetura, os hábitos, os costumes do povo. (Oliveira, 2000: 142)

Ainda que compartilhe com Lima Barreto a idéia do subúrbio como local privilegiado para o desenrolar da tragédia da modernização, a representação dessa região da cidade que Nelson Rodrigues compõe em suas

[24]Ver o trecho em que Cassi Jones vai ao centro da cidade e fica perturbado com o fato de que, ao contrário do subúrbio, onde era famoso, ali passava despercebido, era um anônimo (Lima Barreto, 1976: 108).

peças teatrais é bastante diferente, até porque muito mais atingida pelas conseqüências da modernização. Porém, nas suas memórias de infância na Zona Norte, há uma visão sobre a cidade que mistura a nostalgia de um Rio antigo, onde predominavam os valores tradicionais, e certa dose de violência e deterioração das relações humanas. Na ótica de Nelson, era um mundo em transição.

Um dos sinais que marcam essa transição, na visão de nosso autor, é a relação estabelecida com a morte. A banalização da morte, uma certa frieza diante do encerramento da vida de um ente querido, separa a experiência urbana moderna de um passado no qual o morto era "chorado" com mais intensidade e o ritual de despedida tinha um significado mais bem definido:

> Era assim que se chorava nos velórios antigos. Em 1917, 18, 19, os enterros saíam mesmo de casa. Não era como agora. Agora despacha-se o cadáver pelos fundos. É uma espécie de rapto vergonhoso, como se a morte fosse obscena. Naquele tempo, o sujeito era velado, chorado e florido no próprio ambiente residencial. Tudo era familiar e solidário: — os móveis, os jarros, as toalhas e, até, as moscas. De mais a mais, o enterro atravessava toda a cidade. Milhares de pessoas, no caminho, tiravam o chapéu. Ninguém mais cumprimentado do que o defunto, qualquer defunto.
>
> Mas havia o chapéu e repito: — tínhamos o chapéu. Pode parecer pouco, mas é muito. Sei que o nosso tempo não valoriza a morte e a respeita cada vez menos. Por vários motivos e mais este: — falta-nos o instrumento da reverência, que é o chapéu. Era lindo ver toda a cidade cumprimentando um caixão, mesmo de quinta classe. Dirá alguém que a inovação da capelinha mudou tudo. A morte não mais desfila como um préstito. Há capelinhas, dentro e ao lado do cemitério. Mas o chapéu influía, sim, em nossa relação com a vida eterna. (Rodrigues, 1993a: 28)

E Nelson nos dá uma pista sobre o porquê de muitas de suas histórias de suicídios, assassinatos passionais e outras mortes dramáticas se passarem na Zona Norte: "Hoje, graças à capelinha, a dor tem uma disciplina, uma polidez, uma cerimônia prodigiosa. Não há mais ataques. Só na Zona Norte mais profunda, acima da Tijuca, talvez sejam ainda possíveis os velórios esganiçados, convulsivos" (Rodrigues, 1993a: 29).

Há dois tipos de argumento aparentemente contraditórios que Nelson Rodrigues utiliza para explicar a desvalorização da morte na época contemporânea. O primeiro parece estar ligado a uma perda da civilidade, que era caracterizada pela deferência, simbolicamente representada pelo uso do chapéu. As regras do convívio social implicavam o respeito ao morto e à morte, expresso no hábito de se tirar o chapéu quando da passagem do enterro. Os indivíduos deixavam seus afazeres e arranjavam tempo para fazer deferência ao morto, independentemente da condição social deste, numa demonstração pública de polidez. No entanto, o segundo argumento parece estar ligado justamente ao excesso de polidez, sinônimo de frieza e disciplina, no ritual de chorar o morto no espaço privado. Expulsos das casas, os mortos são velados na impessoalidade das capelinhas e, na ausência da intimidade doméstica, o que prevalece é o autocontrole e o comedimento na expressão da dor da perda. Se no espaço público o autocontrole como sustentação de um padrão de civilidade é valorizado, na esfera do íntimo e do privado o autor se ressente de uma maior espontaneidade nas relações sociais.

Esse tema da mudança de atitude perante a morte é recorrente nas crônicas de Nelson e serve como recurso poderoso para demonstrar a sua tese de uma inversão de valores no mundo moderno. Se os seres humanos perderam a capacidade de chorar a maior de suas tragédias, que é a morte, então tudo é permitido, parafraseando a máxima dostoievskiana que Nelson não se cansava de citar. Outra mudança que Nelson Rodrigues aponta como característica de tal inversão de valores diz respeito ao lugar dos velhos na sociedade. No passado, não somente havia dignidade em ser velho, como também os jovens ansiavam pela velhice, sinal de experiência e respeitabilidade social. Totalmente oposto ao reinado dos jovens da década de 1960:

> Conheci, na minha infância, o Brasil dos velhos. Hoje, não. Hoje, por toda parte, o que se vê e o que se ouve é o alarido dos jovens. Não

> há velhos, ou por outra: — ninguém quer ser velho. Sujeitos de setenta anos adulam a juventude. Ainda ontem dizia-me um setuagenário: — "O jovem tem razão, sempre".
>
> (...)
>
> Volto à minha infância. Na rua Alegre, não era ainda degradante ser velho. O sujeito podia ter, impunemente, setenta, oitenta anos. Conheci crioulos de cem anos. Ah, os veteranos da Guerra do Paraguai! Eram velhinhos ainda tesos. Estavam sempre mascando fumo de rolo e cuspiam negro. Eu, com sete, oito anos, achava os velhos muito mais fascinantes do que os jovens. Um dos nossos vizinhos era um ancião hemiplégico. Até a doença me parecia linda.
>
> E as ruas, os bondes, as sacadas, tudo era uma paisagem de velhos. Quando penso no Brasil de minha infância, me lembro, sem querer, de Confúcio. Vocês conhecem a história. Um dia, em certo jardim, uma virgem sonhava. De repente, veio um raio de sol e tocou-lhe o ventre. Assim nasceu Confúcio, filho de uma virgem com um raio de sol. Mas nasceu com noventa anos, já de sapatos e já de guarda-chuva.
>
> Para mim, garoto de calça curta, acontecera algo parecido com Rui Barbosa. Era como se ele tivesse nascido com setenta anos, e já conselheiro, e já Águia de Haia. E, hoje, me dá uma certa pena notar que não há mais, como outrora, os setuagenários natos. (Rodrigues, 1993a: 100-1)

A valorização da juventude, criticada por Nelson, é uma das características mais importantes do mundo ocidental no pós-Segunda Guerra Mundial. Para Eric Hobsbawm, surgia então uma nova cultura juvenil, cuja novidade era tripla. Ao contrário do que acontecia nas memórias do tempo da infância de Nelson Rodrigues, a juventude não era mais vista como uma preparação para a vida adulta, e sim como o momento da plenitude do desenvolvimento humano. O lema proclamado nos anos 1960 pelo grupo de *rock* inglês Rolling Stones é significativo dessa novidade: não confie em ninguém com mais de trinta anos. Decorre disso uma segunda novidade da cultura juvenil: ela tornou-se dominante nas "economias de mercado desenvolvidas". O *blue jeans* e o *rock* foram dois dos primeiros produtos-ícone da juventude "moderna" que se apresentava como um atraente mercado consumidor. Por fim, a terceira novidade é o internacionalismo dessa nova cultura jovem, que reflete a hegemonia norte-americana não somente no mercado capitalista global em sentido estrito, mas também no que se refere à cultura de massa e aos estilos de vida (Hobsbawm, 1995: 319-21).

No próximo capítulo, será mais desenvolvida a análise dessa crítica de Nelson ao mundo dos jovens. Por ora é importante guardar que essa hegemonia cultural da juventude era um marco divisor fundamental, no pensamento de nosso autor, entre o passado e o presente da experiência urbana.

Outra transformação que Nelson considera fundadora desse antagonismo entre passado e presente diz respeito às mudanças nas relações entre gêneros no sentido de uma maior igualdade e que requereria, de acordo com Norbert Elias, um maior esforço dos indivíduos no sentido de seu autocontrole (Elias, 1997: 51). Novamente, assim como com relação à atitude perante a morte, nosso autor associa o autocontrole à indiferença e à frieza. Um dos exemplos disso é a sua condenação do biquíni, expressão de uma nudez banalizada que, por sua vez, gera indiferença nos homens. Nelson sempre usava a imagem do "crioulo" vendendo refrigerante na praia, cercado de mulheres seminuas e absolutamente impassível diante de possíveis apelos eróticos de tal visão.

Mas, ao mesmo tempo, a exposição do corpo remonta ao primado dos instintos, o que parece estar em contradição com a perspectiva anterior. Pode-se perceber, no entanto, na crítica rodriguiana, uma dupla dimensão: o processo civilizador construído pela modernização retira progressivamente das normas e valores sociais mais rígidos o poder de controlar a conduta dos indivíduos, já que estes ganham autonomia e legitimidade para rompê-los, passando tal atribuição para o autocontrole. Porém, ao mesmo tempo que gera frieza e indiferença, esse processo também permite que aflorem os instintos mais animalescos dos seres humanos. Essa aparente contradição entre o maior autocontrole e o homem à deriva com seus instintos mostra, na verdade, que, para Nelson, a força oposta aos instintos não é a razão, e sim os sentimentos considerados puros e nobres, especialmente o amor. Daí a visão de que, quanto maior o grau de informalização das relações sociais, mais frágil a possibilidade de domar tais instintos e de que estes, por sua vez, quando predominam, impedem a educação sentimental necessária para o surgimento do sentimento amoroso. Numa crônica publicada em *O Globo*, em 14 de janeiro de 1968, quando a questão da emancipação feminina estava na ordem do dia, Nelson resumiu a sua visão sobre essas transformações:

> Durante séculos e séculos, a História preservou o mistério e o suspense do umbigo. Era como se a mulher não o tivesse. Através das idades, só o marido de civil e religioso, ou o parteiro, conseguia vê-lo. Para os outros, o umbigo era irreal, utópico, absurdo. E, súbito, começam a aparecer, aqui e ali, as praias pré-históricas. Tal como no tempo em que os homens viviam em hordas bestiais. E começamos a época da nudez sem amor, do nu sem graça e, repito, sem o pretexto do amor. A nudez exclusiva para o ser amado deixou de existir. Todas se despem, para o ser amado e para outros, inclusive o crioulinho do Grapette. (Rodrigues, 1995a: 18)

Para Nelson Rodrigues, um marco nessa transição entre o "Rio de Machado de Assis" e a cidade moderna e corrompida foi a epidemia de gripe espanhola em 1918 e o carnaval que se seguiu em 1919. Depois das mortes em profusão, o mundo parecia invertido:

> De repente, passou a gripe. Ninguém pensava nos mortos atirados nas valas, uns por cima dos outros. Lá estavam, humilhados e ofendidos, numa promiscuidade abjeta. A peste deixara nos sobreviventes não o medo, não o espanto, não o ressentimento, mas o puro tédio da morte. Lembro-me de um vizinho perguntando: — "Quem não morreu na espanhola?". E ninguém percebeu que uma cidade morria, que o Rio machadiano estava entre os finados. Uma outra cidade ia nascer. Logo depois, explodiu o Carnaval. E foi um desabamento de usos, costumes, valores, pudores. (Rodrigues, 1993a: 55)

No carnaval de 1919, era como se forças "demoníacas" houvessem sido liberadas, resultado da morte que havia desfigurado a cidade e a tornado irreconhecível. No dizer de Nelson, "toda a nossa íntima estrutura fora trocada, alterada e, eu diria mesmo, substituída" (Rodrigues, 1993a: 57). É como se, modernizado o espaço urbano, estivessem agora se modernizando os corações e mentes de seus habitantes. Porém, assim como Lima Barreto era crítico das reformas urbanas no princípio do século XX, Nelson desaprovava as mudanças nos costumes e estabelecia uma ponte entre 1919 e o momento em que escrevia as suas memórias, o ano de 1967:

> Nos carnavais seguintes, a cidade teve medo dos próprios abismos; houve um certo recuo. Mas o Rio de Machado de Assis, ou de Macedo, ou sei lá, estava morto. O que quero dizer, ainda, sobre o Carnaval da espanhola é que foi de um erotismo absurdo. Daí a sua horrenda tristeza. Disse não sei quem que o desejo é triste. E nunca se desejou tanto como naqueles quatro dias. A tristeza escorria, a tristeza pingava, a alegria era hedionda.
>
> (...)
>
> Todavia, de vez em quando, julgo perceber no Rio moderno o clima de 1919, logo após a espanhola. (Rodrigues, 1993a: 58)

Ao mesmo tempo que julgava triste a liberdade de costumes, o que o associa a uma perspectiva moralista, Nelson também relatava episódios que pareciam confirmar a sua imagem de tarado, construída a partir de *Álbum de família* e consolidada enquanto escrevia a coluna *A vida como ela é...* para o jornal *Última Hora*. Sempre destacando a importância das relações de vizinhança na Aldeia Campista, o autor conta como uma de suas vizinhas inaugurou a sua fama de tarado aos quatro anos de idade:

> Mas o que gostaria de contar é, se assim posso dizer, o meu primeiro feito erótico. Como aconteceu, com quem aconteceu ou quando aconteceu, não sei. Palavra de honra, até hoje não sei. Um dia minha mãe estava na cozinha, quando entra uma vizinha, uma tal de D. Maria. Dava-se muito lá em casa, emprestava sal, açúcar, farinha, e era gorda como uma viúva machadiana. Maria chegou ventando fogo por todas as narinas. Entre parênteses, a santa senhora tinha uma filha única, menor do que eu, de bracinhos diáfanos e um respiro de passarinho.

> A vizinha foi entrando e dizendo tudo:
>
> — D. Ester, qualquer filho seu pode entrar na minha casa. Menos o Nelson. Desculpe, mas o Nelson, não.
>
> Eu, não. Vejam vocês: — hoje, alguém poderia dizer, sem violentar a verdade: — "Proibido de entrar em casa de família aos quatro anos de idade". Mas o que é que eu fiz? Estou vendo a menina, que seria minha vítima, com sua lancinante fragilidade. Ainda por cima, tinha asma; e, nas crises, seus olhos se tornavam estrábicos de asfixia. Se Deus entrasse na minha sala e perguntasse: — "O que você fez? Conta pra mim. O que é que você fez?", continuaria respondendo: — "Não sei". Deve ter sido um ultraje, uma coisa iníqua, abominável, à altura de tamanha indignação materna. Seja como for, o pecado é anterior à memória. (Rodrigues, 1993a: 21-2)

Dessas aventuras eróticas de sua infância na Zona Norte, destacam-se ainda a espionagem da filha doida de uma vizinha lavadeira, a primeira visão da nudez feminina, e também a primeira contemplação de uma "nudez" pública: uma moça fantasiada de odalisca com o umbigo de fora no carnaval. Levado por vizinhas, Nelson foi à praça Saenz Peña assistir a um desfile de corsos e, em pé dentro de um carro aberto, estava a odalisca:

> Podia ser vinte vezes odalisca e não teria importância. O pior é que havia uma abertura na fantasia, por onde irrompia o cavo e deslavado umbigo. Eu falei em "nudez" e já retifico. Era uma modesta nesga de carne, insinuada no decote abdominal. Mas esse umbigo revelado era pior do que a nudez absoluta.
>
> Poderão objetar que eu tivera, com a filha da lavadeira, uma experiência anterior. Mas aí é que está: — não me lembrava, honestamente, não me lembrava do umbigo. Ou por outra: — o umbigo da demente se diluía na nudez geral. E, além disso, ninguém sabia, ninguém. Ao passo que, ali, era o impudor público e radiante, era o escândalo insolente, glorioso. Repito: — para mim, foi uma agressão pior que a nudez da louca.
>
> As vizinhas cochichavam entre si: — "Sem-vergonha! Indecente!". O carro já ia longe, levando, em triunfo, o insuportável umbigo. E, ao

> meu lado, as vizinhas ainda cacarejavam. Como era ressentido, furibundo, o pudor daquelas senhoras gordas, honestíssimas e cheias de varizes. Fui puxado, quase raptado: — "Vamos embora! Vamos embora!". Nos dias subseqüentes, não se falou em outra coisa, na rua. "Mas não é possível!", diziam. Eu ia para o fundo do quintal e, lá, sozinho, ficava sonhando. O umbigo tinha qualquer coisa de irreal. E essa nesga de carne, vista, entrevista num segundo fulminante, comoveu e marcou toda a minha infância. (Rodrigues, 1993a: 40)

Numa época em que, no carnaval, "todos os nus eram vestidos", um umbigo exposto em público tinha um apelo erótico escandaloso. Por coincidência, essa mesma odalisca que escandalizou as vizinhas de Nelson Rodrigues mudou-se alguns meses depois para uma rua da vizinhança e protagonizou um episódio que nosso autor gostava de dar como exemplo da importância de sua infância na Aldeia Campista para a criação de seus textos teatrais.

Suspeita de traição pela vizinhança, casada com um gordo ourives, a moça se mata tomando veneno, e diz-se que foi o próprio marido que a obrigou a se matar. O enterro foi pomposo, e o marido se autoflagelou, chamando a si próprio de canalha. Nelson Rodrigues comenta a relação desse episódio com a sua obra teatral e também com a sua formação moral:

> Vem assim dos meus sete anos casimirianos toda a minha compaixão pela infiel. É um sentimento que sobe, que se irradia de não sei que profundezas. Muito mais tarde, já homem feito, escrevi um drama cujas raízes estão cravadas na rua Alegre: — *Perdoa-me por me traíres*. Um dos personagens da peça, num arranco de staretz Zózimo, cai aos pés de uma adúltera e beija-lhe os sapatos. Eis o que aprendi em Aldeia Campista: — não se chama uma adúltera de adúltera, jamais. (Rodrigues, 1993a: 44)

As vizinhas fofoqueiras, gordas como viúvas machadianas, as histórias de adultérios, traições, assassinatos, loucura e erotismo são elementos que compõem esse Rio de Janeiro das memórias de infância. Descrita como possuidora de especificidades em relação às outras áreas da cidade, a Zona

Norte que surge dessas lembranças não tem aquela relativa ingenuidade dos subúrbios de Lima Barreto, mas também não chega a ser o palco das relações humanas degradadas do teatro de Nelson. No entanto, essas memórias de infância serão sempre acionadas como o que dá sentido à sua obra teatral e à sua própria cosmovisão. Para ele, ter passado parte de sua infância no subúrbio carioca foi uma experiência fundamental, que marcou profundamente a sua ilusão biográfica, o seu discurso, abundante, diga-se de passagem, sobre si.

Ao valorizar a experiência da infância, Nelson Rodrigues demonstra que a história de vida e a percepção da cidade se misturam. Perceber a cidade é também construir a sua própria história de vida e, no caso de nosso autor, encontrar a fonte da criação artística, o laboratório que permite a criação de tipos, a elaboração de temas que são recorrentes, assim como a demarcação dos cenários onde as peças teatrais se desenvolvem.

Mas por que é no subúrbio e na Zona Norte que o autor localiza inúmeras de suas histórias e por que é isso que o faz ser identificado como um autor carioca? O que é considerado significativo na elaboração do mapa simbólico do Rio de Janeiro? E o que constitui a identidade desta cidade?

Nelson gostava de afirmar que suas questões eram universais e que a caracterização de um universo carioca nos seus dramas reforçava essa universalidade. Sua escolha em fazer da classe média o estrato social predominante dos personagens de suas histórias também é justificado pela busca de temas universais. É como se a relativa indefinição do lugar dessas camadas médias na sociedade moderna permitisse expor com mais ênfase as contradições e a própria tragédia da modernização.

No entanto, essas camadas médias colocadas em cena por nosso autor variam muito de natureza. Seu espectro vai desde a baixa classe média suburbana, como em *Os sete gatinhos* e *A falecida*, até a classe média alta, como em *Perdoa-me por me traíres* e *Toda nudez será castigada*. Porém, se não há nas peças referências ao operariado, há personagens importantes que poderiam ser chamados de marginais, ou, em termos marxistas, lumpemproletariado. É o caso de Geni, a prostituta de *Toda nudez será castigada*, e também da origem social de Boca de Ouro, que depois se transformou no poderoso bicheiro de Madureira.

É preciso ressaltar, no entanto, que esses mundos não são estanques. Pelo contrário, os personagens circulam pela cidade e também por entre as diversas camadas sociais. As hierarquias são claras, mas não impedem esse trânsito, que é, muitas vezes, o fator que desencadeia as tragédias. É como se essas tragédias, que Nelson considerava inerentes à condição humana e universais, encontrassem seu meio expressivo mais significativo quando situadas no subúrbio, local onde o efeito desagregador da modernização poderia ser percebido com mais clareza, pois "o único lugar onde ainda há o suicídio por amor, onde ainda se mata e morre por amor, é na Zona Norte" (Rodrigues, 1997a: 181).

Numa crônica publicada em *O Globo*, em 12 de junho de 1972, fica claro como Nelson inverte a valorização do senso comum a respeito da Zona Norte e da Zona Sul, pois a primeira, embora não seja representada de modo idílico, ainda conserva ruínas, fragmentos de valores tradicionais que, na sua visão, dão sentido à vida social:

> Certo marido vai bater à porta do sogro. O velho era um "homem de bem", e nós sabemos que o "homem de bem", cada vez mais escasso, está em vias de extinção. Diz o genro: — "Seu fulano, venho aqui comunicar que a sua filha me trai". Solene até nas pausas, o "homem de bem" deixa passar um momento. Pergunta: — "Você está dizendo que minha filha tem um amante?". Já chorando, o outro pluraliza: — "Amantes! São vários!" — e repetia: — "Mais de um, entende?". Em largas passadas, o velho anda de um lado para outro. Estaca. Fez uma confissão que resumia toda uma vergonha familiar: — "Saiu à mãe".
>
> O genro ouvira dizer que a falecida sogra era uma víbora e só agora sabia que prevaricava. Feliz de ter, no pai da mulher, um companheiro de humilhação, espera uma providência. E, então, rugindo, aquele pai apanha o revólver na gaveta. Verifica, no tambor, se as seis balas estavam lá. Estavam. Mas enquanto se armava, o "homem de bem" teve tempo de refletir; e conclui, para si mesmo: — "Dei um fora contando os podres da falecida". Vira-se para o genro: — "Escuta aqui. Eu não disse que acredito na traição da minha filha. Vou lá. Se for verdade, mato a minha filha. Se for mentira, mato você".

> Quando chegam à casa da filha, vem saindo um sujeito. O genro cochicha: — "É um dos caras". Da porta, a filha atira um beijo para o fulano. A moça recebe o pai e o marido de mãos nas cadeiras. Podiam ter conversado, ali mesmo (e diante da evidência não precisavam nem conversar). Mas o pai achava que certas cenas familiares não devem ter espectadores. Diz para o genro: — "Espera aqui na esquina. Depois te chamo". Encara a garota: — "Minha filha, é verdade que você tem amantes?". Ela não tinha nada na boca e mascava um chiclete imaginário. Pergunta: — "E daí?". O outro está quase chorando: — "Você acha bonito trair seu marido?". Ouçam a filha: — "E você nunca traiu mamãe?". O velho lembrou-se de que era o "homem de bem". Explode: — "Nunca!". Com um dedo, ela coça a cabeça: — "Se você não traía mamãe, mamãe traía você!". A princípio, ele não teve o que dizer. Mas logo achou uma saída: — "Não se fala assim de uma morta". Muda de tom: — "Afinal de contas, não acredito que minha filha seja uma adúltera". Achou graça: — "Adúltera, adúltera. Quer saber de uma coisa, papai? Esse negócio de adúltera *já era*!". O "homem de bem" quis fazer uma pose de honra. Mas a filha nem o deixou abrir a boca: — "Papai, o senhor já falou demais. Agora vai, que eu não quero engrossar com o senhor". E assim se despediram. Lá fora o genro o esperava, ávido: — "E então?". O velho disse: — "Vocês que são brancos, que se entendam. Não tenho nada com isso".
>
> Contei este episódio à grã-fina das narinas de cadáver. No fim, sondei: — "Isso aconteceu onde?". Riu no telefone: — "Ora, ora. Se fosse na Zona Sul, o marido nem reclamava. Se reclamou, foi na Zona Norte". Assim disse a grã-fina das narinas de cadáver. O fato serve para mostrar que, em nossa época, há um cinismo difuso, volatizado, atmosférico. Um cinismo que o sujeito absorve na pura e simples respiração. (Rodrigues, 1995b: 236-7)

Talvez, na infância de Nelson, esse episódio terminasse em assassinato ou suicídio, pois, como ele diz, foi nessa época que aprendeu que "não se chama uma adúltera de adúltera jamais". A consciência da transgressão era decorrente da existência de normas sociais prescritivas, alicerçadas em valores tradicionais. Por isso, o pai ou o marido poderiam ter encontrado meios para fazer prevalecer a sua autoridade, o que provavelmente resultaria em tragédia. Mas não é o que acontece no presente do cronista. O marido tem sua autoridade enfraquecida diante do relativismo moral da mulher, assim como o pai é incapaz de impor seus desígnios à filha, como já havia sido em relação à própria esposa. Porém, se, quando afirma que "esse negócio de adúltera já era!", a filha elimina o componente trágico da situação, o drama ainda é possível porque há resquícios dos valores tradicionais que Nelson identifica como típicos da Zona Norte. Como diz a grã-fina de narinas de cadáver, o marido reclama, e o pai, de revólver em punho, ainda é portador da memória do patriarca que comandava os destinos de sua mulher e de seus filhos.

O subúrbio e a Zona Norte aparecem então como palco privilegiado para a encenação da miséria humana, considerada universal por nosso autor. As relações familiares e de vizinhança, valores e costumes antigos, mostram-se dilacerados em face do individualismo que pauta os novos comportamentos. No entanto, como já foi dito, o universo suburbano está sempre relacionado com outras duas regiões da cidade: o Centro e a Zona Sul. As personagens circulam e, em geral, a Zona Sul aparece como a área do pecado, onde mulheres casadas vão encontrar-se com seus amantes em apartamentos arranjados.

Outro tipo de trânsito comum é o existente entre as classes sociais. Um conto de *A vida como ela é...* é exemplar da maneira como Nelson fazia do contato entre mundos distintos na cidade matéria de criação ficcional. A história chama-se "O escravo etíope" e fala de uma menina, filha de pais ricos, de saúde delicada. Ela havia saído do colégio interno aos 15 anos e, aos 16, teve seu primeiro namorado, um primo que era considerado pela família um ótimo rapaz. Todos achavam que eles faziam um par perfeito, e eles acabaram noivando. O pai, que havia enriquecido mas tinha "origem plebéia", queria um "casamento de arromba", mas a menina sempre arrumava uma desculpa para adiá-lo, alegando problemas de saúde que não eram confirmados pelo exame médico. O noivo era paciente, mas, depois de vários adiamentos, foi a sogra que começou a estranhar a situação e resolveu contratar um detetive particular. Eis que o detetive descobre que a menina namorava um motorista de ônibus, um "negro gigantesco" que havia saído no último carnaval num rancho, vestido de escravo etíope. Quando a sogra revelou o segredo, a menina confirmou tudo. O pai falou em dar tiros, mas a moça ameaçou suicidar-se e tudo acabou se arranjando: arranjaram um emprego para o rapaz e casaram-no com a moça às escondidas (Rodrigues, 1992b: 89).

Nessa história, uma questão que aparece é a de como a menina conheceu o motorista de ônibus. Cercada de cuidados pela família, saída há pouco do colégio, rica, provavelmente se apaixonou pelo rapaz ao circular por mundos diferentes do dela, ou então nos eventos da cidade em que há contatos entre indivíduos de origens sociais diversas, como no caso do carnaval. O rapaz não era somente pobre e trabalhador, mas também negro. Daí o "casamento às escondidas" e a tentativa de fazê-lo ascender socialmente por meio de um emprego.

Na obra de Nelson Rodrigues, há inúmeros exemplos desse tipo de contato gerado pelo trânsito através da cidade, embora quase nunca haja o que poderíamos chamar de final feliz do conto mencionado acima. Mais adiante, veremos como isso se dá nas peças teatrais. Por enquanto, vamos nos deter na representação que Nelson faz da cidade no momento presente de sua vida adulta, elaborada em várias de suas crônicas das décadas de 1960 e 1970, e no lugar que a circulação entre mundos ocupa nessa representação.

A CIDADE COMO ELA É...

Diferentemente das lembranças de infância, que se concentram em histórias ocorridas na Zona Norte, os episódios das crônicas referidos ao presente do autor ocorrem em grande parte no Centro e na Zona Sul. Um dos referenciais geográficos e simbólicos mais importantes do Rio de Janeiro para Nelson era a praia, a orla marítima da Zona Sul. Mais precisamente, a praia de Copacabana. A partir da referência à praia, Nelson reelabora uma das idéias mais cristalizadas sobre o Rio de Janeiro, que associa esta cidade ao lazer, à boemia, à resistência à disciplina do trabalho ditado pelo tempo do relógio.

O historiador britânico E. P. Thompson considerava a imposição do trabalho com tempo marcado, em substituição ao trabalho orientado por tarefas, uma transformação fundamental no mundo contemporâneo. A difusão do uso de relógios para marcar o tempo é contemporânea do surgimento da necessidade de uma maior sincronização do trabalho, exigida pela Revolução Industrial. Esse processo envolve a perda progressiva de controle do trabalhador sobre sua vida produtiva, que então deveria substituir um ritmo de trabalho que alternava momentos de atividade intensa e de ociosidade por um padrão regular e disciplinado. Porém, a introdução da "medição do tempo como meio de exploração da mão-de-obra" sofreu resistência por parte daqueles que inicialmente foram mais afetados por ela: os trabalhadores da indústria. Vários mecanismos, mais ou menos coercitivos, tais como multas e punições a atrasos e faltas ao trabalho, a expansão da escolarização, o desenvolvimento da ética puritana que condenava a ociosidade, foram necessários para difundir a idéia de um valor econômico do tempo, traduzido na máxima "tempo é dinheiro". Nas palavras de Thompson:

> A primeira geração de trabalhadores nas fábricas aprendeu com seus mestres a importância do tempo; a segunda geração formou os seus comitês em prol de menos tempo de trabalho no movimento pela jornada de dez horas; a terceira geração fez greves pelas horas extras ou pelo pagamento de um percentual adicional (1,5%) pelas horas trabalhadas fora do expediente. Eles tinham aceito as categorias de seus empregadores e aprendido a revidar os golpes dentro desses preceitos. Haviam aprendido muito bem a sua lição, a de que tempo é dinheiro. (Thompson, 1998: 294).

Pois para Nelson Rodrigues essa transformação fundamental na transição do mundo tradicional para o mundo moderno não se completou no Rio de Janeiro. "Extrovertido ululante", o carioca foi incapaz de internalizar a disciplina do trabalho racionalizado e moderno. Essa idéia tem relação com um preconceito antigo e bastante difundido na sociedade brasileira, que diz que o brasileiro, em especial o carioca (e também o baiano), é avesso ao trabalho, é preguiçoso, com clara conotação pejorativa. Nelson compartilha essa visão, mas não a considera necessariamente negativa. Ao contrário, como se verá mais adiante nas suas comparações entre Rio de Janeiro e São Paulo, tal característica seria positiva. E é a praia de Copacabana que representa esse eterno domingo. Numa crônica publicada n'*O Globo* em 20 de janeiro de 1969, Nelson comenta uma ameaça de demissão dos "ociosos" que pairava no Itamaraty:

> E, se ociosidade é um defeito, que dizer de Copacabana? Todas as manhãs, vou, no meu táxi, do Forte ao Leme e dobro na Princesa Isabel, para a cidade. E, sempre que olho a mais bela praia carioca, imagino: — "Hoje é domingo". Não há nada mais dominical do que Copacabana. Aqui mesmo, desta coluna, já perguntei: — "Se o brasileiro não sai da praia, quem faz o Brasil?". Da igrejinha ao forte Vigia, amontoam-se 300 mil pessoas. E nessa massa de umbigos de ambos os sexos há de tudo: — diplomatas, estudantes, funcionários, bancários, engenheiros, datilógrafas, farmacêuticos etc. No domingo Copacabana fica entupida; na segunda-feira há mais gente do que na véspera. E, assim, terça, quarta, quinta, sexta, sábado. Portanto, cada dia da semana é um novo domingo. Copacabana vive, por semana, sete domingos. E, de repente, todas as fúrias se descarregam nos ociosos do Itamaraty. Os cisnes de lá olham os que passam num mudo escândalo desolado. Mas ninguém quer demitir as 300 mil ociosidades que vão se dourar, na praia, como havaianos de filme. (Rodrigues, 1995b: 17-9)

E, para Nelson, essa disposição carioca para a ociosidade poderia ser estendida ao brasileiro em geral, com exceção dos paulistas, como veremos mais adiante. Freqüentar a praia em dias úteis seria a expressão dessa "alma de feriado", como numa crônica publicada em 28 de dezembro de 1967:

> O brasileiro é um feriado. Vi isso, anteontem, e de repente. Era uma terça-feira e — note-se — o primeiro dia útil depois de sexta, sábado, domingo e segunda de Natal. Imaginei que, exausto da própria ociosidade, o brasileiro estivesse no escritório, na oficina ou na pedreira,

> fazendo a sua pátria. O meu táxi ainda deslizava pela rua Francisco de Sá. E eu já via, com olhos da imaginação, uma praia deserta, sem uma mísera alma ou de calção ou de biquíni.
>
> Todavia, quando dobro para a avenida Atlântica, eis o que vejo: do Forte de Copacabana ao Vigia, era uma só multidão que daria para lotar várias vezes o maior Fla-Flu. Por um momento, eu, na mais amarga perplexidade, não sabia o que pensar. Eram os mesmos umbigos paradisíacos da véspera, e de todas as vésperas. Essa nudez multiplicada deu-me o que pensar. Foi aí que descobri esta verdade nacional: — o brasileiro é um feriado, temos alma de feriado. (Rodrigues, 1993b: 68)

Constatação que, para além dos preconceitos nela contidos, nos faz pensar numa modernização incompleta. O Rio de Janeiro é para o Brasil o que a Zona Norte é para o Rio, local onde a tragédia ainda é possível, pois há o confronto dos valores modernos, ligados à liberdade individual, com os valores tradicionais, centrados na predominância da família sobre os indivíduos e na manutenção das hierarquias sociais. Em contraste, São Paulo seria o exemplo da modernização radical da vida urbana e da vitória do progresso. Nesse confronto clássico, elaborado por uma parcela expressiva da intelectualidade brasileira, Nelson se insere relacionando a destruição dos modos de vida tradicionais com a falta de tempo do paulista, inteiramente dedicado ao trabalho e a "fazer o Brasil", para o amor e para a sociabilidade.

É interessante comparar a visão de Nelson sobre as diferenças entre Rio de Janeiro e São Paulo com a perspectiva de um autor paulista da geração modernista, geração esta que se dedicou a cantar o mundo urbano moderno no Brasil. Algumas diferenciações que Mário de Andrade faz entre a paulicéia desvairada e o Rio de Janeiro podem ser interessantes para elucidar, por contraste, a posição de Nelson Rodrigues.

Mário de Andrade foi um dos artistas mais importantes do modernismo brasileiro, que teve como marco fundamental a Semana de Arte Moderna realizada em 1922, na cidade de São Paulo. Os modernistas buscavam novas expressões estéticas que pudessem transpor para a arte as transformações aceleradas geradas pela modernização. Se havia um novo mundo nascendo, era preciso uma nova arte para expressá-lo. Em *Paulicéia desvairada*, de 1922, a metrópole moderna aparece pela primeira vez, na literatura brasileira, como protagonista. A cidade de São Paulo não é representada como algo exótico ou pitoresco, e sim através das contradições de sua formação e de seu ritmo. A "paisagem" da cidade é uma imagem, um registro interior que não tem compromisso com uma reprodução realista. De acordo com Willi Bolle, a imagem de cidade que Mário de Andrade cria para São Paulo, assim como o herói Macunaíma, não possui nenhum caráter, o que lhe abre a possibilidade da universalidade (Bolle, 1989).

São Paulo é o elo entre a atualidade da cultura européia e o primitivo que se faz universal. Os versos de "Inspiração" e "O trovador" dão sentido à afirmação surpreendente do poeta:

> São Paulo! comoção de minha vida...
> Galicismo a berrar nos desertos da América.
>
> Sentimentos em mim do asperamente
> dos homens das primeiras eras...
>
> Sou um tupi tangendo um alaúde![25]

O desejo (e a possibilidade) de atualização com a Europa se expressa ainda pela comparação entre São Paulo e Londres (em "Paisagem n.1") e pela presença constante do imigrante europeu nas vozes da cidade. A cidade é arlequinal, e em cada losango de sua roupa se cruzam culturas, línguas, acontecimentos, ritmos dissonantes que geram uma polifonia capaz de fazer de São Paulo um *pequeno mundo*. Esta expressão é utilizada por Walter Benjamin para descrever a Paris dos surrealistas, no sentido de que as coisas têm o mesmo aspecto no cosmo e na cidade (Benjamin, 1993: 27). No caso de São Paulo, o *pequeno mundo* refere-se a uma dimensão

[25]Todas as poesias citadas foram extraídas de Andrade (1987).

de exemplaridade (positiva ou negativa), em que o moderno e o primitivo se encontram de forma singular. A grande metrópole paulista tem a multiplicidade de ritmos e tons, sua modernidade conjuga a fábrica e noites de *music-hall*, e a oposição entre virtude e vício não é colocada em questão nos termos trabalho *versus* lazer:

> Noite de music-hall...
> Não, faz Sol. É meio-dia.
> Hora das fábricas estufadas digerindo.
> A rua elástica estica-se tal qual clown desengonçado
> Farfalhando neblinas irônicas paulistas,
> O Sol nem se reconhece mais de empoado
> Ver padeiro que a gente encontra manhãzinha
> Quando das farras vai na padaria comer pão.
> Noite de music-hall...
>
> Cantoras bem pernudas.
> O olhar piscapisca dos homens aplaudindo.
> Como se canta bem nas ruas de São Paulo!
> O passadista se enganou.
> Não era desafinação
> Era pluritonalidade moderníssima.[26]

Essa cidade acelerada, desvairada, só pode ser contemplada pelo poeta através de máscaras, pois retirá-las significa entregar-se à loucura, traduzida na perda do estranhamento e na identificação total entre o indivíduo e a metrópole. Paradoxalmente, o dilaceramento do eu é evitado através da fragmentação das máscaras do poeta. Na modernidade paulistana, a Loucura tem Razão ao pedir que o poeta coloque a máscara.[27]

Diversa é a cidade do Rio de Janeiro. O choque que produz na alma de Mário de Andrade causa um estranhamento tão radical, que o uso de máscaras não se faz mais necessário. No desvario do Rio, a Razão não

[26]Trecho do poema "Rondó do tempo presente".
[27]Ver o poema "Paisagem n.3" e o oratório "As enfibraturas do Ipiranga".

exclui a Loucura. O ritmo da cidade não oferece os mesmos riscos para o eu do poeta, pois o desequilíbrio que causa não permite acomodamento. É impossível, para Mário de Andrade, a identificação do seu eu com a vida da cidade, tal como ocorria com São Paulo. Daí a caracterização do Rio de Janeiro como uma cidade, mas não uma metrópole. No poema "Carnaval carioca", Mário se defronta com a cidade no momento de sua festa mais significativa, o que exacerba o choque entre sua origem e uma cultura urbana vista como exótica e inusitada:

> (...)
> Carnaval...
> Minha frieza de paulista,
> Policiamentos interiores,
> Temores da exceção...
> E o excesso goitacá pardo selvagem!
> Cafrarias desabaladas
> Ruínas de linhas puras
> Um negro dois brancos três mulatos, despudores...
> O animal desembesta aos botes pinotes desengonços
> No heroísmo do prazer sem máscaras supremo natural.[28]

O primitivo assume, no Rio de Janeiro, um aspecto diferente. Em vez de se exprimir através dos emblemas da civilização moderna, como na poesia "O domador", citada anteriormente (em que um automóvel era domado), ele aparece nos comportamentos dionisíacos, levados ao limite durante o carnaval e muito ligados à idéia de natureza:

> (...)
> Em baixo do Hotel Avenida em 1923
> Na mais pujante civilização do Brasil
> Os negros sambando em cadência.
> Tão sublime, tão áfrica!
> A mais moça bulcão polido ondulações lenta lentamente

[28]Trecho do poema "Carnaval carioca".

Com as arrecadas chispando raios glaucos ouro na luz peluda de pó.
Só as ancas ventre dissolvendo-se em vaivéns de ondas em cio.
Termina se benzendo religiosa talqualmente num ritual.
E o bombo gargalhante de tostões
Sincopa a graça da danada.

(...)
Segue o préstito numa via-látea de esplendores.
Presa num palanquim de ônix e pórfiro...
Ôta, morena boa!
Os olhos dela têm o verde das florestas,
Todo um Brasil de escravos banzo sensualismos,
Índio nus balanceando na terra das tabas,
Cauim curare cachiri
Cajás... Ariticuns... Pele de Sol!
Minha vontade por você serpentinando...[29]

Em três poesias ("As cantadas", "Luar do Rio" e "Canção") escritas entre 1939 e 1941, tempo em que morou no Rio de Janeiro, Mário de Andrade une ainda mais firmemente a sua impressão da cidade com a idéia de natureza. A geografia do Rio é sensual e torna-se corpo. Os sentimentos do poeta voltam-se para a sensualidade de seus amores cariocas e para a natureza na cidade. Assim, luar, brisas, morros, praias tomam o lugar dos automóveis, dos arranha-céus, das buzinas. O trabalho e seus símbolos, como o apito da fábrica, também somem de cena e abrem espaço para o vício e para as delícias. A natureza prepondera sobre as luzes da cidade:

Penetro as fendas dos morros,
Desafogos de amor, jorros
De sensualidades quentes,
Ai, ares de Guanabara,
Sou jogado em praias largas,

[29] Trecho do poema "Carnaval carioca".

Coxas satisfeitas feitas
De ondas amargas.
(...)
Meus olhos, minhas sevícias,
Minha alma sem resistências,
A Guanabara te entregas
Sem Deus, sem teorias poéticas...
Os aviões saltam dos trilhos,
Perfuram morros, ardências,
Delícias, vícios, notícias...[30]
(...)
É o luar que inventa novas árvores e morros,
Vence as luzes da enorme cidade,
Vence a noite, vence os homens,
Vence as tristezas e os mandos do mundo...[31]

Mas a mesma cidade do prazer desperta no poeta a saudade e o sentimento de solidão. Somente na sua metrópole arlequinal, onde desejava ver seu corpo sepultado em pedaços e espalhado por vários lugares simbólicos,[32] Mário podia sentir a identificação necessária para estabelecer o elo ser paulista/ser brasileiro/ser universal. É em São Paulo, na escrivaninha de seu escritório, que o poeta descobre a universalidade que dá sentido às máscaras de sua identidade.

Abancado à escrivaninha em São Paulo
Na minha casa da rua Lopes Chaves
De supetão senti um friúme por dentro.

[30]Trechos do poema "As cantadas".
[31]Trecho do poema "Luar do Rio".
[32]O poema ao qual me refiro aqui é parte de *Lira paulistana* e diz: "Quando eu morrer quero ficar, / Não contem aos meus inimigos, / Sepultado em minha cidade, / Saudade. / Meus pés enterrem na rua Aurora, / No Paiçandu deixem meu sexo, / Na Lopes Chaves a cabeça / Esqueçam. / No Pátio do Colégio afundem / O meu coração paulistano: / Um coração vivo e um defunto / Bem juntos. / Escondam no Correio o ouvido / Direito, o esquerdo nos Telégrafos, / Quero saber da vida alheia, / Sereia. / O nariz guardem nos rosais, / A língua no alto do Ipiranga / Para cantar a liberdade. / Saudade... / Os olhos lá no Jaraguá / Assistirão ao que há-de-vir, / O joelho na Universidade, / Saudade... / As mãos atirem por aí, / Que desvivam como viveram, / As tripas atirem pro Diabo, / Que o espírito será de Deus. / Adeus."

Fiquei trêmulo, muito comovido
Com o livro palerma olhando pra mim.

Não vê que me lembrei lá no norte, meu Deus! muito longe de mim,
Na escuridão ativa da noite que caiu,
Um homem pálido, magro de cabelo escorrendo nos olhos
Depois de fazer uma pele com a borracha do dia,
Faz pouco se deitou, está dormindo.

Esse homem é brasileiro que nem eu...[33]

Já para Nelson Rodrigues, a solidão habitava São Paulo e, a partir do Méier, bairro da Zona Norte do Rio de Janeiro, já era possível sentir saudades do Brasil. Tanto o poeta quanto o dramaturgo, no entanto, tomam a experiência urbana específica de cada uma dessas cidades como parâmetro para interpretar o que é o Brasil e o que identifica os brasileiros.

Em uma crônica escrita em 1929, Mário de Andrade define o que é ser carioca. Para ele, o carioca é uma entidade psicológica que se refere mais aos brasileiros e estrangeiros que se sentem atraídos pelo Rio do que às pessoas nascidas na cidade. São os primeiros que deixam "a consciência e o caráter e tudo na ilha de Marapatá" e assim fazem a entidade psicológica caracterizada como carioca. Mas Mário de Andrade diz que não vai aí nenhum insulto, pois é esse fato que dá à personalidade do carioca leveza, ingenuidade, esperteza e sensualidade. Nas palavras do autor: "O carioca é principalmente isso: uma experiência do ser da qual a inteligência se fez simples espectadora. É o divertimento (aliás sem egoísmo) da inteligência que caracteriza especialmente o carioca" (Andrade, 1976: 103-4).

Se levarmos em conta a afirmação de Simmel de que a vida metropolitana exige do homem uma consciência elevada e uma predominância da inteligência, para que ele possa preservar a vida subjetiva contra a invasão de estímulos externos, vemos mais uma vez que a cidade do Rio de Janeiro não se caracteriza, para Mário de Andrade, como uma metrópole (Simmel, 1967).

[33]Poema "Descobrimento".

Em uma outra crônica, a produção literária dos escritores da cidade é analisada no mesmo sentido. A cultura urbana do Rio de Janeiro, moderna, mas não metropolitana, criou uma tradição literária que busca afastar-se da literatura para se aproximar da prosa falada, com o objetivo de "contar a vida como ela é". (Seria um prenúncio da famosa coluna de nosso dramaturgo?) Para Mário, esses escritores seriam menos artistas e mais contadores de histórias (Andrade, 1976: 375). Não é por acaso que, em 1942, o autor afirmará que o Movimento Modernista só poderia ter ocorrido em São Paulo.

Em sua conferência intitulada "O Movimento Modernista", Mário de Andrade compara Rio de Janeiro e São Paulo e conclui que o movimento e a Semana de Arte Moderna só poderiam ter acontecido em uma "cidade grande mas provinciana como São Paulo". São Paulo estava mais atualizada com relação à Europa, matriz da moda e do espírito modernistas. O Rio de Janeiro, apesar de ser uma cidade mais internacional, devido ao fato de ser porto e capital federal, não tinha o espírito tão moderno como o de São Paulo, que resultava da economia do café e do industrialismo. No Rio havia a interpenetração do rural com o urbano e um caráter exótico, que a transformava em uma cidade folclórica (Andrade, 1974: 235-6).

O exotismo do Rio de Janeiro contrasta com o caráter tradicional e histórico de São Paulo. Para Mário, esta cidade pôde fazer o Movimento Modernista porque tinha tradição, inclusive no que diz respeito às elites. Em São Paulo, a aristocracia tradicional apoiou e viabilizou o movimento, enquanto no Rio, onde só havia uma alta burguesia muito rica e conservadora, não seria possível levar a cabo esse tipo de iniciativa. Nessa sua explicação do Movimento Modernista, o autor se filia ao pensamento de Euclides da Cunha, que defendia a hegemonia de São Paulo, sede da civilização bandeirante e lugar de partida da história do Brasil (Velloso, 1986: 56). Na visão do autor, o modernismo no Brasil liga-se mais ao provincianismo do que ao cosmopolitismo.

Na ótica do poeta paulista, o Rio de Janeiro, apesar de ser capital, não possuía capitalidade, ao menos em relação à cultura. Mesmo sendo "internacional", o Rio estava menos sintonizado com a vanguarda da cultura européia do que a provinciana cidade de São Paulo. Além disso, a presença marcante da natureza na cidade é um fator importante para impedir a caracterização do Rio de Janeiro como metrópole. A natureza prepondera sobre a cultura tanto na paisagem quanto no comportamento dos habitantes da cidade. Daí o seu caráter exótico.

Na representação que Nelson Rodrigues faz do Rio de Janeiro há também essa percepção de um comportamento menos frio, menos formal e de maior contato entre as pessoas do que na capital paulista. Só que, para Nelson, o exótico era São Paulo. Numa crônica publicada em 7 de março de 1970, ele conta o estranhamento que sentiu durante uma visita à terra de Mário de Andrade:

> Estou falando tudo isso porque passei, no princípio da semana, dois dias em São Paulo. Com duas horas, e não mais, percebi que há, realmente, um fatal abismo entre o carioca e o paulista. Foi no almoço que percebi toda a verdade. Imaginem que entrei no, talvez, melhor restaurante da cidade. Todas as mesas ocupadas, gente até no lustre. Comi o meu bom filé. Depois, escolhi a sobremesa: — melão. Enquanto o garçom ia e vinha, levantei-me e fui lá dentro. Quando volto, olho e não vejo ninguém, a não ser os garçons e as moscas vadias.
>
> Imaginei-me vítima de uma alucinação. Quando o garçom chegou com o melão, perguntei-lhe irritado: — "Cadê o pessoal que estava aqui? Isso não estava cheio?". O garçom pôs o prato na mesa: — "Perfeitamente". E eu: — "Não tem mais ninguém, por quê?". Antes de responder, indagou: — "O senhor é do Rio?". Era do Rio. Deu a explicação sucinta e lapidar: — "Aqui, trabalha-se".
>
> O que, evidentemente, não se dá no Rio. No Rio, três amigos que se juntam num restaurante só saem quatro horas depois. No mínimo, no mínimo. Ah, os nossos papos não acabam nunca. Mentimos muito, porque não há longa conversa sem um belo repertório de mentiras. E porque trabalha, o paulista é triste, sim, é taciturno. (Rodrigues, 1995b: 137-8)

Assim como Mário de Andrade, Nelson destaca a importância da natureza na caracterização do Rio de Janeiro. E na narrativa de sua viagem a São Paulo, considerada como uma "viagem para a solidão", ele associa a ausência de horizonte na paisagem paulista, expressão máxima da civilização urbana, com a inexistência da sociabilidade nos moldes cariocas:

> E o nosso horizonte é luminoso e profundo, ao passo que São Paulo não tem horizonte, simplesmente não tem horizonte. Ou por outra: — o horizonte paulista está a cinco metros do sujeito e é uma parede. Durante as 48 horas de São Paulo, eu sentia a insuportável falta de alguma coisa. De alguma coisa que eu não sabia o que era. Seria da gravata, ou dos sapatos, ou da bengala? Esta eu não uso e a gravata e os sapatos estavam nos lugares próprios.
>
> E, súbito, descubro: — o que me faltava era a paisagem. (...)
>
> Mas sofri também da falta humana. Quis alguém que falasse comigo. Mas entendam: não era a conversa prática, concreta, objetiva. Só entendo o papo carioca — vadio, irresponsável, quase delirante. E ninguém estava disposto a perder tempo e paciência comigo. Com meia hora, passei a exalar uma depressão hedionda. (Rodrigues, 1995b: 138-9)

Na visão de Nelson Rodrigues, o que faltava em São Paulo eram os espaços de sociabilidade, locais e momentos em que a principal atividade fosse a interação social por si mesma. Daí a falta que o nosso autor sentia de "jogar conversa fora", de encontrar pessoas apenas pela convivência, sem que isso implicasse objetivos outros que não o próprio encontro. A mesma solidão, gerada pelo estranhamento, que o poeta modernista sentia no Rio de Janeiro, o dramaturgo carioca experimentava em São Paulo. Assim como Mário de Andrade percebia ser mais fácil se identificar como brasileiro a partir de sua escrivaninha em São Paulo, Nelson Rodrigues também falava sobre o que é ser brasileiro a partir da experiência urbana carioca, em que o ócio permitia um tipo de interação social criadora de um sentimento de pertencimento a um coletivo.

Nessa perspectiva é que Nelson afirmava que "a pior forma de solidão é a companhia de um paulista". O paulista que aparece em suas crônicas é um tipo reservado, calado, discreto, ao passo que o carioca é um "extrovertido ululante", falador, que gosta de criar relações íntimas inclusive com desconhecidos. Numa crônica de 7 de agosto de 1968, o autor escreve a respeito da repercussão de sua frase sobre o paulista e narra um episódio em que a idéia da solidão paulista é radicalizada, pois não apenas se refere ao contato social no espaço público, mas também penetra as relações mais íntimas, especialmente as amorosas. Nelson atende ao telefonema de uma senhora, que conta a seguinte história:

> Começou dizendo que era paulista. Começo a ficar inquieto. Continua: — "Vim-lhe falar sobre aquilo que o senhor escreveu". Eu não digo nada ou, melhor, digo: — "Ah, sim, sim". Evidentemente, era a frase. Pergunto: — "A senhora concorda ou não?". E a voz de anjo defunto: — "Foi a maior verdade que o senhor já disse na sua vida. O senhor é paulista?". Quase pedi desculpas de ser pernambucano. Conversamos uma hora ou mais. Disse a idade: — oitenta. Era paulista há oitenta anos. Casada desde os quinze, vivera com o marido, outro paulista, por 65 anos. Ele era fazendeiro, não sei onde. E passavam dias, semanas, meses de silêncio total. Muitas vezes, ela já não se lembrava de como era a voz do marido e chegava a esquecer a própria. E a velhinha me perguntou: — "O senhor acredita se eu lhe disser que enterrei meu marido na semana passada?". Acreditei. Em mais de meio século de coabitação, nem lhe conhecera o gemido, o simples gemido. Um ficava escutando o silêncio do outro. Ele agonizara sem gemer. E, depois, lá foi ela para a capelinha. Floriu, velou e chorou um desconhecido. (Rodrigues, 1995a: 186)

Se em São Paulo a frieza e a distância marcam as relações interpessoais, que se expressam num cenário urbano sem horizonte, verdadeira selva de pedra, no Rio de Janeiro a extroversão é a regra e as ruas são "amorosas":

> Já contei o caso do limpador de pára-lamas? Se não contei, vamos lá. Vinha eu pela rua Álvaro Alvim. Todos a conhecem. Estreitinha como a rua do Ouvidor, permite os diálogos de uma calçada para outra calçada. E, súbito, ouço aquele berro: — "Óbvio ululante!".

> Só podia ser comigo. Viro-me e vejo, na outra calçada, o lavador de automóvel. Passando a estopa no pára-lama, fez-me a homenagem do seu berro: — e repetiu — "Óbvio ululante!". Acenei-lhe com os dedos fraternalmente. E, então, ele perguntou, numa dúvida radiante: — "Está certa a pronúncia?". Respondi como o J. Silvestre: — "Certa! Absolutamente certa!". Contei o episódio para mostrar como as ruas, e em especial as estreitas, são amorosas. (Rodrigues, 1995b: 181)

Nessas "ruas amorosas", o que predomina é o espontaneísmo, e isso distancia os tipos urbanos cariocas criados por Nelson Rodrigues dos habitantes da metrópole moderna descritos por Simmel. Longe de evitar o contato, os tipos rodriguianos fazem da interação com desconhecidos algo fundamental na experiência urbana carioca. No episódio da crônica, o diálogo se passa entre desconhecidos que são também de camadas sociais diferenciadas. Essa possibilidade de interação entre indivíduos de diferentes classes, profissões, raças e credos religiosos que os espaços públicos da cidade oferecem são fundamentais nas representações sobre o Rio de Janeiro elaboradas por Nelson Rodrigues. Não se trata, porém, de uma visão de relações sociais harmoniosas, ou democráticas e igualitárias. Ao contrário, a desigualdade aparece sempre sublinhada. No episódio citado acima, por exemplo, o fato de o lavador de carros perguntar se a pronúncia estava certa pode ser uma brincadeira, mas também pode servir para marcar a desvalorização do trabalho manual diante do trabalho intelectual em nossa sociedade. O importante é que a desigualdade não impede o contato, o trânsito, e que, para o nosso autor, isso confere uma riqueza à vida urbana carioca, permitindo torná-la matéria de criação literária.

Um dos locais mais importantes para essa elaboração rodriguiana era o estádio Mário Filho, o Maracanã. De proporções gigantescas para a época, o estádio foi construído em 1950 para a Copa do Mundo. Lá, segundo as crônicas de Nelson, podiam ser encontrados grã-finos e grã-finas, assim como "crioulos" desdentados que viam no futebol o remédio para as suas "santas e velhas humilhações". No pensamento rodriguiano, o futebol era uma espécie de utopia, em que todos os brasileiros poderiam sentir-se irmanados sob a pátria em chuteiras. O Maracanã aparece, portanto, como o cenário das diferenças sociais da sociedade brasileira, mas também da possibilidade de minimizá-las através da paixão compartilhada pelo futebol. Não se trata de uma utopia igualitária, já que, mesmo no Maracanã, o grã-fino que fica na tribuna de honra ou nas cadeiras mantém a sua superioridade na hierarquia social em relação aos trabalhadores pobres que freqüentam a geral. Trata-se, sim, de uma perspectiva em que a desigualdade não obstrui a interação social entre desiguais e o compartilhar de valores comuns.

Um dos tipos mais famosos criados por Nelson, a grã-fina de narinas de cadáver, nasceu a partir de uma história ocorrida no Maracanã. O autor conta que certa vez foi assistir a um jogo com um amigo e que, na fila, viu uma grã-fina com um "sinal exterior que a distinguia de tudo e de todos: — as narinas de cadáver". Tal descrição, ainda segundo Nelson, causou alarido no mundo dos grã-finos, que queria saber quem era tal personagem. Numa enquete realizada num sarau de grã-finas, verificou-se que 42 delas poderiam ser a personagem rodriguiana. O que indica que, além do fato de muitas grã-finas possuírem narizes de cadáver, na descrição que Nelson elabora sobre a elite carioca, freqüentar o estádio era uma prática comum, caso contrário a grã-fina seria facilmente identificada (Rodrigues, 1995b: 23-4).

Além de ser representado como um espaço compartilhado por classes sociais distintas, o estádio Mário Filho também propicia o encontro de ideologias contrárias. Como vimos no primeiro capítulo, na década de 1960 Nelson travou uma batalha contra a esquerda teatral e escolheu como seu primeiro e principal alvo o dramaturgo Oduvaldo Vianna Filho, o Vianinha. A despeito da animosidade da polêmica existente entre eles, os dois mantinham uma relação de respeito e cordialidade. Como dizia Nelson, apesar de existir entre eles um "abismo ideológico", quando se encontravam caíam um nos braços do outro. Irônico, Nelson Rodrigues diz que isso se devia a um episódio ocorrido no estádio Mário Filho. Era um jogo Vasco x Botafogo superlotado. Nelson havia ido beber água e estava voltando para a tribuna de imprensa quando ouviu Vianinha, afogado na multidão, a chamá-lo. Vianinha, carregando três crianças, apertado no meio da massa, pediu:

> — "Como é? Não me arranja uma carona?". Eis o que eu queria dizer: — fiz da carona do Vianinha uma causa sagrada. Lutei ferozmente. E me sentiria desonrado se não o pusesse lá dentro. Movi céus e terras e com uma pertinácia tão fanática que varri todas as resistências. (...)
>
> (...) Pela minha mão, ele e os garotinhos puderam assistir às botinadas de Vasco e Botafogo. E notem como eu e ele agimos como brasileiros: — eu, na ânsia de servir; ele, na ânsia de aceitar. Resultado: — uma carona tapou o abismo ideológico que outrora nos separou. (Rodrigues, 1993b: 265)

Em suma, o que Nelson Rodrigues valoriza na representação da cidade do Rio de Janeiro construída nessas crônicas são esses espaços públicos que permitem o trânsito entre mundos e um estilo de vida urbano favorável à sociabilidade. Dizendo de outro modo, o significativo da experiência urbana carioca tem a ver com a preservação de uma certa tradição resistente à modernização, entendida como um processo de racionalização e especialização da vida social. O contraste com São Paulo reforça a idéia de nosso autor: na moderna e industrializada capital paulista, trabalha-se e há pouco tempo para as relações afetivas. Já no Rio, predomina uma outra maneira de lidar com o tempo e com as emoções. Portanto, não é somente a modernização que não se completa por aqui. O nosso processo civilizador também não conseguiu domar o espontaneísmo que caracteriza as relações sociais.

Porém, se tal representação nitidamente ressalta as vantagens dessa incompletude para a experiência urbana carioca vista a partir de seus espaços públicos, o mesmo não se dá com a cidade que é encenada nas peças teatrais de Nelson. Com o foco voltado para as relações interpessoais que se dão na esfera do íntimo e do privado, o dilaceramento dos indivíduos em face da modernização brasileira é mais duro e cruel. Sem os laços tradicionais e com a fragilidade do processo civilizador, os seres humanos ficam à mercê dos instintos animalescos que compõem a sua natureza. É essa a fonte da tragédia rodriguiana, e um dos seus meios expressivos principais é a referência ao que seria um mundo suburbano, em contraste com valores e costumes mais modernos e individualizantes característicos da Zona Sul.

A CIDADE NOS PALCOS

Em três peças de Nelson Rodrigues essa questão do impacto das transformações da vida urbana moderna sobre as relações tradicionais aparecem de modo bastante significativo. Todas as três peças fazem parte do conjunto denominado por Sábato Magaldi de tragédias cariocas. São elas: *A falecida*, *O beijo no asfalto* e *Boca de Ouro*. Nessas peças há uma ambientação carioca bem delimitada, não somente através da referência a locais conhecidos da cidade, mas também por meio da construção de tipos e de uma linguagem considerados caracteristicamente cariocas.

A falecida, que analisamos no capítulo anterior, tem como suas temáticas centrais a obsessão de Zulmira por um enterro de luxo e a descoberta de seu marido, Tuninho, de que a falecida era adúltera. Tuninho e Zulmira moram na Zona Norte do Rio de Janeiro e têm um padrão de vida modesto. Logo no início da peça, fica caracterizada a localização da ação no Rio de Janeiro. Tuninho e seus amigos estão jogando sinuca e discutem futebol. O vascaíno Tuninho aposta com Oromar, torcedor do Fluminense, que no jogo de domingo, no Maracanã, o Vasco sairia vencedor. Tuninho está desempregado e sem dinheiro, mas sonha em apostar com todo o estádio na vitória do seu Vasco da Gama:

> TUNINHO — Seja 150 ou 200 mil pessoas. Não importa. Até aí morreu o Neves. Pois eu, se tivesse o dinheiro, dinheiro meu, no bolso, eu, sozinho, apostava com 200 mil pessoas no Vasco. Havia de esfregar a gaita assim, na cara das 200 mil pessoas, desacatando: "Seus

> cabeças-de-bagre! Dois de vantagem e sou Vasco!" Te juro que ia fazer a minha independência, que ia lavar a égua! (Rodrigues, 1993c: 736)

Na fala repleta de um linguajar que os críticos da época consideraram típico dos diálogos cotidianos do carioca, Tuninho expressa um desejo que vai se realizar ao final da história, mas de um modo triste, após a descoberta de que era traído. Tuninho se incomodava com a mania da mulher por morte e enterros, assim como com sua súbita mudança de comportamento, pois ela queria que todos a achassem "séria pra chuchu", como sua prima Glorinha. Depois da morte de Zulmira é que Tuninho entende o porquê de tal comportamento. Circulando de braços dados com o amante pela cidade, Zulmira havia se deparado com Glorinha, que além de sua prima era sua vizinha, e que passara a virarlhe o rosto a partir de então.

É interessante notar que o amante de Zulmira, moça da Zona Norte e de condição social modesta, era um empresário dono de lotações, milionário e acusado de ser "gatuno" por um jornal. Esse encontro foi possível no centro da cidade, na Cinelândia, numa sorveteria perto do cinema Odeon. Os dois se atracaram no banheiro feminino e se despediram ainda como estranhos, sem saber nada um do outro. O marido, que estava na mesma sorveteria, ignorava o acontecimento. Zulmira soube através do jornal que o denunciava quem era o estranho com quem tivera um momento de intimidade na Cinelândia. E eles continuaram sendo amantes até o encontro com Glorinha na rua.

A partir daí, foi como se Zulmira, que na hora do arrebatamento gostava de gritar que estava traindo o marido, tomasse consciência de seus pecados. O encontro com Glorinha expôs os limites do anonimato na cidade e colocou a postura individualista de Zulmira em choque com os valores tradicionais acerca do papel da mulher na sociedade. De mulher com o comportamento sexual liberado o suficiente para se relacionar com um estranho no banheiro de uma sorveteria, Zulmira passou a querer se redimir da culpa de seu adultério tornando-se "séria" como a prima que, depois de flagrá-la passeando de braços dados com o amante, deixou de cumprimentá-la.

No confronto de valores gerado pelo trânsito entre mundos na cidade, sucumbe Zulmira, e também Tuninho. Ela morre e recebe do marido traído um "enterro de cachorro", totalmente contrário aos seus sonhos. Ele pega o dinheiro que extorquiu do amante da mulher e realiza a promessa, feita no início da peça, de apostar no Maracanã, com duzentas mil pessoas, na vitória do Vasco. Porém, no meio da multidão e em contraste com a festa do Maracanã lotado, "soluça como o mais solitário dos homens" (Rodrigues, 1993c: 779).

O tema da solidão do indivíduo na multidão aparece também em *O beijo no asfalto*. A peça conta a história de Arandir, um homem que tem a sua vida destruída por obra de uma campanha de difamação feita por um repórter inescrupuloso em acordo com um delegado igualmente mau-caráter. Nessa peça, a ação também é situada no Rio de Janeiro, pois o repórter é Amado Ribeiro — figura verídica que trabalhava na *Última Hora* — e o distrito policial é o da praça da Bandeira.

O delegado, chamado Cunha, havia sido o alvo de uma reportagem de denúncia do próprio Amado Ribeiro, que vem propor-lhe um acordo que permitiria, ao mesmo tempo, reabilitar sua imagem e vender "jornal pra burro". A maneira de fazer isso seria explorar um acontecimento que Amado Ribeiro havia acabado de presenciar ali na praça da Bandeira: um homem havia sido atropelado por um lotação, e um outro abaixou-se e deu um beijo na boca do moribundo.

O homem que deu o beijo no atropelado é Arandir, jovem recém-casado, de classe média. Ele e a mulher, Selminha, moravam no Grajaú. A irmã mais nova de Selminha, Dália, também morava com eles. O pai de Selminha, Aprígio, claramente desaprovava o casamento da filha, por razões que, a princípio, parecem resultar do ciúme dele pela filha. É Aprígio que começa a fazer insinuações para Selminha sobre o comportamento suspeito do marido.

Arandir conta na polícia, e depois em casa, que havia beijado o morto porque este havia pedido um beijo antes de morrer. Mas o delegado e o repórter, ansiosos por explorar o caso, insinuam que Arandir já conhecia o morto e vão desenvolvendo a história no sentido de acusá-lo de homossexualidade e assassinato. A princípio, Selminha confia plenamente no marido, mas, com os jornais, seu pai e a opinião pública fomentando a história, ela também acaba por não acreditar mais em Arandir.

Os métodos que o delegado e o repórter utilizam para conseguir depoimentos que confirmem o sensacionalismo da história são os mais cruéis: torturas, chantagens, ameaças. Os vizinhos, lendo o jornal, começam a desconfiar de Arandir, e uma vizinha diz ao repórter que já havia visto o atropelado na casa de Selminha. No trabalho de Arandir, os colegas também lêem as notícias e começam a troçar dele, insinuando que ele tinha um caso com o falecido e que era homossexual. A secretária da firma diz que o atropelado era parecido com um rapaz que havia procurado Arandir na semana anterior.

O sogro, Aprígio, pergunta sempre a Selminha se ela tem certeza de que conhece o marido. A insinuação é de que o marido poderia levar uma vida dupla que ela ignorava. Afinal, na cidade grande é sempre possível que uma parte da vida da pessoa tenha dimensões insuspeitas. Daí a força das acusações contra Arandir e a multiplicação das versões sobre o acidente.

Sem emprego e enfrentando a desconfiança de todos, Arandir, depois de ser declarado homossexual, é também acusado de assassinato. Amado Ribeiro coloca a manchete na *Última Hora*: "O Beijo no Asfalto foi Crime!". O repórter orgulha-se de estar vendendo milhares de exemplares do jornal com a exploração do episódio, dizendo: "(...) parei a cidade! Só se fala do 'Beijo no Asfalto'!" (Rodrigues, 1993c: 982).

Diante das manchetes de jornal e da opinião pública, que o considerava assassino, Arandir começa a ter dúvidas sobre o que ocorreu na hora do atropelamento, no meio da multidão. Foragido da polícia e escondido num hotel perto do largo de São Francisco, ele diz à cunhada:

> ARANDIR — Diz lá que eu empurrei o rapaz. Como se eu. E não entendo a viúva. (*falando para si mesmo*) Será que esbarrei no rapaz? Sem querer, claro. Mas, nem isso. Tenho certeza, Dália. Não toquei no rapaz. (*memorizando para si mesmo*) Uma senhora vinha em sentido contrário. O rapaz estava em cima do meio-fio. Aqui. Eu me desviei da senhora. Mas não cheguei a tocar no rapaz. (*num repente*)

> Dália, vai chamar Selminha! É minha mulher! Quero Selminha aqui! (Rodrigues, 1993c: 985)

Mas Selminha, convencida pelos jornais e pela tortura policial, já não tinha certeza da inocência do marido e rejeita-o. Sozinho na convicção de sua inocência, Arandir explica sua atitude a Dália:

> ARANDIR (*repetindo para si mesmo*) — Nunca mais. Quer dizer que. Me chamam de assassino e. (*com súbita ira*) Eu sei o que "eles" querem, esses cretinos! (*bate no peito com a mão aberta*) Querem que eu duvide de mim mesmo! Querem que eu duvide de um beijo que. (*baixo e atônito, para a cunhada*) Eu não dormi, Dália, não dormi. Passei a noite em claro! Vi amanhecer. (*com fundo sentimento*) Só pensando no beijo no asfalto! (*com mais violência*) Perguntei a mim mesmo, a mim, mil vezes: se entrasse aqui, agora, um homem. Um homem. E. (*numa espécie de uivo*) Não! Nunca! Eu não beijaria na boca um homem que. (*Arandir passa as costas da mão na própria boca, com um nojo feroz*) Eu não beijaria um homem que não estivesse morrendo! Morrendo aos meus pés! Beijei porque! Alguém morria! "Eles" não percebem que alguém morria? (Rodrigues, 1993c: 986)

Perante a articulação perversa que o elegera como instrumento da venda de jornais e da promoção da imagem pública de um delegado corrupto, a convicção de Arandir na inocência de seu gesto era muito frágil. Além disso, mais um personagem participava da acusação, mas por motivos diversos. O sogro de Arandir, Aprígio, que o acompanhava na hora do acidente, desde o primeiro momento acreditou na culpa do genro. Ele já tinha uma relação de distância com Arandir, e as filhas desconfiavam que era ciúme de Selminha. Porém, na última cena, Aprígio revela seu segredo: era apaixonado por Arandir e morria de ciúmes dele, por isso não podia perdoar o beijo no asfalto. Arandir leva um tiro do sogro e morre enrolado no jornal.

A tragédia que atinge Arandir é a do indivíduo que vê suas relações de pertencimento mais significativas, como a família e a vizinhança, tornarem-se frágeis, incapazes de fornecer proteção contra a impessoalidade representada pela opinião pública. Num ambiente em que ninguém conhece ninguém, em que todos são potenciais estranhos, em que a possibilidade de trânsito entre diversos mundos na cidade faz com que a vida dos indivíduos esteja aberta a múltiplas dimensões, todos podem ter seus segredos inconfessáveis. São essas possibilidades que Amado Ribeiro explora na construção de sua versão sobre o beijo no asfalto. E essa versão é tão poderosa porque é veiculada pela imprensa para o grande público, e atinge até as certezas do próprio Arandir. Se a consciência da solidão e da impotência do indivíduo foram decorrência, para Tuninho, da descoberta de que era traído pela mulher, em Arandir esses sentimentos foram elaborados a partir da experiência de tornar-se réu perante toda uma cidade, sem direito a defesa. Num mundo de desconhecidos, a versão mais forte dos fatos é sempre daquele que fala para o maior número. Se, historicamente, a cidade moderna permitiu ao criminoso se ocultar no meio da multidão, por outro lado, ela trouxe a experiência da proximidade entre estranhos que pode fazer de cada um suspeito em potencial (Berman, 1986).

Em *O beijo no asfalto*, Nelson coloca a imprensa no centro da vida urbana moderna. Não apenas como retrato ou testemunha do cotidiano da cidade, mas fundamentalmente como criadora de uma dinâmica nesse cotidiano e de uma maneira pela qual os indivíduos percebem a sua inserção na cidade. A imprensa também tem um papel fundamental em *Boca de Ouro*, talvez a peça de Nelson Rodrigues em que as representações sobre a cidade do Rio de Janeiro sejam mais abundantes e explícitas.

Boca de Ouro foi um banqueiro de bicho de Madureira que arrancou todos os seus dentes, que eram perfeitos, e colocou uma dentadura de ouro. Depois de sua morte, instigada por um repórter, uma ex-amante sua, dona Guigui, dará várias versões sobre a pessoa e a conduta do bicheiro. Nelson constrói o personagem como parte de uma "mitologia suburbana" e diz, na rubrica inicial da peça, que ele poderia ser interpretado por vários atores, "como se tivesse muitas caras e muitas almas" (Rodrigues, 1993c: 881).

Quando a notícia da morte de Boca de Ouro chega à redação do jornal *O Sol*, que até a véspera elogiava o bicheiro, o repórter Caveirinha recebe instruções para "espinafrá-lo". Para isso, ele é enviado para Lins de Vasconcelos, subúrbio do Rio, para entrevistar Guigui antes que ela saiba do falecimento de Boca de Ouro, na esperança de que ela, ressentida, possa revelar algum assassinato desconhecido cometido pelo bicheiro.

Dona Guigui é casada com Agenor, flamenguista e típico pobre-diabo rodriguiano, e sempre é descrita nas rubricas da peça como tipicamente suburbana. As expressões utilizadas por Nelson para descrevê-la são "seu riso áspero e suburbano", "seu humor suburbano", entre outras. Quando a imprensa chega a sua casa para entrevistá-la sobre o bicheiro, ela, dizendo que ele era um cachorro e assassino, resolve revelar a história de um de seus crimes.

Essa história gira em torno de um casal, Celeste e Leleco, ele desempregado e ela se dizendo uma fracassada — pois nascera para ter dinheiro — e preocupada com a mãe doente que, se morresse, não poderia ser enterrada por falta de dinheiro. Leleco vai procurar Boca de Ouro na esperança de arranjar algum dinheiro. Nessa primeira narrativa de Guigui, o bicheiro aparece como um monstro e dono do pedaço. É Boca quem diz:

> BOCA DE OURO — Aqui em Madureira não há quem eu não conheça! Conheço cada pedrinha da calçada. Qualquer garoto de camisinha de pagão, eu conheço! (Rodrigues, 1993c: 892)

Boca de Ouro oferece cem mil cruzeiros para Leleco, mas com a condição de que Celeste vá buscar o dinheiro sozinha. Celeste resiste à investida de Boca, e Leleco, após dizer que Boca havia nascido numa pia de gafieira, termina assassinado por ele, pois o bicheiro não admitia que falassem de sua mãe e de sua origem social.

Depois dessas revelações, Agenor, marido de Guigui, fica com medo de uma vingança de Boca de Ouro, e é aí que Caveirinha revela que o bicheiro havia morrido. Enquanto Agenor comemora a morte do rival, Guigui chora. Na rubrica de Nelson, ela tem "essa dor dos subúrbios — dor quase cômica pelo exagero". Ela passa a negar tudo o que havia dito anteriormente e conta uma nova versão da morte de Leleco, elaborando uma imagem de Boca como benfeitor.

Nessa nova versão, Leleco descobre que Celeste tem um amante porque, em Copacabana, a avista dentro de um carro com outro homem. Leleco resolve largar o emprego para viver do dinheiro do amante rico da mulher, mas Celeste avisa que eles romperam naquele mesmo dia. Então ele tem a idéia de fazer com que ela se torne amante de Boca, para tomar-lhe dinheiro.

Boca de Ouro agora aparece nas memórias de Guigui com "pinta de lorde". Enquanto ele está recebendo Celeste, chega para visitá-lo uma comissão de grã-finas. As grã-finas têm como pretexto uma campanha pró-filhos dos cancerosos, mas o que as move realmente é uma curiosidade sobre a figura de Boca de Ouro. A frivolidade das mulheres, que marcam sempre a sua superioridade social em relação a ele, desperta no bicheiro o desejo de humilhá-las. Ele resolve fazer um concurso de seios, oferecendo um colar de pérolas para a vencedora. Como exemplo de um comportamento moderno, uma das grã-finas justifica a exposição de seus seios para um homem que não é seu marido:

> PRIMEIRA GRÃ-FINA (*virando-se para as outras e numa justificação*) — Meu marido, depois que fez psicanálise, acha tudo natural! (Rodrigues, 1993c: 914)

Todas as grã-finas mostram os seios para Boca de Ouro, mas ele acaba escolhendo Celeste, moça pobre do subúrbio, como a vencedora. Rebaixadas, as grã-finas são expulsas da casa de Boca.

Leleco aparece para buscar a mulher, mas é rejeitado por ela, que quer ficar com Boca. Ele ameaça matar o bicheiro, mas Celeste crava o punhal em suas costas. Ou seja, nessa segunda versão dos fatos, Guigui exime seu amado de qualquer culpa pelo assassinato de Leleco.

No terceiro ato, surge uma terceira versão para os mesmos fatos. Segundo a rubrica de Nelson, a cada ato "se percebe que Boca de Ouro pertence muito mais a uma mitologia suburbana do que à realidade normal da Zona Norte". O marido de dona Guigui havia ficado furioso com a sua louvação ao bicheiro e ameaçou abandoná-la. Feitas as pazes, graças à mediação do repórter, Guigui constrói a imagem de um Boca de Ouro covarde e assassino de mulheres.

Nessa última versão, Leleco também vê Celeste no carro com o amante, só que dessa vez o dito cujo é o próprio Boca de Ouro. Sob ameaças de Leleco, Boca de Ouro mata o rapaz com a ajuda de Celeste. Chega então uma grã-fina religiosa que tentava converter Boca e que havia estudado com Celeste, pois esta fora bolsista no colégio interno mais grã-fino da cidade. Celeste, que tinha sido humilhada pela grã-fina na infância, desconfia que as intenções dela com Boca não eram exatamente religiosas. A grã-fina diz acreditar que o bicheiro era um santo e que nunca havia matado ninguém, o que faz Celeste mostrar-lhe o cadáver de Leleco, que estava escondido atrás de um móvel.

Boca de Ouro ameaça assassinar Maria Luísa, a grã-fina, mas acaba por matar Celeste. No final, sabe-se que o "Drácula de Madureira" fora assassinado com 29 punhaladas pela própria grã-fina que queria batizá-lo, deixando para trás um cadáver desdentado, com sua dentadura de ouro roubada.

Se, em Madureira, Boca de Ouro conhecia todo mundo e se gabava de ter o corpo fechado, seu poder sucumbiu diante da grã-fina que queria civilizá-lo. Seu sonho era ser enterrado num caixão de ouro, símbolo desse poder, mas foi velado sem ter nem mesmo a dentadura que inspirara seu nome, tornando-se alvo da chacota popular, sendo chamado de "Boca de Ouro de araque". É como se a morte pelas mãos da grã-fina o tivesse levado de volta à origem humilhante de quem nasceu numa pia de gafieira. É significativo ainda que Boca de Ouro, na hora de assassinar uma das mulheres, tenha escolhido Celeste, a moça pobre que queria enriquecer de qualquer maneira para poder viajar para a Europa e ver a Grace Kelly. Perante a grã-fina, ele se fragilizava, porque se via numa condição social inferior.

Boca de Ouro sintetiza vários aspectos da representação da vida urbana carioca presente nas peças teatrais de Nelson Rodrigues. Primeiro, o tema do trânsito entre mundos que produz tragédias: no caso de Boca, a sua perdição veio do contato com as grã-finas. Segundo, a questão do anonimato relativo e das possibilidades que ele cria para comportamentos femininos desviantes: vide Celeste circulando de carro em Copacabana com seu amante. Terceiro, a oposição entre o subúrbio, onde todos se conhecem e subsistem fragmentos de valores tradicionais, e a Zona Sul, na qual prevalecem comportamentos individualistas. Por último, o papel da imprensa na construção da mitologia urbana e na manipulação da opinião pública.

O traço mais forte, que é comum aos três exemplos apresentados e que, de modo geral, percorre toda a dramaturgia rodriguiana, é o trânsito entre universos de valores distintos. Muitas vezes, como vimos, esse trânsito é demarcado espacialmente pela circulação das personagens através das diferentes áreas da cidade. Mas a cidade não é descrita como cenário, e sim a partir dos tipos que nela habitam e dos valores que norteiam (ou desnorteiam) suas ações.

A cidade representada de tal maneira é contraditória à utopia dos reformadores urbanos do início do século XX, que queriam civilizar o Rio. Embora hierarquizado, o espaço urbano não impediu o contato e o convívio, ao mesmo tempo estreito e conflituoso, entre classes sociais distintas. Na cidade de Nelson Rodrigues, se a civilização está associada à modernização, como esteve no tempo de Pereira Passos, trata-se então de um processo fracassado. Os personagens rodriguianos ora estão à mercê de seus instintos, incapazes de autocontrole e, portanto, incivilizados, ora são vítimas dos próprios símbolos da civilização moderna: a imprensa, a opinião pública, o trânsito urbano em todos os sentidos (significativamente, são muitos os atropelados na obra de Nelson), a crença no individualismo etc. Portanto, longe de gerar felicidade, a modernização se traduz na dificuldade das relações entre indivíduos que se sentem solitários em meio à multidão de desconhecidos, sempre prontos a desvendar segredos e a revelar suas faces hediondas, como gostava de dizer Nelson Rodrigues.

NA SELVA DAS CIDADES

Em todas as representações analisadas há a questão do impacto da modernização na vida urbana. Mas esse impacto é percebido mais como choque de valores do que como transformação do espaço urbano. E, se às vezes Nelson tem uma nostalgia de comportamentos públicos mais polidos, por outro lado há a denúncia da ausência de espontaneidade e de autenticidade nos relacionamentos interpessoais. O crescimento do individualismo em relação a modelos hierarquizados de interação social também é criticado por Nelson, que, descrente de uma idéia de civilização baseada na capacidade de autocontrole dos indivíduos, percebia nisso um caminho para o aflorar dos aspectos mais animalescos e perversos da natureza humana.

A possibilidade de circulação entre mundos na cidade de Nelson Rodrigues gera tragédia. Uma imagem que ele elabora numa de suas crônicas é significativa: a do canalha como o carioca radical. Somente o canalha, na sua ausência de caráter (ele deixou a sua consciência na ilha de Marapatá, diria Mário de Andrade), pode se moldar à cidade moderna e escapar ileso de um destino trágico. Numa obra repleta de atropelados, cabe ao canalha a habilidade em driblar o trânsito:

> Não me lembro de ter dito que o Palhares, o canalha, é o carioca radical. Sim, ninguém tão carioca. É uma espécie de irmão das coisas, das esquinas, das retretas, dos paralelepípedos da cidade. Olha o Pão de Açúcar como se fosse a primeira vez, sempre a primeira vez. E tem a sensação de que a luz acaba de inaugurar o Corcovado.
>
> Pois bem. E, ontem, eu estava na Cinelândia, olhando os pombos. Não sei que misterioso pudor me impede de lhes dar milho na mão. De repente, ouço o berro: — "Nelson! Nelson!". Era o Palhares, "o que não respeita nem as cunhadas". Na calçada da Biblioteca, ele, qual um extrovertido ululante, berrava o meu nome. E, depois, atravessou a Avenida. Os automóveis em disparada raspavam o magnífico pulha. Mas ele chegou do outro lado, sem um arranhão, sem uma fratura e sem uma trombada. (Rodrigues, 1995a: 187)

Ao contrário do canalha amoral, os personagens trágicos de Nelson Rodrigues são seres humanos dilacerados pelo trânsito entre mundos, pela modernização. O Rio de Janeiro moderno não é uma cidade partida, e é essa justamente a fonte da tragédia. Assim como em Lima Barreto, ainda que com perspectivas diversas, é a circulação de pessoas e idéias, transformada em matéria de criação artística, que permite a expressão de uma visão crítica do progresso e da modernidade.

Convertida em palco da tragédia contemporânea, a cidade aparece como a selva onde a explosão dos instintos revela a hediondez da natureza humana. Na verdade, como afirmou em inúmeras entrevistas, Nelson Rodrigues acreditava estar tratando de questões universais, apesar da inserção de seus dramas num cenário local.

Essa perspectiva crítica e pessimista do mundo moderno torna-se ainda mais radical nas suas polêmicas com as esquerdas nas décadas de 1960 e 1970. Seus ataques dirigem-se principalmente para os jovens, espécies de novos bárbaros que tomam de assalto a cena pública. Nesses combates, como veremos, Nelson explicita suas opiniões acerca das relações entre arte e política, religião, comportamento sexual e outros temas que nos ajudam a compreender a visão de mundo que conforma seu pensamento.

CAPÍTULO IV Combates de idéias

Sou reacionário. Minha reação é contra tudo que não presta.

Nelson Rodrigues

NELSON RODRIGUES INTELECTUAL

Nos anos 1960, Nelson Rodrigues já era um dramaturgo consagrado e um jornalista bastante conhecido, em grande parte devido ao imenso sucesso de sua coluna *A vida como ela é...*, publicada no jornal *Última Hora*. Como vimos no primeiro capítulo, foi justamente a partir do início dos anos 1960, com a sua polêmica com a esquerda teatral, que Nelson passou a ser identificado publicamente como reacionário e porta-voz de um ideário conservador. Essa imagem pública foi consolidada com o estabelecimento da ditadura militar, em seguida ao golpe de 1964. Ao longo do período compreendido pelas décadas de 1960 e 1970, nosso autor escreveu apenas cinco de suas 17 peças.[34] Em compensação, a sua presença em jornais de grande circulação era diária, e freqüentemente ele era visto também na televisão. Esses veículos de comunicação de massa foram transformados em verdadeiras trincheiras, de onde partiam os ataques contra diversos segmentos da sociedade brasileira identificados com a resistência ao regime militar.

[34]São as seguintes as peças escritas no período analisado: *O beijo no asfalto* (1961); *Otto Lara Resende ou Bonitinha, mas ordinária* (1962); *Toda nudez será castigada* (1965); *Anti-Nelson Rodrigues* (1973) e *A serpente* (1978).

Paradoxalmente, enquanto discorria em seus artigos sobre as relações entre arte e política, sobre marxismo, religião, política internacional, entre outros temas, Nelson afirmava veementemente o seu antiintelectualismo. Pode-se dizer, no entanto, que foi justamente nesses combates de idéias que Nelson assumiu, de modo mais intenso do que havia feito até então na sua trajetória, a função de intelectual, seja como formulador de ideologias, seja como elaborador de uma reflexão crítica acerca de seu próprio papel na sociedade. Mas que tipo de intelectual era Nelson Rodrigues e de que maneira se deu a sua inserção nos principais debates do campo intelectual da época em questão?

A discussão no campo das ciências sociais sobre o tema dos intelectuais é bastante ampla, já que faz parte do próprio ofício a reflexão sobre a natureza do trabalho intelectual. Bourdieu denomina esse procedimento de "objetivar o sujeito da objetivação", e ele é, a seu ver, uma das principais tarefas das ciências sociais, pois oferece ao sujeito cognoscente "a possibilidade real de assumir um ponto de vista sobre o conjunto dos pontos de vista dessa forma constituídos como tais". Para esse autor, há um hiato entre o modo pelo qual os agentes justificam suas ações e as verdadeiras motivações (conscientes ou não) dessas ações. Potencialmente, essas justificativas tendem a ser falseadoras da realidade, somente percebida através do desvendamento das verdadeiras motivações, sempre associadas às lutas e disputas no campo em que se inserem os agentes (Bourdieu, 1996b: 235).

Independentemente de um certo tom hobbesiano presente na análise de Bourdieu, é inegável que faz parte da atividade intelectual tornar a si própria objeto de investigação e crítica. Seja por meio do mapeamento do campo, nos termos de Bourdieu, seja nas proposições sobre as definições de intelectual, suas tarefas, funções etc., tem-se a constituição de uma área do saber extremamente rica e complexa.

Em primeiro lugar, é importante perceber que há inúmeras maneiras de se definir o que é exatamente essa categoria social denominada de intelectuais. O surgimento do termo está ligado à criação do substantivo *intelligentsia* — na metade do século XIX, na Rússia —, que, ao ser difundido pelo Ocidente, passou a designar a categoria social das pessoas cultas. Ao final desse mesmo século, apareceu o termo *intellectuels* na língua francesa. Isso se dá com a publicação do *Manifeste des intellectuels*, no diário *Aurore* de 14 de janeiro de 1898, assinado por escritores, como Zola e Proust, que defendiam a revisão do processo Dreyfus. A partir de então, a palavra intelectual ganhou um duplo sentido: à referência ao cultivo e à instrução une-se o engajamento nos debates públicos como elemento que define essa categoria social (Bobbio, Matteucci e Pasquino, 1991: 637).

Surgem então algumas questões centrais para o tema dos intelectuais. Algumas dizem respeito à relação entre intelectuais e política. O intelectual deve intervir na política ou o seu campo de atuação diz respeito somente à cultura? Qual a natureza da relação entre esses dois campos, o político e o cultural? Muitas vezes os intelectuais são atacados por se envolverem em debates sobre assuntos que não são de sua competência, tal como ocorreu na conjuntura do caso Dreyfus (Sartre, 1994: 15). Já em outros momentos, a acusação se refere justamente à omissão dos intelectuais, ou ao seu isolamento, no tocante à vida pública.

Outras questões importantes se referem ao poder próprio aos intelectuais, assim como à sua função. Os intelectuais são essencialmente conservadores, reprodutores de tradições e padrões, ou a sua natureza como categoria social é revolucionária, crítica, inovadora? Qual a função específica desse grupo social e qual a sua relevância para o resto da sociedade? Os intelectuais possuem uma missão, têm uma responsabilidade específica, ou sua atividade é, antes de tudo, desinteressada?

Dentro dessa discussão, as análises de Antonio Gramsci e Max Weber sobre a função social dos intelectuais têm especial relevância, e nelas se destaca a noção de responsabilidade, que, na visão desses autores, é intrínseca à atividade intelectual.[35]

Nos dois autores, a noção de responsabilidade perpassa a conceituação da função ilustrada dos intelectuais.[36] Embora possuindo abordagens e objetivos diferentes, ambos reatualizam essa noção na sua dupla validade,

[35] Sobre as afinidades entre Gramsci e Weber, ver Marramao (1988: 150-7).

[36] Os textos aos quais me refiro são os seguintes: Gramsci (1978 e s.d.) e Weber (1972).

ético-política e ético-científica (Marramao, 1988: 157). Em Gramsci, a conceituação da responsabilidade dos intelectuais está diretamente referida à crítica à hegemonia cristalizada e à afirmação da capacidade reformadora inerente à função intelectual. Já em Weber, a dupla validade da responsabilidade fixa-se na distinção entre duas vocações, correspondendo a uma dinâmica universal de racionalização capitalista que impõe a diferenciação das esferas de valor e a produção de "culturas de especialistas". Esse processo pode ser traduzido como a constituição de âmbitos distintos de competência pública, que correspondem a diferentes pretensões de validade. De um lado, a pretensão de verdade dos enunciados científicos e, de outro, a pretensão de correção normativa das proposições políticas (Habermas, 1989: 129-30).

A relação entre ciência e política presente na sociedade moderna aparece como um problema, em Gramsci e em Weber, traduzido na interrogação acerca da natureza da atuação pública dos intelectuais. Para Gramsci, esse dilema é resolvido no ativismo político dos intelectuais orgânicos. A sua tarefa política, que sintetiza a dupla validade da noção de responsabilidade, é a formulação de contra-hegemonias a partir da crítica ao "senso comum". Nesse sentido, trata-se de uma tarefa de crítica da cultura.[37]

Em Weber, a ciência e a política aparecem como vocações aparentemente inconciliáveis. A atividade compreensiva e a autonomia do juízo crítico apresentam-se em tensão constante com a ação política intencional norteada por convicções. Mas a existência dessa tensão não indica uma cisão total entre essas duas esferas de atuação humana, e sim a necessidade de reconciliação entre o saber e a ação, mesmo que do âmbito estritamente institucional.

[37]Marilena Chauí define da seguinte forma o conceito de hegemonia em Gramsci: "A hegemonia se distingue do governo (o *dominium* como instituição política e, em tempos de crise, como uso da força) e da ideologia (como sistema abstrato e invertido de representações, normas, valores e crenças dominantes). Não é forma de controle sociopolítico nem de manipulação ou doutrinação, mas uma direção geral (política e cultural) da sociedade, um conjunto articulado de práticas, idéias, significações e valores que se confirmam uns aos outros e constituem o sentido global da realidade para todos os membros de uma sociedade, sentido experimentado como absoluto, único e irrefutável porque interiorizado e invisível como o ar que se respira. Sob essa perspectiva, *hegemonia é sinônimo de cultura em sentido amplo e sobretudo de cultura em sociedade de classes*" (Chauí, 1984: 18-9).

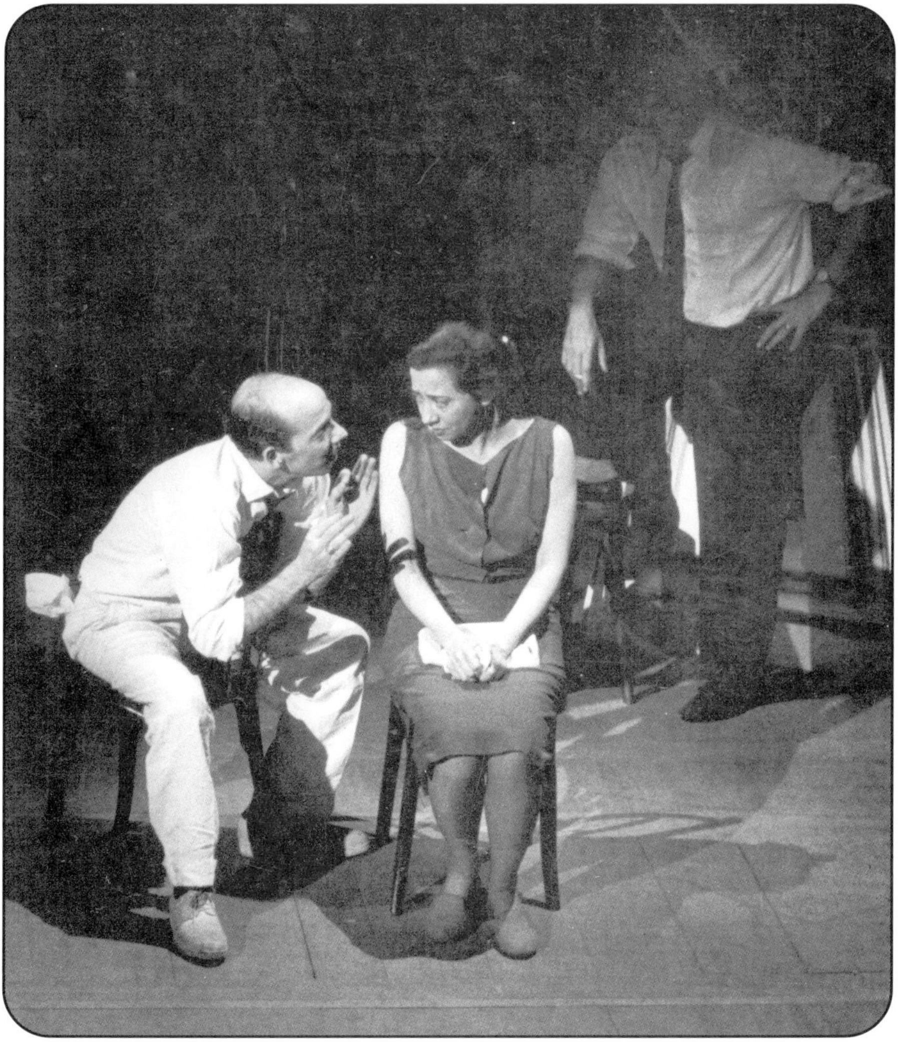

Encenação de *O beijo no asfalto*, 1961, Teatro Ginástico.
No palco, a denúncia da violência policial:
Selminha (Fernanda Montenegro) é torturada pelo delegado Cunha (Ítalo Rossi). Na penumbra, o repórter Amado Ribeiro (Sérgio Britto) comanda o desenrolar da história e garante as vendas do jornal.
Teatro dos Sete, Arquivo Sérgio Britto, Cedoc/Funarte.

Boca de Ouro (Milton Moraes) entre as grã-finas (Lícia Magna, Elizabeth Gallotti e Shulamtith Yaari). Para elas, o drácula de Madureira era neo-realista. Teatro Nacional de Comédia, 1961.
Foto Carlos. *Arquivo Cedoc/Funarte.*

Na encenação de *Boca de Ouro* de 1961, Tereza Rachel, no papel de Maria Luísa, e Beatriz Veiga, como Celeste, encarnam, respectivamente, dois tipos característicos da obra rodriguiana: a grã-fina e a moça suburbana. Teatro Nacional de Comédia.
Foto Carlos. *Arquivo Cedoc/Funarte.*

Ensaio da peça *O beijo no asfalto*, no Teatro Ginástico, em maio de 1961. Entre o diretor do espetáculo, Fernando Torres, e o ator Mário Lago, Nelson acompanha de perto a montagem teatral de seu texto.
Arquivo Brício de Abreu, Cedoc/Funarte.

Nelson nos estúdios da TV Rio, onde, no início dos anos 1960, participava da *Grande Resenha Facit*, pioneira mesa-redonda sobre futebol. Desde essa época, a televisão tem sido fundamental no processo de divulgação da obra rodriguiana e na consagração de Nelson como um personagem popular.
Arquivo Cedoc/Funarte.

O jovem Nelson Rodrigues, em pose de galã de cinema.
Arquivo Cedoc/Funarte.

Nelson Rodrigues, no Convento Santo Antônio, em 1962.
Arquivo Brício de Abreu, Cedoc/Funarte.

Nelson Rodrigues e a nostalgia do Rio Antigo: em 1965, nas imediações da Praça XV.
Arquivo Cedoc/Funarte.

Com a cidade do Rio de Janeiro ao fundo,
Nelson, parece discursar para as câmeras.
Arquivo Cedoc/Funarte.

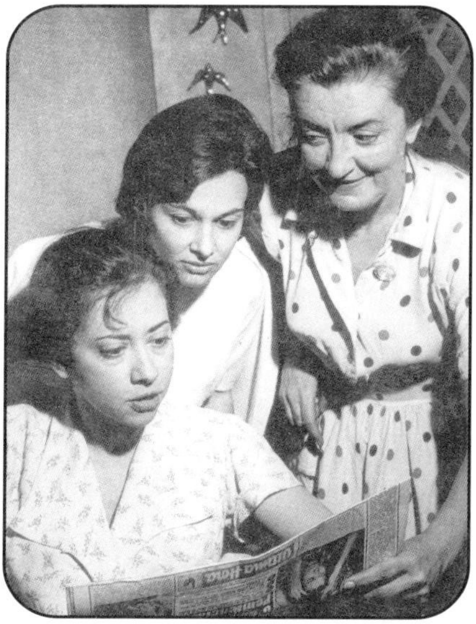

A imprensa em questão:
Fernanda Montenegro, Maria Esmeralda e Zilka Salaberry acompanham a farsa sensacionalista nas páginas de *Última Hora*. Em 1961, a encenação de *O beijo no asfalto* custou a Nelson Rodrigues o seu emprego no jornal de Samuel Wainer. Teatro dos Sete, direção de Fernando Torres, cenário de Gianni Ratto.
Arquivo Cedoc/Funarte.

Stella Perry, Carlos Perry e Lina Grey em *Vestido de noiva*, Teatro Municipal, 1943. Cenários modernistas de Santa Rosa, encenação vanguardista de Ziembinski e consagração de Nelson como dramaturgo genial.
Arquivo Cedoc/Funarte.

Platéia no Teatro Nacional de Comédia, no Rio de Janeiro, durante a estréia de *Boca de Ouro*, em 20 de janeiro de 1961. A presença de autoridades, intelectuais e personagens ilustres, como o ministro da Educação e Cultura Clóvis Salgado, Austregésilo de Athayde, Josué Montello, Julio Portocarrero, Oswaldo Teixeira, Brício de Abreu, José Renato dos Santos Pereira e José Geraldo dos Santos Pereira, demonstra que maldição e consagração caminharam juntas na trajetória pública de Nelson Rodrigues. Foto Carlos. *Arquivo Cedoc/Funarte.*

Norberto Bobbio constrói uma tipologia a partir da reflexão de Weber sobre as duas éticas: a ética da responsabilidade e a ética da convicção. Os intelectuais poderiam ser divididos em dois grandes grupos: os ideólogos e os expertos. Os primeiros se caracterizariam pela ação racional segundo os valores, ou seja, pela ética da convicção. Já os segundos seriam marcados pela ética da responsabilidade ou ação racional segundo os fins. Essa tipologia poderia ser comparada à divisão que Gramsci estabelece entre intelectuais tradicionais e intelectuais orgânicos, sendo estes últimos geralmente mais comprometidos com a *práxis* política e com a organização da cultura (Bobbio, 1997: 118-9).

Uma outra reflexão importante sobre a especificidade dos intelectuais como categoria social foi realizada por Mannheim. A tentativa de elaborar uma análise sociológica dos intelectuais fez com que esse autor, seguindo a formulação de Alfred Weber, os caracterizasse como "*intelligentsia* socialmente desvinculada" (*freischwebende Intelligenz*). Essa relativa ausência de vínculos sociais seria fruto de um desenvolvimento histórico que fez com que o mundo das letras se tornasse progressivamente mais aberto a indivíduos oriundos de camadas sociais mais diversificadas. Por isso, seria impossível basear a análise sociológica da intelectualidade na investigação sobre as origens de classe — no sentido de lugar ocupado na produção — de seus membros (Mannheim, 1976: 180-1).

Porém, os intelectuais não estariam acima das classes. Eles formariam uma camada intersticial com a característica de estar equipada para encarar os problemas de sua época sob diferentes ângulos, sendo mais fluida e instável do que as outras. Em resposta aos críticos que o acusaram de afirmar que os intelectuais pairariam acima da sociedade, Mannheim afirma:

> Neste ponto, frisemos novamente que os intelectuais não constituem uma camada elevada acima das classes e de maneira alguma estão melhor dotados que outros grupos da capacidade de superar seus próprios vínculos de classe. Em análise anterior dessa camada, usei a expressão "grupo intelectual relativamente descomprometido" (*relativ freischwebende Intelligenz*), que aceitei de Alfred Weber, sem qualquer idéia de um grupo inteiramente desligado e livre das relações de classe.

> O adjetivo *relativ* não era ali uma palavra vazia. (...) Após este lembrete, é de se esperar que os críticos não simplifiquem novamente minha tese, de acordo com suas conveniências, a ponto de reduzi-la à proposição facilmente refutável de que os intelectuais constituem uma camada elevada acima de todas as classes ou que seja senhora exclusiva da revelação. Quanto a este último ponto, o que eu pretendia demonstrar era simplesmente que certos tipos de intelectual têm maiores oportunidades de testar e usar as visões socialmente disponíveis e de experimentar suas incoerências. (Mannheim, 1982: 105-6)

Todas essas análises sobre a natureza do trabalho intelectual e sobre a sua função na sociedade podem ser articuladas com uma reflexão sobre carreiras. A partir das inúmeras classificações possíveis, que dividem os intelectuais em tradicionais e orgânicos, ideólogos e expertos, inovadores e conservadores, revolucionários e reacionários, *intelligenti* e intelectocratas,[38] coloca-se a questão sobre a construção de carreiras entre indivíduos que exercem atividades intelectuais. De acordo com Hughes, a noção de carreira compreende o curso mais ou menos ordenado e previsível da vida laborativa do indivíduo (Hughes, 1971: 125). Porém, a definição da carreira do indivíduo, desse curso mais ou menos ordenado, depende da perspectiva, sempre mutável, a partir da qual ele constrói e interpreta a sua vida como um todo:

> Subjetivamente, uma carreira é a perspectiva cambiante através da qual a pessoa vê a sua vida como um todo e interpreta o significado de seus vários atributos, ações e as coisas que ocorrem com ela. Essa perspectiva não é de modo algum fixa em termos de pontos de vista, direção ou destinação. (Hughes, 1971: 137)

Assim como a história de vida da pessoa, da qual faz parte o que Bourdieu denominou ilusão biográfica — ou seja, a idéia de que a biografia do indivíduo aponta para um determinado sentido e possui coerência —, a carreira, que nas sociedades moderno-contemporâneas é parte fun-

[38]Para esta classificação, ver Reis Filho (2000: 11-34).

damental da primeira, também depende do modo pelo qual o indivíduo delineia seus projetos e dá significado à sua existência no mundo (Bourdieu, 1996a; Becker e Strauss, 1970).

Portanto, a carreira é um movimento constante, e é possível perceber em trajetórias individuais a elaboração de mais de uma carreira. No caso específico de Nelson Rodrigues, duas carreiras principais são desenvolvidas: a de dramaturgo e a de jornalista. Embora afirmasse inúmeras vezes o seu antiintelelectualismo convicto, o que fazia parte de uma construção de si ligada à idéia do gênio primitivo, ambas as carreiras desenvolvidas por Nelson Rodrigues foram marcadas como atividades do que se poderia chamar de um intelectual de dissenso. Bobbio chama a atenção para o fato de que há um tipo de intelectual que se dedica principalmente ao dissenso, à crítica ao poder (Bobbio, 1997: 72-3). Ampliando um pouco essa concepção, pode-se dizer que existem certos tipos de intelectual voltados para a crítica de padrões estabelecidos em geral, sejam eles políticos, estéticos, morais etc. E essa atividade do dissenso não necessariamente é política ou mesmo moralmente progressista. A inovação muitas vezes aparece como fruto da reação.

Tanto em seu teatro quanto nas crônicas, Nelson Rodrigues buscou se contrapor ao que considerava padrões estabelecidos. No teatro a ruptura é, ao mesmo tempo, estética, rompendo com o estilo de dramaturgia que dominava a cena teatral na década de 1940, e moral, pois suas histórias tematizam as relações familiares abordando temas malditos, como incesto, homossexualismo, prostituição, parricídio, traição etc. Deriva daí a acusação de tarado, que marcou a sua carreira de dramaturgo, lançada pelos setores mais conservadores da opinião pública da época, e que Nelson incorporou, de certo modo, na construção de sua imagem pública.

Nas crônicas das décadas de 1960 e 1970, o "inimigo" era diverso. No seu antiesquerdismo, Nelson atacava ferozmente o que considerava ser um *establishment* cultural de esquerda. Com todo o seu escárnio, ele criava tipos como a "freira de minissaia" e o "padre de passeata", atacava personalidades que criticavam a ditadura, principalmente dom Hélder Câmara e Alceu Amoroso Lima, afirmava que na passeata dos Cem Mil, em 1968, não havia cem mil pessoas e muito menos algum representante legítimo do povo. Foram essas opiniões expostas em suas crônicas, assim como a sua polêmica com Vianinha em 1961, que lhe valeram o rótulo de reacionário. Na visão de Nelson, ser reacionário, naquela conjuntura, era ir contra a corrente, contra o ideário que ele imaginava predominar no campo intelectual.

Nos seus combates de idéias, num período tão dramático da história do Brasil — o da ditadura militar —, Nelson escolheu alguns alvos privilegiados: os intelectuais e artistas de esquerda, a Igreja progressista e o crescimento do poder dos jovens e das mulheres no mundo contemporâneo. Embora se declarasse contra o engajamento político de artistas e intelectuais, Nelson esteve engajado politicamente nesses importantes debates da época. Acompanharemos mais de perto esse engajamento no ano de 1968, momento-chave, pleno de acontecimentos significativos no Brasil e no mundo, percebendo como nosso autor se colocou em face das transformações que ocorriam então.

Parece-me claro que Nelson Rodrigues não era um intelectual orgânico do governo ditatorial ou mesmo dos setores mais conservadores da sociedade. Suas peças e livros continuaram a sofrer com a censura, apesar de sua defesa do regime. Justamente por causa dessa imagem pública de autor maldito, muitos se espantaram com a opção de Nelson de se colocar ao lado dos militares, inclusive no período mais duro da ditadura, conhecido como os anos de chumbo (1968-1974). São essas contradições que conferem um caráter complexo à posição de Nelson Rodrigues no campo artístico-intelectual da época, e elas podem ser percebidas através de seus combates de idéias.

CONTRA OS INTELECTUAIS E ARTISTAS DE ESQUERDA

O debate de Nelson com a intelectualidade de esquerda tem como marco importante a sua polêmica com Oduvaldo Vianna Filho, o Vianinha, representante de uma nova geração de dramaturgos politicamente engajada. No centro desse debate estão visões distintas sobre as relações entre arte e sociedade e sobre a responsabilidade dos intelectuais. A princípio, a posição de Nelson era a de condenar não o engajamento político em si do artista, e sim as opções políticas que o grupo representado por Vianinha defendia. Aos poucos, ao longo do debate, Nelson começou a condenar o engajamento político em si. Paradoxalmente, isso aconteceu num período em que Nelson reduziu significativamente a sua produção de textos teatrais e se dedicou intensamente a discutir questões políticas nas páginas de periódicos como *O Globo* e *Jornal da Tarde*.

Para entendermos a importância desses debates no contexto da ditadura militar, temos de pensar no papel do mundo da cultura naquele momento. Havia uma grande efervescência cultural no país, representada pelo surgimento, desde os anos 1950, de um movimento mais geral de buscar retratar a realidade nacional. Manifestações artísticas as mais diversas se empenharam em denunciar as mazelas sociais do país, assim como em valorizar o que era considerado representação de uma cultura popular "autêntica". Essa realidade nacional que aparecia no cinema, no teatro, na literatura, na música podia ser referida tanto ao sertão nordestino quanto às favelas das grandes cidades da região Sudeste. Esse nacionalismo crítico que era compartilhado por esses artistas, no entanto, não resultava numa homogeneidade de diagnósticos da situação brasileira e de projetos para sua transformação.

Um dos movimentos mais significativos foi o Cinema Novo, inaugurado em 1955 com o lançamento de *Rio quarenta graus*, dirigido por Nelson Pereira dos Santos. Fortemente influenciados pelo neo-realismo italiano, os cineastas do Cinema Novo procuravam utilizar o mínimo de filtros e outros recursos tecnológicos que pudessem mascarar a dureza dos cenários e das situações apresentadas, e buscavam atores e atrizes que traduzissem as pessoas comuns, para isso, muitas vezes, contando com desconhecidos e amadores em seus elencos. Os diálogos também deveriam reproduzir os modos de falar das classes populares, incorporando gírias, regionalismos e outros elementos que pudessem conferir autenticidade ao que era dito. Essa estética pobre em recursos e quase documental traduzia-se na famosa frase de Glauber Rocha segundo a qual para se fazer um filme bastava "uma câmera na mão e uma idéia da cabeça". Em 1963, ano que antecedeu o golpe militar, foram lançados alguns dos mais importantes filmes afinados com as propostas cinemanovistas: *Vidas secas*, de Nelson Pereira dos Santos, baseado no romance de Graciliano Ramos; *Deus e o diabo na terra do sol*, de Glauber Rocha, e *Os fuzis*, de Ruy Guerra, entre outros (Ridenti, 2000a; Galvão, 1999).

Mas, talvez ainda mais do que o cinema, o teatro foi, entre as artes de representar, o lugar onde a opção do engajamento político se fez de forma mais avassaladora. O Teatro de Arena de São Paulo, fundado em 1953 pelo diretor José Renato e por jovens atores formados pela Escola de Arte Dramática, que a princípio desenvolveu um repertório clássico, a partir de 1958 optou estética e politicamente por uma visão crítica da realidade nacional. Os marcos dessa virada foram a criação de um Seminário Permanente de Dramaturgia, que procurava estimular a criação de textos nacionais, e a estréia, com grande sucesso, de *Eles não usam black-tie*, de Giafrancesco Guarnieri, então um jovem ator do grupo. Yan Michalski comenta a importância dessa estréia:

> Pela primeira vez, o ambiente das favelas era apresentado no palco não em função de um superficial exotismo, mas como local de moradia de pessoas de carne e osso, engajadas em conflitos concretos e verdadeiros, de ordem afetiva, profissional, ética e social — no caso, até mesmo especificamente sindical — e que se expressavam através de uma linguagem condizente com a sua vivência. Surgia assim uma nova dramaturgia, que iria dominar os palcos nos anos subseqüentes: uma dramaturgia, em primeiro lugar, ufanistamente nacionalista, que se empenhava em refletir um estilo de viver, falar e agir inconfundivelmente brasileiro, e em rejeitar os modelos importados do *playwriting* europeu e norte-americano. E que se debruçava sobre os problemas das faixas menos privilegiadas da sociedade — os operários, os camponeses — procurando fazer-se porta-voz das suas reivindicações. (Michalski, 1985: 13-14)

A partir dessa linha de atuação, o Arena desenvolveu, nas temporadas seguintes, um repertório de autores nacionais, muitos deles surgidos no próprio grupo, tais como Oduvaldo Vianna Filho, Roberto Freire, Benedito Ruy Barbosa, Augusto Boal, Flávio Migliaccio, entre outros. Mas o

Teatro de Arena não estava sozinho nessa valorização dos temas e dos autores nacionais. Jorge Andrade estreara, em 1955, *A moratória*, peça que fala da decadência de uma família da aristocracia cafeeira paulista, representante de um mundo antigo destruído pelo progresso. Ariano Suassuna havia lançado, em 1956, *O auto da compadecida*, uma história que misturava literatura de cordel, folclore, religião popular, lendas e romanceiro nordestino, fazendo das tradições populares nordestinas matéria de criação teatral. Em 1960, Dias Gomes apresentou *O pagador de promessas*, em que o conflito entre o mundo rural e a vida nos centros urbanos é personificado na tragédia de Zé do Burro, impedido de cumprir no templo católico uma promessa feita a Iansã (Michalski, 1985: 14).

No início dos anos 1960, a combinação entre nacionalismo e radicalização política no teatro se aprofundou ainda mais. E nisso foi fundamental a criação do Centro Popular de Cultura da União Nacional dos Estudantes. O teatro do CPC, cujo nome mais expressivo era Vianinha, que havia saído do Arena, funcionava com atividades *agit-prop*, com pequenas peças tratando de questões conjunturais para serem encenadas em portas de fábricas, favelas, comícios, manifestações de rua etc. (Michalski, 1985: 15). O objetivo era atingir um público maior que os dos teatros tradicionais e fazer das encenações armas de conscientização política e transformação social.

Esse desejo de ir ao povo, de falar para as massas, que inspirava o CPC é embasado por uma concepção específica sobre a função social da arte. Vianinha resume essa concepção num texto intitulado “Do Arena ao CPC”, publicado originalmente em outubro de 1962 na revista *Movimento*, da UNE:

> A arte que enfrenta problemas mais fundos da existência humana, que indaga com mais vigor e mais audácia a origem dos comportamentos, os porquês das circunstâncias que nos envolvem, é fundamental. Mas não se pode exigir de uma sociedade somente esses pronunciamentos. Há outros níveis de ação, que precisam assumir sua verdadeira hierarquia na sociedade de hoje. Não é possível reunir as grandes obras ou fazer uma identidade única que as separa das obras populares, das obras efêmeras. As grandes obras, as realizações artísticas mais

> acabadas e densas se dividem quanto à sua perspectiva do problema do homem — são reacionárias ou progressistas. O mesmo acontece com as obras correntes, com o abastecimento cultural constante e cotidiano das grandes massas. Essas obras também se dividem em reacionárias e progressistas. A questão não é pesquisar o que é arte e o que não é; a questão é pesquisar quais as que servem ao homem e quais as que o alienam. Arte não é um pipocar bisonho de manifestações individuais de artistas. Arte é um conjunto de manifestações da sociedade refletindo sobre sua existência. Não se deixa o título de artista quando nos dirigimos à praça pública. Lá se consegue ou não o título de artista. (Vianna Filho, 1983b: 94)

Com esse texto, Vianinha estava intervindo num debate amplo dentro do CPC e das esquerdas em geral sobre as possibilidades do uso da arte como instrumento de intervenção política direta. Na verdade, ao defender as posições acima, o dramaturgo estava também fazendo uma crítica de suas opiniões anteriores, que justificavam a primazia da política sobre a estética, caracterizando uma concepção instrumental do fazer artístico.

O golpe militar de 1964 atingiu em cheio o significado desses debates. Com a destruição do prédio da UNE e a declaração de sua ilegalidade, o CPC teve dificuldades em manter as suas atividades. A princípio, houve uma relativa liberdade de expressar descontentamentos, que fez do teatro uma espécie de trincheira de resistência ao regime militar. Uma das primeiras manifestações teatrais contra a ditadura foi a estréia, em dezembro de 1964, do *show Opinião*, dirigido por Augusto Boal e tendo no elenco Nara Leão, João do Vale e Zé Keti. O *Opinião* marcou o início da utilização ampla da mistura entre música e teatro nos espetáculos de crítica à ditadura (Michalski, 1985: 20).

Até o Ato Institucional nº 5 (AI-5), decretado em dezembro de 1968, a censura não foi tão rigorosa quanto nos terríveis anos de chumbo, o que permitia, ainda que com dificuldades, encenações com caráter francamente crítico e contestador. Se o exemplo citado anteriormente, o *show Opinião*, se movia dentro do espectro do ideário do que poderíamos chamar de uma esquerda mais tradicional, ligada ao Partido Comunista Brasileiro (PCB), outras manifestações culturais buscaram inspirações distintas para o protesto contra o *status quo*. Era o caso da encenação, estreada em 1967 pelo Teatro Oficina de São Paulo, de *O rei da vela*, texto escrito por Oswald de Andrade nos anos 1930 e até então inédito. O espetáculo foi dirigido por José Celso Martinez Corrêa e tinha afinidades estéticas e políticas com o recém-surgido movimento tropicalista. Vanguardismo, um certo espírito anárquico, uma linguagem agressiva e uma vontade de chocar o público compunham uma crítica não somente aos setores conservadores da sociedade, mas também à cultura de esquerda considerada mais tradicional. Num manifesto publicado no programa da peça, dizia José Celso:

> A direção será uma leitura minha do texto de Oswald e vou me utilizar de tudo que Oswald utilizou, principalmente de sua liberdade de criação. Uma montagem tipo fidelidade ao autor no caso é tentar reencontrar um clima de criação violenta em estado selvagem na criação dos atores, do cenário, do figurino, da música etc. (...) A peça é fundamental para a timidez artesanal do teatro brasileiro de hoje, tão distante do arrojo estético do cinema novo. (...) Eu padeço talvez do mesmo mal do teatro do meu tempo, mas dirigindo Oswald eu confio me contagiar um pouco, como a todo o elenco, com sua liberdade. Ele deflorou a barreira da criação no teatro e nos mostrou as possibilidades do teatro como forma, isto é, como arte. Como expressão audiovisual. E principalmente como mau gosto. Única forma de expressar o surrealismo brasileiro. (apud Michalski, 1985: 31)

Essas diferenças dentro do movimento cultural que contestava a ditadura e, principalmente, a censura e o cerceamento da liberdade de expressão algumas vezes se expressaram por meio de enfrentamentos políticos duros. Aqueles afinados com as posições próximas das que inspiraram o manifesto de José Celso eram acusados de desbundados ou porras-loucas pela esquerda ligada ao PCB, enquanto estes eram chamados de reformistas pelos primeiros. Nas palavras de Zuenir Ventura:

> Na época havia muitas ocupações de teatros, uma participação muito grande da classe artística, da classe teatral; então se ocupava um teatro e parava-se o espetáculo. E havia duas tendências nítidas que se

> refletiam também no movimento cultural. Havia o grupo do Partidão, do qual faziam parte o [Ferreira] Gullar e muitas outras pessoas, mas sobretudo o Gullar, que eram os chamados reformistas. Estes, em suma, eram os que preferiam Gramsci a Marcuse; claro que tudo isso de acordo com uma leitura um tanto enviesada desses autores, uma leitura muito particular daquele tempo. Este grupo achava que era necessário acumular forças, buscar a hegemonia, o consenso, organizar a sociedade, enfim, travar uma luta que seria demorada, lenta e menos voluntarista. E havia o grupo do [Luiz Carlos] Maciel, que era o grupo dos porra-loucas, como se dizia, um grupo evidentemente muito mais marcusiano, também a partir de uma leitura esquemática. Era um grupo que achava que todos aqueles métodos anteriores, inclusive os do Partidão, toda aquela geração, toda aquela herança deviam ser discutidos, criticados, se não recusados. (Ventura, 1999: 132)

Para o regime militar, no entanto, essas diferenças eram suprimidas pela força da repressão e da censura, que não distinguia nenhum desses grupos. Todos exerciam a incômoda tarefa de, ao associar arte e política, expor visões críticas sobre a realidade brasileira. Nelson Rodrigues também criticava a esquerda cultural em todos os seus matizes ideológicos, atacando preferencialmente a noção de arte engajada. Nas suas posições, Nelson oscila entre o reconhecimento de uma função social para a arte, ainda que esta não seja necessariamente politizada se entendermos política num sentido restrito, e uma visão da arte que poderíamos chamar de atemporal e universalista. Nesta última perspectiva, a arte teria uma validade em si, e o engajamento político seria um desvirtuamento da própria função da arte.

Quando defende uma função social para a arte, Nelson Rodrigues muitas vezes retoma as suas idéias acerca de um teatro desagradável, expostas pela primeira vez em 1949, num texto intitulado "Teatro desagradável", um de seus poucos escritos teóricos e que já mencionamos em capítulo anterior. Para Nelson, se o teatro, como arte, tem uma função, esta é a de mostrar a face hedionda, o lado perverso da natureza humana, humilhando, ofendendo e fazendo sofrer os espectadores, que, depois de tal experiência, poderiam meditar sobre as suas próprias vidas.

Se quando começou e elaborar a sua teoria de um teatro desagradável, como vimos em outro capítulo, Nelson pensava em se contrapor ao "teatro para rir", à dramaturgia de viés cômico que era grande sucesso comercial na década de 1940, nos anos 1960 e 1970 o teatro desagradável é oposto ao teatro engajado politicamente. Num texto posterior, escrito em 1973, Nelson contrapõe a sua visão sobre teatro com as idéias de Bertolt Brecht, dramaturgo alemão que foi uma das principais referências teóricas da esquerda teatral no período em questão:

> O que teria eu que fazer, até o fim da vida, era o "teatro desagradável". Brecht inventou a "distância crítica" entre o espectador e a peça. Era uma maneira de isolar a emoção. Não me parece que tenha sido bem-sucedido em tal experiência. O que se verifica, inversamente, é que ele faz toda sorte de concessões ao patético. Ao passo que eu, na minha infinita modéstia, queria anular qualquer distância. A platéia sofreria tanto quanto o personagem. A partir do momento em que a platéia deixa de existir como platéia — está realizado o mistério teatral.
>
> O "teatro desagradável" ofende e humilha e com o sofrimento está criada a relação mágica. Não há distância. O espectador subiu ao palco e não tem a noção da própria identidade. Está ali como o homem. E, depois, quando acaba tudo, e só então, é que se faz a "distância crítica". A grande vida da boa peça só começa quando baixa o pano. É o momento de fazer nossa meditação sobre o amor e sobre a morte. (Rodrigues, 1995b: 286)

Não é à toa que Nelson Rodrigues elegeu Brecht como contraponto ao seu teatro. Nos anos 1960, houve um certo "descobrimento" de Brecht no Brasil, e sua dramaturgia, assim como suas teorias sobre teatro, foram tomadas como modelos de arte engajada. Wolfgang Bader diz que, até 1958, Brecht era assunto de especialistas no Brasil. Foi a partir desse ano que o dramaturgo alemão começou a se tornar conhecido para um público mais amplo, devido a uma série de montagens de suas peças que tiveram sucesso. Mas foram os anos 1960 que trouxeram a sua consagração entre nós. Para se ter uma idéia, em 1968, nas comemorações dos setenta anos do autor, falecido em 1956, houve dez montagens diferentes de suas peças. A partir de 1964, especialmente, Brecht correspondia à crescente politização dos meios culturais mais engajados da sociedade brasileira. Nas palavras de Wolfgang Bader:

> O sucesso de Brecht nos anos pós-64 se deve, sobretudo, à sua capacidade de corresponder à politização do teatro brasileiro e à capacidade dos grupos teatrais de adaptá-lo com sucesso à situação brasileira. Nesses anos, Brecht estava intimamente ligado à trajetória política e cultural do país, especialmente no contexto da resistência ao regime militar: por um lado, foi usado para ensinar estratégias militantes, foi evocado para explicar situações históricas semelhantes, foi aplicado no duro trabalho da conscientização política; por outro lado, algumas encenações foram proibidas, alguns textos foram censurados, até ele mesmo foi procurado (!) pela polícia, como aconteceu no evento "Encontro com a civilização", no Teatro Jovem, no dia 16 de agosto de 1966, em São Paulo. (Bader, 1987: 17)

É claro que a leitura de Nelson Rodrigues sobre as propostas de Brecht para a encenação teatral é muito particular. Mas não vamos discutir aqui as diferenças entre o que Nelson diz serem as idéias de Brecht e o que o autor de *Galileu Galilei* realmente escreveu. O importante é percebermos como a crítica a Brecht é um gancho para ele explicitar a sua concepção sobre teatro e sobre a relação arte-sociedade. Numa crônica escrita em fevereiro de 1970, mais uma vez Nelson contrapõe a sua visão do teatro como mobilização emocional da platéia com o que seria uma frieza racional exigida pelo teatro brechtiano:

> O que Brecht quer, segundo o próprio Brecht, é uma *distância crítica* entre a platéia e o texto. A emoção é perniciosa e pouquíssimo inteligente. Ótimo. Mas vejam vocês: — o próprio dramaturgo não faz o que propõe. Quantas vezes ele não recorre ao patético e até abusa do patético? Eis, em suma, o que eu queria dizer: — a distância crítica vem depois, vem com o tempo. É preciso que passe a *tensão dionisíaca*

do espetáculo. Fora do teatro, em casa, no dia seguinte ou uma semana depois, o espectador conquista finalmente a lucidez. (Rodrigues, 1996: 175)

A crítica ao teatro de Brecht, portanto, faz parte da perspectiva mais ampla de Nelson de crítica da civilização moderna, que, como vimos no capítulo anterior, era para ele sinônimo de relações interpessoais frias e de sentimentos autênticos sufocados por uma racionalidade superficial. Essa visão baseia-se numa ótica sobre a natureza humana que crê que os instintos e os sentimentos prevalecem sobre a razão nos seres humanos. Portanto, se o teatro pretende transmitir algo, ele tem de falar aos sentimentos, e é somente a partir deles que se pode chegar à consciência das pessoas.

Brecht é também mencionado nos ataques de Nelson à nova geração de autores e diretores teatrais. Como o dramaturgo alemão era fonte de criação e experimentação, tanto para a esquerda teatral ligada ao PCB, como era o caso de Vianinha, quanto para a vanguarda, como por exemplo José Celso, Nelson criticava as montagens e as encenações de ambos os grupos. Numa crônica publicada em novembro de 1969, Nelson comenta a montagem de uma peça de Brecht, *Na selva das cidades*, pelo Teatro Oficina, com direção de José Celso. Na crônica, além de dizer que tem horror a Brecht, Nelson lamenta o experimentalismo de José Celso, que acaba agradando a um espectador que se pretende intelectualizado, mas que não entende nada do que se passa na platéia. Para o autor de *Vestido de noiva*, "desde os gregos, o espectador sempre foi burro", daí a impossibilidade de um teatro que tenha como pressuposto que os seres humanos são racionais e inteligentes (Rodrigues, 1996: 148-9). O engraçado é perceber que muitas das propostas do Oficina buscavam mexer com a platéia através da agressão, do incômodo, do absurdo e, portanto, possuem afinidades com o teatro desagradável de Nelson Rodrigues.

Desde suas primeiras formulações nos anos 1940, sempre fez parte do teatro desagradável de Nelson Rodrigues a idéia de que o autor de teatro não deve se preocupar com a platéia. Numa posição tipicamente vanguardista, Nelson defende o crescimento do poder do artista diante do público, ou seja, a sua liberdade de criar sem ter de atender a padrões de gosto preestabelecidos. Como vimos anteriormente, essa perspectiva foi elaborada numa conjuntura em que predominava na cena teatral carioca o "teatro para rir", feito essencialmente para agradar o grande público e obter bilheteria. E o nosso autor procurava se diferenciar desse grupo ao se identificar com o "teatro sério", intelectualizado e relacionado à herança modernista.

Na década de 1960, os artistas e intelectuais que buscavam fazer um teatro engajado tinham como preocupação fundamental a platéia. Melhor dizendo, grupos como o Arena e o Opinião, entre outros, pretendiam unir qualidades artísticas e popularização do teatro através da ampliação, não somente numérica, mas também qualitativa, de seu público. Para Nelson, essa era uma tarefa impossível, pois ou se estabelecia o compromisso com a criação artística, e o sucesso ou fracasso de público era uma conseqüência que pouco tinha relação com a qualidade do texto e da encenação, ou se faziam concessões ao gosto do grande público e abandonava-se a verdadeira arte. Com seu habitual sarcasmo, numa crônica publicada em 16 de março de 1965, Nelson utiliza uma frase dita por Vianinha para ridicularizar essa preocupação em levar o teatro ao grande público:

> Outro que tem a vocação do insucesso é o Vianinha. Trata-o assim, com essa indesculpável familiaridade. Mas a História, a Lenda, a Posteridade, que são mais enfáticas, vão cassar-lhe o diminutivo. E ele será, por extenso e sonoramente, o Oduvaldo Vianna Filho. Mas que feitos cometeu Vianinha, ou que equívocos, ou mesmo, que crimes para que as gerações vindouras o promovam e o consagrem?
>
> O caro colega reinventou o teatro, ou seja: reinventou uma arte que tem para lá de 6 mil anos. E, então, eu penso em Jouvet. O mestre francês, quando aqui esteve, disse certa vez ao poeta Schmidt: — "O teatro está esgotado!". Pois bem. Anos depois, vem o Vianinha, ergue a frente pálida e balbucia: — "Teatro é platéia".
>
> A partir desse momento, Brecht está mais ultrapassado, mais obsoleto que o assassinato de Pinheiro Machado. E nenhum texto fica mais de pé. Nada de Sófocles, de Eurípides ou desse chato quatrocentão que se chamou Shakespeare. Quem o diz é o Vianinha, numa mesa de

> bar, tomando cerveja. Cerveja, não: tomando absinto, como nos tempos de Dumas Filho.
>
> Acabemos com o palco. Fora com o espetáculo. O teatro, repete Vianinha, é platéia ou por outra: são duzentas senhoras gordas e sentadas — comendo pipocas. Imaginemos, por um instante, como seja esse álacre público feminino. Duzentas senhoras obesas como viúvas machadianas e com um busto mais opulento que o próprio seio de Abraão. (Rodrigues, 1996: 54-5)

A crítica à preocupação com a platéia é, na verdade, a tradução de uma perspectiva que crê ser incompatível o engajamento político com a atividade intelectual e, mais especificamente, com a criação artística. Assim como o "teatro para rir" não era arte para nosso autor, o "teatro engajado" também ameaçava o fazer artístico. Essa discussão não é nova e faz parte da tradição do campo artístico moderno. A história da estética moderna compreende o processo de autonomização da esfera da criação artística e, portanto, o questionamento sobre a função específica da arte. A arte deve ser interessada, no sentido de ter uma finalidade específica, ou desinteressada, uma finalidade sem fim, como afirmava Kant? O artista deve criar para a coletividade, para seu público, ou a arte é expressão de sua individualidade, de seu gênio criador? Tais questões permeiam o debate sobre arte e estética pelo menos desde o século XVIII e foram reatualizadas nas polêmicas em torno da arte engajada, que, como vimos, não cindia somente conservadores e progressistas, mas também internamente o próprio campo da resistência ao regime militar.

Nelson Rodrigues defende a incompatibilidade entre arte e engajamento em inúmeras crônicas. Numa delas, escrita em 1970, ele afirma que o engajamento político era o esconderijo para uma incapacidade criadora. Num contexto em que as passeatas estavam praticamente extintas, Nelson criticava os "intelectuais de passeata":

> Só as gerações românticas é que exigiam do romancista o ato literário puro. O autor tinha que ser o autor mesmo. Ninguém aceitaria um Dumas Filho sem *A dama das camélias* ou um Dickens sem *David Copperfield*, ou um Victor Hugo sem *Os miseráveis*. Mas os tempos

> rolaram e eis que a nossa época inventou o "intelectual de passeata". Perguntará o leitor: — "E o que faz o 'intelectual de passeata'?". Hoje não faz nada. Mas houve um tempo em que fazia exatamente passeata.
>
> Vamos voltar às passeatas. Pode ser fantástico, mas é prodigiosamente exato. Imaginemos um Dante. Se vivesse em nossos dias, estaria dispensado de fazer a *Divina comédia*. Bastaria que desfilasse da Cinelândia à Candelária. Beatriz, da sacada, atiraria uma lista telefônica na sua cabeça. E Dante seria, para todos os efeitos, sem uma linha, o formidável "poeta de passeata". O que eu quero dizer é que os intelectuais que marcharam são estilistas sem uma frase, poetas sem uma metáfora, romancistas sem um personagem, cineastas sem um filme. Não escrevem, não pensam, não imaginam — simplesmente passearam. Um dos tais é um arquiteto que não projetou um galinheiro. Não importa. Estava na passeata.
>
> Deus sabe que não estou exagerando, nem fazendo caricatura. Há, sim, um "intelectual de passeata", como há um "padre de passeata", ou uma "atriz de passeata". A atriz também está desobrigada de ser uma Duse, ou uma Sarah Bernhardt. Marchou da Cinelândia à Candelária. Berrou: — "Vietnã, Vietnã, Vietnã!". E isso vale mais do que cem representações da *Ré misteriosa*.
>
> Valeria a pena ver o que se esconde (ou nem se esconde) por trás das velhas marchas, das assembléias, das maiorias etc. etc. Quando ouço um escritor vociferando sobre o Vietnã, já sei: — está se vingando de sua impotência criadora. Os atos políticos, as posições ideológicas como que o justificam e absolvem de uma brutal esterilidade literária. (Rodrigues, 1995b: 129)

A desqualificação que Nelson faz dos intelectuais engajados tem como contrapartida a eleição de um modelo do que deveria ser a atuação do intelectual, representado por Gilberto Freyre. Para Nelson Rodrigues, Gilberto Freyre era o maior intelectual brasileiro vivo e estava sofrendo com um certo ostracismo imposto pelas esquerdas. É preciso relativizar um pouco as declarações de Nelson nesse sentido, já que Gilberto Freyre era um dos intelectuais mais influentes do país naquele momento, e a sua presença na imprensa, através de artigos, era freqüente durante o regime militar. Mas o que é importante é que nosso autor chama a atenção para o fato de que havia setores da intelectualidade dispostos a condenar o conjunto da obra de Freyre com base nas opções políticas que ele assumiu publicamente. Na mesma crônica citada acima, ele também elogia Guimarães Rosa por ter escolhido ser um intelectual torre-de-marfim e fazer da literatura uma atividade encerrada em si mesma (Rodrigues, 1995b: 129-30).

O mais interessante nessa eleição de Freyre como modelo de intelectual e artista é que o mestre de Apipucos sempre teve uma atuação pública intensa e nem de longe se encaixava no perfil de torre-de-marfim ou criador solitário. Se pensarmos com Gramsci, poderemos dizer que mesmo o intelectual tradicional, aquele que acredita que seu trabalho está acima de questões políticas, está contribuindo para a construção de uma hegemonia indispensável para a classe que se pretende dominante (Gramsci, s.d. e 1980). Mas, mesmo que não consideremos dessa maneira ampliada o engajamento político dos intelectuais, ainda assim é inegável que Freyre nunca temeu fazer de sua obra instrumento de debate de questões políticas importantes. O próprio Nelson Rodrigues fez de suas crônicas, que hoje têm seu valor literário reconhecido por alguns críticos importantes, expressão de seu engajamento político. Portanto, isso nos leva a crer que Nelson não condenava o engajamento político em geral, e sim o engajamento político de esquerda, que, na sua perspectiva, era incompatível com o fazer artístico. Melhor dizendo, aparentemente ele não via a interferência de intelectuais como Freyre e a sua própria nos debates políticos como engajamento político. Só os intelectuais de esquerda eram considerados engajados politicamente. E seu argumento sobre o socialismo como morte da arte e do trabalho intelectual em geral se apoiava em duas oposições: o individual *versus* o coletivo e a liberdade *versus* o totalitarismo (especialmente quando este quer dizer censura da livre expressão de idéias).

Para Nelson Rodrigues não havia diferença entre o socialismo como um ideário político inspirado nos escritos de Marx e Engels e os regimes socialistas de países como a União Soviética, Cuba e China. Na sua concepção, esses regimes eram totalitários porque seguiam o marxismo. Portanto, o socialismo era, em sua essência, contrário à liberdade, e isso por dois motivos. Em primeiro lugar, por causa das práticas repressivas dos governos socialistas. Mas também, principalmente, porque o dramaturgo considerava que o socialismo era a vitória da coletividade sobre o individualismo, ou seja, das necessidades do coletivo sobre a liberdade individual. Parece contraditório o autor defender tal posição num contexto em que aqui havia uma ditadura militar, cujo aparato repressivo condenava ao silêncio, senão ao exílio e aos cárceres, boa parte daqueles que expressavam as suas críticas ao estado de coisas. Porém, é preciso lembrar que, assim como Nelson, foram muitos os que se colocaram ao lado dos militares, julgando estar defendendo a liberdade diante de uma possível tomada de poder pelos comunistas. O anticomunismo, muitas vezes, justificava a suspensão da normalidade democrática como se ela fosse um mal menor em meio ao perigo que uma revolução radical representava para certos setores da sociedade brasileira.

Portanto, para Nelson, o socialismo impedia o trabalho intelectual por dois motivos: porque não permitia ao intelectual expressar livremente suas idéias e também porque, sendo a criação artística e o trabalho intelectual atividades determinadas fundamentalmente pela individualidade do seu criador, elas eram sufocadas em nome das necessidades de se fazer propaganda política e do que se estabelecia como interesse coletivo. Em outubro de 1972, Nelson Rodrigues escreve uma crônica em que relaciona o socialismo com o que considera uma decadência da literatura russa após a Revolução Bolchevique de 1917. Em suas palavras:

> Eis o que eu queria dizer: — o socialismo vermelho em lugar nenhum permite o grande artista, o grande escritor, ou um romance que tenha o rigor do ato literário puro. Pode-se dizer que, em toda parte, mesmo nos países não socialistas, a maioria dos escritores sofre, à distância, a influência totalitária. Graças ao socialismo há o que se pode chamar de "intelectual invertebrado". Poderão objetar: — "Mas, ao menos, o proletariado ganha com isso". Nunca. O que instala, nos países comunistas, é uma ditadura do proletariado contra o proletariado e o resto. E então estamos vendo algo inédito na história do homem: — a castração espiritual de povos inteiros. É a desumanização galopante do

> homem. O ser humano, que tinha resistido a todas as tiranias, ainda as mais perversas, o ser humano, repito, foi transformado no anti-homem, na antipessoa.
>
> (...) Claro está que este final de século não admite a obra-prima e vê na literatura um ócio abjeto. (Rodrigues, 1995b: 247-8)

Da mesma natureza da crítica que faz à "inteligência desumanizada" — que era como Nelson chamava aqueles que julgava que, por serem socialistas, acobertavam o stalinismo e o caráter autoritário dos regimes do socialismo real — são os ataques ao que na época era denominado de Igreja progressista. Na visão de nosso autor, assim como os intelectuais traíam seu próprio ofício ao abraçar causas políticas de esquerda e ao colocar as suas criações a serviço dessas causas, também os religiosos católicos abandonavam suas tarefas espirituais quando se voltavam para questões políticas e sociais, denunciando os arbítrios da ditadura militar.

CONTRA A IGREJA PROGRESSISTA

A polêmica de Nelson Rodrigues com a Igreja progressista, ou "pra frente", como ele gostava de dizer, se acirra a partir de 1967, quando o tema, segundo seus próprios termos, torna-se uma obsessão nas suas crônicas jornalísticas. É também o momento em que ele se aproxima de Gustavo Corção, pensador católico e antigo desafeto, que era um dos principais críticos da Igreja progressista naquela conjuntura. Antes dessa aproximação, Corção era alvo de críticas e do humor ferino de nosso autor, como atesta um texto escrito em 1963: "Um homem em que falta a metade satânica não é nada. Um santo sem nenhuma nostalgia do pecado é um monstro de circo de cavalinhos. Por exemplo: o Gustavo Corção. É uma virtude sem brecha, sem racha e sem goteira" (*apud* Castro, 1992: 373).

Nos anos seguintes, Corção e Nelson permaneceram unidos no ataque a duas das principais figuras associadas ao catolicismo progressista na época: Alceu Amoroso Lima e dom Hélder Câmara. Além de Nelson e Corção, um outro intelectual também participava desses enfrentamentos, especialmente na crítica a dom Hélder: Gilberto Freyre. Em 1966, Gilberto Freyre e dom Hélder travaram uma acirrada polêmica nos jornais depois que o mestre de Apipucos acusou o arcebispo de Olinda e Recife de ser esquerdista e demagogo (*O Estado de S. Paulo*, 26/08/1966). Mais tarde, em 1969, *O Estado de S. Paulo* de 13 de agosto publicou uma reportagem sobre as polêmicas entre Freyre e dom Hélder, em que o primeiro chamava o padre de demagogo e fascista, fazendo referência ao seu passado integralista, e o segundo retrucava afirmando que o autor de *Casa-grande e senzala* era um reacionário.

Os três intelectuais — Gustavo Corção, Nelson Rodrigues e Gilberto Freyre — expressavam nas páginas dos jornais, especialmente em *O Estado de S. Paulo*, *O Globo* e *Jornal da Tarde*, a reação às mudanças que estavam ocorrendo na Igreja católica nos anos 1960 e, especialmente, à interpretação que setores da Igreja faziam dos documentos produzidos durante o Concílio do Vaticano II.

É interessante acompanharmos esses debates dentro do catolicismo a partir de uma reportagem da revista *Realidade* de setembro de 1968. O título da reportagem, "O que querem estes padres?", aponta para uma maior participação política de setores da Igreja católica. A matéria diz que a renovação tomou impulso com a realização do Concílio do Vaticano II, iniciado em 1962 e terminado em 1965. Como fruto direto das resoluções que falavam em aproximar a Igreja do povo — o que será chamado de "esquerda católica" pelos setores que apoiavam o regime militar —, a partir de 1966 segmentos expressivos da Igreja católica brasileira passam a denunciar as injustiças e as desigualdades sociais. Esse movimento de renovação, que começou especialmente forte no Nordeste, buscava legitimar-se afirmando os princípios do Vaticano II.

Além dessas transformações, outro ponto que gerou polêmica foi a questão das reformas da liturgia. Os setores que defendiam as reformas queriam que, entre outras coisas, as missas fossem rezadas de modo mais simplificado e compreensível para os fiéis, de modo a aproximar os sermões e os rituais da realidade da vida do povo.

Gustavo Corção representava o segmento dos católicos que negava as duas transformações e as via como esquerdismo. A Igreja deveria ater-se aos problemas espirituais, e a tradição litúrgica deveria ser preservada. Num artigo publicado em *O Estado de S. Paulo* em 8 de março de 1968, Corção fala em nome dos que, segundo ele, eram os poucos que se opunham a dom Hélder nos jornais, como Gilberto Freyre e Nelson Rodrigues. Referindo-se a esse grupo como "nós", Corção resume as suas idéias: "A queixa que temos de dom Hélder não é a de querer socorrer os pobres, é a de se servir desta bandeira para temporalizar a Igreja, para naturalizar o sobrenatural, para auxiliar o comunismo sem ser comunista e até para fazer sua promoção pessoal."

No ano seguinte, em 12 de julho, Corção publicou no mesmo jornal um artigo em que dizia que Gilberto Freyre e Nelson Rodrigues, não sendo propriamente religiosos, eram exemplos que estimulavam os católicos a defender a Igreja de seus inimigos. O artigo intitulava-se "Gilberto Freyre" e louvava a defesa pública que o escritor pernambucano vinha fazendo da indissolubilidade do casamento, numa pregação contra o divórcio. No texto, Corção diz que Freyre havia se aproximado do socialismo na juventude, mas que tinha voltado ao caminho certo. Do mesmo modo, Nelson Rodrigues também era visto como uma espécie de filho pródigo, que havia tido os seus desvios, mas que agora se redimia. Nas palavras de Corção:

> E eu aproximo nesta mesma atitude fundamental dois homens muito diferentes sob vários ângulos mas irmãos siameses nisto que chamo de caráter na falta de um termo mais expressivo. São eles Gilberto Freyre e Nelson Rodrigues, que também andou por aqui, por ali, nas vacilações da vida, mas não hesitou em trazer seu grito original, diferente, bizarro, cômico e trágico, mas grito de protesto, grito da mais pura e legítima contestação, grito de testemunho.

No número de fevereiro de 1968 da revista *Realidade*, há uma entrevista feita com várias personalidades cujo título é "Quem ameaça o Brasil: a esquerda ou a direita?". Entre os entrevistados estava Gustavo Corção, que lembrava o passado integralista de dom Hélder Câmara, para afirmar que a esquerda tinha uma mentalidade autoritária e que seria possível aproximar comunismo e fascismo. O pensador católico dizia ainda que o embate entre direita e esquerda poderia ser resumido no confronto entre aqueles que defendem um mundo imperfeitamente democrático e cristão e os totalitários, que defendem um mundo perfeitamente antidemocrático e anticristão. Os últimos seriam representados, mais especificamente, pela *intelligentsia* anti-EUA e pró-URSS. Mais adiante, ao ser indagado se militares e padres devem fazer política, Gustavo Corção disse que a principal missão da Igreja é a santificação das almas e não as reformas sociais.

A questão da Igreja apareceu em dez dos 12 números da revista em 1968. No já citado número de setembro, há uma reportagem sobre a história da cisão interna da Igreja católica, apontando para uma participação cada vez mais ativa dos setores progressistas na luta contra o regime militar. Um outro ponto importante era o das diferentes posições da Igreja católica em face dos movimentos estudantis. Na edição de julho, a revista traz dois artigos sobre a revolta da juventude, um escrito por Alceu Amoroso Lima e outro por Gustavo Corção. No artigo de Alceu Amoroso Lima, intitulado "Querem o lugar dos velhos", há uma exortação à compreensão do que ele denomina "revolução etária". Já o artigo de Gustavo Corção exprime uma posição inteiramente diversa. Sob o título de "Não sabem o que querem", Corção diz que se trata de uma revolta sem objetivos, fruto de um vazio no coração dos homens. O autor aproveita o artigo para atacar a Revolução Russa (que "desumanizou metade do planeta"), para criticar Freud por ter instaurado o antagonismo pai-filho, para condenar a Igreja progressista e para defender a idéia de que estaria em curso uma conspiração contra a humanidade.

Várias dessas idéias de Corção eram reproduzidas nas crônicas de Nelson Rodrigues, que, a partir do final de 1967, não escondia a sua admiração pelo pensador católico. Numa delas, intitulada "Um Corção jamais suspeitado", publicada em *O Globo* em 7 de março de 1968, Nelson humaniza a figura do polemista truculento. Ele conta que um amigo seu, de esquerda, havia ficado comovido com o artigo que Corção escrevera sobre o filho, Rogério, que havia sido enviado ao Vietnã como representante do Brasil. Nos termos de Nelson:

> E então chegou a minha vez. Não me lembro de tudo o que disse de Gustavo e de Rogério. O esquerdista ouvia só, numa desesperada impotência para negar a imagem que eu ia elaborando de Corção. Expliquei-lhe que tudo em Corção é amor; poucas pessoas conheço com tanta vocação, com tanto destino para o amor. O que parece ódio, nos seus escritos, é ainda amor. Amor que assume as formas das grandes e generosas procelas.
>
> Bate forte, muitas vezes. Mas sempre por amor. Está fatalmente ao lado da pessoa e contra a antipessoa. É a luta que o apaixona. Todos os dias, lá vai ele atirar o seu dardo contra as hordas da antipessoa. Eis o que eu repeti para o meu amigo das esquerdas: — o Corção tem um coração atormentado e puro de menino.
>
> Quem o sabe ler, percebe em todos os seus escritos o pai de Rogério, sempre o pai de Rogério, querendo salvar milhões de filhos, eternamente. (Rodrigues, 1993b: 178)

Mais anti-humanista do que as esquerdas em geral, para Nelson Rodrigues, somente a esquerda católica. Para ele, a "Igreja pra frente" conjugava as duas coisas das quais ele tinha horror e que via como fundamentalmente desumanizadoras: esquerdismo político e uma certa complacência com os novos padrões de comportamento sexual. Esses dois elementos, na sua visão, eram contrários à essência da religião católica e de seu humanismo.

Nelson Rodrigues era um crítico feroz da educação sexual nas escolas — que ele condenava como uma prática que separava sexo de amor —, propondo em seu lugar uma "educação amorosa" para os jovens. E, nas suas críticas, freqüentemente a condenação da revolução político-social se misturava com a reprovação veemente da revolução sexual. Em várias de suas crônicas, ele unia o ataque à Igreja progressista com a questão da educação sexual nas escolas religiosas. Numa delas, publicada originalmente em junho de 1968, Nelson Rodrigues conta que recebeu na redação do jornal um pai atormentado por causa de uma reunião a que assistira na escola de freiras na qual sua filha estudava. O pai havia matriculado a menina no tal colégio religioso, que era o melhor e mais caro de São Paulo, e diz que estava muito satisfeito até o dia em que foi convocado para a reunião de pais com as freiras. No meio das mães e pais grã-finos, as freiras defendiam a necessidade da educação sexual a partir dos quatro anos. O pai, que na história disse a Nelson Rodrigues ser católico, mas não católico "pra frente", ficou horrorizado, mas calou-se. Diante do questionamento de outros pais, a madre explicou:

> Veio o esclarecimento: — "É preciso acabar com o tabu do sexo!". Disse isso e sentia-se a sua gloriosa satisfação. Afirmava, olhando em torno exultante: — "Sexo não pode ter mistério. A criança precisa saber que o sexo é como...". A diretora parou, um momento, procurando a imagem exata. Disse, afinal: — "Como beber um copo de água". O sujeito bebe água quando tem sede. Esse copo de água é o sexo. Uma grã-fina cochicha, deliciada: — "Muito interessante". (Rodrigues, 1995a: 104-5)

A reunião continua e surge o tema da prostituição:

> A freira deu a resposta fulminante: — "Ser prostituta é uma profissão como outra qualquer". Houve uma concordância quase unânime. Fora umas duas ou três perplexidades, aqueles pais e aquelas mães balançavam a cabeça: — "Realmente; realmente". O pai balbuciou: — "Profissão como outra qualquer? A senhora tem certeza?". A outra é superiormente irônica: — "Não vamos discutir o óbvio". (Rodrigues, 1995a: 105)

Diante do pai horrorizado, Nelson afirma ser isso a "Igreja pra frente" e diz que o homem concordou e "sentiu-se católico de uma outra Igreja, talvez de um outro Cristo" (Rodrigues, 1995a: 105).

Nelson costumava utilizar o recurso de contar uma história como se ele realmente a houvesse testemunhado, para dar veracidade às suas opiniões. O que fica claro é que, independentemente de tais histórias terem ou não ocorrido, ele ridicularizava e caricaturava os tipos que queria criticar. Como dom Hélder Câmara e Alceu Amoroso Lima encarnavam, na perspectiva do autor, essas novas tendências do catolicismo, tornaram-se alvos desse tipo de humor que criava imagens caricaturais.

Entre os dois, era de longe dom Hélder o mais duramente criticado, devido ao seu ativismo político mais radical que o de Alceu Amoroso Lima. Dom Hélder, que havia sido ligado ao integralismo nos anos 1930, sagrou-se bispo em 1952 e, no mesmo ano, foi fundador da Conferência Nacional dos Bispos do Brasil (CNBB). Logo após o golpe militar, tornou-se arcebispo de Recife e Olinda e, especialmente após a publicação da Declaração dos Bispos do Nordeste em 1966, teve um papel ativo nas denúncias contra o regime e na defesa da renovação da Igreja católica. Por conta dessa militância, era denominado às vezes de "o arcebispo vermelho".

De modo semelhante às argumentações de Gustavo Corção, Nelson acusava dom Hélder de desvirtuar o papel da Igreja, rebaixando, através da política, as tarefas mais elevadas da religião. Numa crônica intitulada "Terreno baldio", publicada em 14 de março de 1968, Nelson realiza uma "entrevista imaginária" com dom Hélder. Eis um trecho da entrevista:

> Faço a pergunta: — "Que notícias o senhor me dá da vida eterna?". Riu: — "Rapaz! Está-me achando com cara de vida eterna?". No meu espanto, indago: — "E o senhor acredita em Deus?". O arcebispo abre os braços, num escândalo profundo: — "Nem o Alceu acredita em Deus. Traz o Alceu para o terreno baldio e pergunta".
>
> Ele continuava: — "O Alceu acha graça na vida eterna. A vida eterna nunca encheu a barriga de ninguém". D. Hélder falava e eu ia taquigrafando tudo. Aquele que estava diante de mim nada tinha a ver com o suave, o melífluo, o pastoral d. Hélder da vida real. E disse mais: — "Vocês falam de santos, de anjos, de profetas, e outros bichos. Mas

> vem cá. E a fome do Nordeste? Vamos ao concreto. E a fome do Nordeste?". (Rodrigues, 1995a: 50-1)

Durante a entrevista imaginária, dom Hélder fuma e tem um linguajar grosseiro. Na sua caricatura, Nelson coloca o arcebispo afirmando que a fome do Nordeste é seu "ganha-pão" e confessando que era seu desejo de autopromoção que explicaria a sua aproximação com as esquerdas:

> D. Hélder conta: — "Quando estive nos Estados Unidos, bolei um cartaz assim: O *arcebispo vermelho*! Era eu o arcebispo vermelho, eu!". Insinuei a dúvida: — "Mas esse negócio de comunismo é meio perigoso". Nova risada: — "Perigosa é a direita. A direita é que não dá mais nada. O *arcebispo vermelho* fez um sucesso tremendo nos Estados Unidos."
>
> Pede outro cigarro. Fez novas confidências: — "Sou homem da minha época. Na Idade Média, eu era da vida eterna, do Sobrenatural. Fui um santo. É o que lhe digo: — cada época tem seus padrões. Benjamim Costallat, no seu tempo, era o Proust. O *charleston* já foi a grande moda. Pelo amor de Deus, não me falem da vida eterna, que é mais antiga, mais obsoleta do que o primeiro espartilho de Sarah Bernhardt. Hoje, a moda não é mais Benjamim Costallat, nem o *charleston*. Entende? É Guevara. O santo é Guevara. E acompanho a moda." (Rodrigues, 1995a: 51)

Além de sugerir que o homem considerado por muitos um santo era, na verdade, um mundano que seguia a moda e tinha vaidades pessoais, Nelson também desqualificava a atuação de dom Hélder, afirmando que ele tinha propósitos políticos na exploração da miséria:

> Desfechei a pergunta final: — "E a Presidência da República?". D. Hélder respira fundo: — "Depende. A fome do Nordeste é o barril de pólvora balcânico. Fome, mortalidade infantil, muita miséria e cada vez maior. Chegarei lá". Era o fim da "entrevista imaginária". Despedi-me assim: — "Até logo, presidente". Respondeu: — "Obrigado,

> irmão". E antes de partir fez a última declaração: — "Olha, as donas de casa têm uma simpatia para curar dor de barriguinha em criança. Acredito mais na simpatia do que na ressurreição de Lázaro". Disse isso e sumiu na treva. (Rodrigues, 1995a: 51-2)

Alceu Amoroso Lima também era acusado por nosso autor de seguir a moda, em vez de convicções que seriam verdadeiramente católicas, com o intuito de se autopromover. Alceu era mais conhecido, até 1928, ano de sua conversão ao catolicismo, como crítico literário, em geral utilizando o pseudônimo de Tristão de Athayde, que o acompanhou por toda a vida. Sua conversão se deu sob a orientação de Jackson de Figueiredo, pensador católico que era a sua grande influência intelectual na época (Geiger, 1992). Nos anos 1930, Alceu se colocava publicamente no campo do conservadorismo, declarando-se próximo ao integralismo e demonstrando admiração pelo franquismo. É o próprio Alceu que explica, já na década de 1970, as suas posições políticas dos anos 1930, após a morte de Jackson de Figueiredo:

> Jackson de Figueiredo, no entanto, viria a exercer uma ação póstuma sobre mim. Com a morte dele completar-se-ia a sua influência. Morto, terminaria me vencendo ao menos por um tempo. Isto aconteceu quando fui convidado para substituí-lo na direção do Centro Dom Vital. O sentimento da responsabilidade, a tradição deixada por ele, a presença dos amigos comuns me empolgaram. A partir daí caminhei numa outra direção, passando do liberalismo anterior para uma posição ortodoxamente autoritária, baseada no sentimento da disciplina e da ordem. Fui tomado da convicção de que o catolicismo era uma posição de direita. Esta crença ficou em mim durante muitos anos. Quando terminou a Guerra da Espanha, festejei a vitória de Franco, que para mim representava a vitória da Igreja. Os meus artigos sobre o Integralismo datam dessa época. Achava que o Integralismo era uma reação política nacional, de caráter unitário e autoritário, contra a fraqueza do Estado, o regionalismo e a luta de classes, em favor do Estado forte, da unidade nacional e da reforma corporativa da economia. Daí haver escrito diante da agitação que se

> processava no país, com o aparecimento de uma forte corrente esquerdizante, expressa pelo movimento da Aliança Nacional Libertadora, liderada por Luís Carlos Prestes: "É o Integralismo o reflexo brasileiro da grande e sadia reação nacionalista que partiu da Itália e se estendeu a vários países da Europa e até ao Novo Mundo (pois o New Deal é uma forma norte-americana de fascismo), contra o suicídio do Ocidente pelo ceticismo liberal e pelo individualismo democrático-burguês." (Lima, 1973: 120)

Foi principalmente depois da instauração da ditadura e de seus desdobramentos que Alceu Amoroso Lima consolidou publicamente a imagem de católico liberal e progressista, mudança que Nelson Rodrigues não perdoava e acusava de incoerente. Como que numa resposta aos que apontavam as contradições entre as suas convicções anteriores ao regime militar e as que passou a defender durante a ditadura, diz Alceu:

> Eu creio que a evolução que se processou em meu pensamento foi uma espécie de volta a mim mesmo. Após minha oscilação à direita, quando ingressei no catolicismo, era natural que viesse mais tarde a corrigi-la. Considero direita e esquerda posições unilaterais e temporárias, posições insuficientes, não legítimas, mas insuficientes.
>
> A conversão de 1928 foi uma conversão a Deus, a passagem do diletantismo, do descompromisso, para os problemas transcendentes, isto é, das origens e dos fins da vida e do ser humano. A partir daí, durante anos, julguei que muitos dos valores naturais de minha formação eram ilegítimos. Erradamente eu os ligava à posição da Igreja. A partir de 1940, mais ou menos, iniciei um processo de revisão de meu comportamento e das minhas idéias em face dos problemas sociais e do destino da criatura humana em sua passagem pela Terra. Percebi então que o fato de acreditar na liberdade acima da autoridade, de acreditar na democracia acima das oligarquias ou das autocracias, de acreditar na liberdade de pensamento, acima do dirigismo intelectual, não implicava nenhum conflito com as minhas convicções católicas, com a minha religiosidade, nem com os meus sentimentos cristãos. Não existia

> entre uma coisa e outra a menor incompatibilidade. Vi-me, assim, restituído a mim mesmo, o que me levou à defesa da liberdade, da justiça, e à defesa, inclusive, da evolução da sociedade num sentido socializante. (Lima, 1973: 234-5)

É preciso lembrar que, embora localize nos anos 1940 o início de sua guinada ao liberalismo, foi justamente em 1946 que Alceu recomendou a interdição da peça *Álbum de família*. Esse fato foi fundamental para desencadear a animosidade de Nelson Rodrigues contra o intelectual católico e foi sempre lembrado por Nelson para mostrar as contradições entre o antigo Alceu e o novo Alceu, como numa crônica publicada em 9 de março de 1968:

> O mesmo dr. Alceu que ergue barricadas contra a censura é aquele que aplaudiu a interdição de *Álbum de família*; o mesmo que, há pouquíssimo tempo, só via obscenidade nos meus textos. E, de repente, vem ele e se dispõe a abençoar todos os palavrões. No caso de *Álbum de família*, solidarizou-se com a polícia. Disse que a polícia tinha direito sim, etc. etc. Mais uma vez é a juventude que explica tamanha ginástica espiritual. Como se sabe, o jovem não tem nada de cristalizado, ou de petrificado, ou como queiram. O jovem da véspera pode não ser o mesmo do dia seguinte (estou dando uma "imagem convencional", uma "caricatura" da juventude). E o dr. Alceu é um ser múltiplo, coletivo. Podemos pluralizá-lo. Há um dr. Alceu a favor da polícia, outro dr. Alceu contra a polícia; mais outro a favor da censura, outro ainda contra a censura; um quinto dr. Alceu a favor da minha obscenidade e outro que me considera, de alto a baixo, um tarado. (Rodrigues, 1993b: 182)

Essa estratégia de Nelson para desqualificar Alceu Amoroso Lima é semelhante à de Corção, quando este faz referência ao passado integralista de dom Hélder. Nesse tipo de argumentação, está presente a intenção de mostrar as incoerências das trajetórias pessoais de seus oponentes. É interessante notar como esses argumentos de Nelson, que apontam para a falta de autenticidade das posições políticas de Alceu, terão eco numa entrevista concedida por Glauber Rocha em 1980. Nela, o cineasta, em franca polêmica com as esquerdas, compara as trajetórias de Gustavo Corção e Alceu Amoroso Lima para acusar este último de reacionário:

> É um processo de rejeição do discurso reacionário que é o discurso católico-comunista-yankee. Da ortodoxia católica dos dois lados: do catolicismo tradicional e do pseudocatolicismo da libertação. Aqui no Brasil, por exemplo, do ponto de vista religioso, o Gustavo Corção é muito mais santo do que o Tristão de Athayde. O Tristão de Athayde é inteiramente reacionário, se diz de esquerda mas usa o princípio da fé. Como, na postura de um intelectual, não pode aceitar o princípio absurdo do dogma católico, procura isso no marxismo teórico e, ao mesmo tempo, fornece os mais reacionários artigos anticomunistas em defesa do capitalismo democrático liberal kenedista dentro do *Jornal do Brasil*, onde ele escreve. O dr. Gustavo Corção, ao contrário, foi um fanático do catolicismo, mas um especialista na História do Cristianismo, conhecedor profundo do dogma. Então, foi um militante do absurdo, sem colocar jamais isso em dúvida; portanto, muito mais competente do que o dr. Tristão. O problema no Brasil é que o Tristão de Athayde se transforma em revolucionário. (*apud* Pereira e Hollanda, 1980: 33)

Além dos argumentos retomados por Glauber Rocha, a crítica de Nelson Rodrigues a Alceu Amoroso Lima e a dom Hélder está também ligada à sua perspectiva sobre os temas, fundamentais naquela conjuntura, dos movimentos estudantis e do poder jovem. Para Nelson, a posição de Alceu e da Igreja católica progressista estava relacionada à tentativa de atender às reivindicações da juventude de esquerda. Na visão de Nelson, o mundo do poder jovem, dos protestos estudantis, da revolução sexual é um mundo de ponta-cabeça, com valores invertidos. A sua crítica não é somente política, mas também moral. Seu pensamento é marcado pela nostalgia de uma época que ele considerava menos relativista em termos morais, na qual as mulheres usavam mais roupas, os religiosos dedicavam-se apenas às questões espirituais e os jovens respeitavam os mais velhos.

CONTRA O PODER JOVEM

No pensamento de Nelson, o fenômeno que expressava o absurdo e a decadência do mundo contemporâneo era o que se chamava nos anos 1960 de "poder jovem". Nos termos de Norbert Elias, tratava-se do processo de informalização das relações entre gerações, que gerou um padrão de interação entre jovens, adultos e velhos menos hierárquico e mais igualitário (Elias, 1997). Se Nelson fazia questão de afirmar que era uma flor de obsessão, podemos dizer que uma de suas maiores obsessões nas décadas de 1960 e 1970 era criticar tal processo. De certo modo, a crítica ao poder jovem englobava os dois combates analisados anteriormente, contra os intelectuais e artistas de esquerda e contra a Igreja progressista. Os intelectuais e artistas "de passeata" são sempre jovens nas crônicas de nosso autor, assim como os "padres de passeata" e as "freiras de minissaia". Alceu Amoroso Lima e dom Hélder eram velhos que se submetiam ao poder jovem. Muitas vezes, o diagnóstico de Nelson vem acompanhado de uma comparação com um passado em que a idade avançada era valorizada e respeitada, no qual os jovens queriam envelhecer rapidamente.

O ano de 1968 foi particularmente importante nos debates acerca da juventude. Esse ano teve um significado especial para os movimentos de esquerda e ficou associado às mobilizações de estudantes. Ao longo desse ano, Nelson Rodrigues escreveu várias crônicas, publicadas em *O Globo*, sobre esses acontecimentos políticos em que ele deixa claro a sua oposição ao poder jovem.

Para que se tenha a idéia do significado de 1968, vejamos o que diz alguém que viveu de perto alguns dos acontecimentos que marcaram esse ano, o historiador marxista britânico Eric Hobsbawm. Seu depoimento foi publicado na *Folha de S. Paulo* em 10 de maio de 1998, como comemoração dos trinta anos do maio de 1968 na França:

> Nenhum daqueles de nós que vivemos o ano de 1968 vai esquecê-lo, nunca. Para todos nós ele contém acontecimentos públicos que nos comoveram do mesmo modo que os americanos — mas não apenas eles — recordam ter sido comovidos pelo assassinato do presidente Kennedy. Nós o recordamos não apenas como manchetes de jornais ou imagens na TV, mas como parte integral de nossas vidas pessoais. Agora, enquanto escrevo, consigo ver a grande enxurrada de estudantes cujas manifestações lotavam as ruas de Paris no início de maio, à qual se juntava, de terno e gravata formais, meu amigo Albert Soboul, respeitável historiador da Revolução Francesa, profundamente desaprovador da contracultura e da esquerda heterodoxa, mas moralmente compelido a sair em passeata quando o povo vai para as ruas. Eu me vejo caminhando por um árido vale galês numa manhã de agosto, incrédulo e desesperado depois de ouvir no jornal matutino da rádio a notícia da invasão soviética da Tcheco-Eslováquia. Basta dizer "1968" e nós, que já éramos maiores de idade na época, mergulhamos de volta naquele ano extraordinário.

Esse certamente não foi um ano como outro qualquer, e não foram poucos os testemunhos de quem viu nesses acontecimentos a morte de um velho mundo e o nascimento de um novo. Rebeliões estudantis, início da derrota norte-americana no Vietnã, a Primavera de Praga, a combinação de revolução social com liberação sexual proposta pelos movimentos inspirados na contracultura, todos são elementos que geravam a expectativa de que grandes mudanças poderiam ocorrer. E tudo isso embalado ao ritmo do *rock'n'roll*.

A questão dos jovens ou do conflito de gerações marcou a década de 1960 como um todo e, especialmente, o ano de 1968. Pode-se afirmar que, nesse ano, em quase todos os eventos político-culturais, a marca geracional esteve presente. Esta marca se expressava por meio do tema da recusa, que tinha na contracultura seu principal veículo. Pode-se afirmar que a contracultura era o substrato comum de duas grandes tendências entre os movimentos de jovens na época, que, muitas vezes, não se entendiam: a do ativismo radical, como o da Nova Esquerda Estudantil dos EUA, e a dos grupos que preferiam a boêmia e o isolamento, como os *beatniks* e os *hippies* (Outhwaite et al., 1996: 134-7).

Nos Estados Unidos da América, esses jovens, a maioria proveniente das camadas médias, eram filhos do *baby-boom* das décadas de prosperidade do pós-Segunda Guerra Mundial. Em suas mobilizações, exigiam o fim do racismo, dos preconceitos e da guerra do Vietnã, fundindo temas políticos com outros relativos aos costumes e aos valores morais da sociedade estabelecida. Essa fusão era característica da cultura política que foi constituída pelos movimentos estudantis em todo o mundo, assim como o "tomar as ruas" através de atos que apontavam para a desvalorização da democracia representativa e para a valorização da democracia participativa. "Participação" era um dos mais importantes *slogans* da época.

Uma das principais referências intelectuais desses movimentos era o filósofo alemão Herbert Marcuse. Marcuse foi uma das figuras centrais da Escola de Frankfurt e, apesar de não ser jovem na década de 1960, pois nascera em 1898, foi uma espécie de porta-voz da nova esquerda. Crítico da sociedade contemporânea, Marcuse recorria, entre outras fontes, ao jovem Marx e a Freud para formular sua teoria social, tal como no livro *Eros e civilização* (1955), um de seus escritos mais influentes naquele período.

A crítica à razão, ao cientificismo e ao culto à tecnologia, inspirada em autores como Marcuse, aparecia de modo mais radical no elogio da vida próxima à natureza e no uso das drogas, visto como um meio de libertação do indivíduo em face da repressão da sociedade massificada. O psicodelismo, como estilo de vida e ideal estético, se contrapunha ao racionalismo e aos valores ligados ao trabalho produtivo e à acumulação de capital.

Os movimentos estudantis que eclodiram em 1968, especialmente o de maio, na França, condensaram essas questões. O movimento francês de maio surgiu a partir de reivindicações em torno de problemas internos das universidades e, depois, se expandiu para setores mais amplos da sociedade. A impressão de que não havia um objetivo bem delimitado nesses movimentos se devia ao fato de que a luta não era somente contra o capitalismo como sistema econômico, mas também contra tudo o que representasse autoritarismo, repressão, tradição, hierarquia, preconceitos, discriminação, valores morais rígidos. Nesse caso, o alvo poderia ser tanto o capitalista explorador quanto a esquerda mais tradicional, como a que era ligada ao Partido Comunista Francês, por exemplo.

Na visão dos revolucionários de 1968, portanto, não era possível separar cultura e política. Se uma nova cultura política estava para ser criada, ela não poderia deixar de ser também uma política cultural. Faziam parte dessa cultura política, ou dessa política cultural, novas formas de protesto, como os *sit-ins*, assembléias, greves de braços cruzados, desobediência civil, pichações de frases nos muros,[39] assim como temas relativos ao feminismo, à defesa de minorias, ao apoio aos movimentos de libertação nacional no Terceiro Mundo. A importância conferida na época à revolução cultural chinesa e a líderes revolucionários, como Mao Tsé-tung e Che Guevara, deve ser entendida nesse contexto. Esses líderes apareciam como alternativas ao stalinismo e, no caso de Che, como símbolo da juventude inconformista. Já a revolução cultural chinesa, iniciada por Mao em 1966, parecia ser, naquele momento, um movimento de renovação levado a cabo pelos jovens contra a burocracia enrijecida, o autoritarismo e a tradição.

No Brasil, 1968 também foi o ano do crescimento dos movimentos estudantis de massa. Mesmo antes do maio de 68 francês, o tema do poder jovem começou a surgir aqui a partir das mobilizações dos estudantes. O ano de 1968 foi o das grandes passeatas contra a ditadura militar inaugurada em 1964. Essas passeatas reuniam os mais diversos setores da sociedade: artistas, intelectuais, católicos progressistas, uma classe média liberal e, acima de todos, os estudantes. As manifestações de rua cresce-

[39]Algumas dessas frases mais famosas traduzem o que alguns denominam de "o espírito de 1968": "Abaixo a sociedade espetacular-mercantil"; "Burgueses, vocês não entenderam nada"; "A luta continua"; "Revolução cultural contra uma sociedade de robôs"; "É proibido proibir"; "A imaginação no poder"; "Sejamos realistas, peçamos o impossível"; "Não mude de emprego, mude o emprego de sua vida"; "Faça amor, não faça guerra"; "Aquele que fala de revolução sem mudar a vida cotidiana tem na boca um cadáver" (*apud* Ridenti, 2000b: 258-9).

ram muito após a morte do estudante secundarista Edson Luís, em 28 de março, episódio que revelou publicamente toda a crueldade do regime militar. Edson Luís foi morto pela polícia durante um protesto no restaurante universitário Calabouço. Sua morte acabou por desencadear toda uma onda de protestos, que foi integrada, inclusive, por setores das classes médias que, a princípio, haviam apoiado o golpe, mas que passaram a discordar do rumo dos acontecimentos.

A passeata dos Cem Mil, no Rio de Janeiro, em 26 de junho, foi a mais importante de todas e revelou novas lideranças estudantis, particularmente Vladimir Palmeira, então presidente da União Metropolitana dos Estudantes (UME). Outro ato significativo do movimento dos estudantes foi a ocupação da faculdade de Filosofia da Universidade de São Paulo (USP), na rua Maria Antônia. Em guerra com os estudantes do Comando de Caça aos Comunistas (CCC) da Universidade Mackenzie, situada na mesma rua, os ocupantes da Faculdade de Filosofia tiveram um colega assassinado em outubro. No mesmo mês, 739 estudantes foram presos durante o trigésimo Congresso da União Nacional dos Estudantes (UNE), que estava sendo realizado clandestinamente em Ibiúna.

Enquanto os protestos se espalhavam por todo o país, sendo duramente reprimidos pela polícia e pelas forças armadas, alguns setores da esquerda progressivamente passavam a defender, dado o fechamento cada vez mais claro do regime, o recurso à luta armada como única maneira de vencer os militares. Inúmeros grupos clandestinos armados surgiam, em resposta ao crescimento do terrorismo de direita e às medidas com as quais o governo acenava no sentido da radicalização da repressão, como a da proibição das manifestações de rua pelo Conselho de Segurança Nacional em 17 de julho (Reis Filho e Moraes, 1998). Um dos primeiros atos de grande repercussão da esquerda armada ocorreu em novembro: foi o assassinato do capitão Chandler, da CIA, em São Paulo, por um comando da VPR-ALN (Vanguarda Popular Revolucionária — Aliança Nacional Libertadora) (Ridenti, 2000a: 386).

Nas disputas internas do próprio governo militar, venceu a "linha-dura", adepta do reforço dos aparelhos repressivos. Essa vitória interna expressou-se claramente na edição do Ato Institucional nº 5, o AI-5, em dezembro de 1968, dando início aos anos de chumbo. O AI-5 representou, na prática, o aumento brutal da repressão às oposições e do uso cotidiano da tortura, desencadeando um período de arbitrariedades e perseguições.

No campo da cultura, 1968 foi um ano repleto de realizações e debates. O cinema assistia aos lançamentos de filmes como *O dragão da maldade contra o santo guerreiro*, de Glauber Rocha, um dos idealizadores do Cinema Novo, e *O bandido da luz vermelha*, de Rogério Sganzerla. Na música popular, a Tropicália vivia o seu auge, e o III Festival da Canção, promovido pela TV Globo, premiou com o primeiro lugar "Sabiá", de Tom Jobim e Chico Buarque, e consagrou Geraldo Vandré e seu hino, "Pra não dizer que não falei de flores", como símbolos de uma geração. A mesma geração que vaiou violentamente Caetano Veloso, quando ele se preparava para cantar "É proibido proibir", e que o viu reagir com um discurso igualmente violento.

Nelson Rodrigues comenta todos esses eventos em suas crônicas, tanto os que ocorrem no Brasil quanto os internacionais. Em relação ao maio de 1968 na França, sua posição foi de total apoio a De Gaulle, presidente francês que procurou enfrentar a crise desencadeada pelas greves e manifestações de estudantes e trabalhadores. Para o nosso autor, a explicação para toda essa movimentação na França estava na sua idéia de que a época contemporânea é marcada pela "ascensão dos idiotas":

> E, súbito, as greves na França parecem dar razão aos meus escritos. Eu queria, aqui, insinuar a hipótese de que a "revolução cultural" seja obra de idiotas. São milhões de sujeitos implicados no movimento. Mas não há um único e escasso líder; não se ouve um nome. Aí está um dado patético. Não há nada mais impessoal do que o idiota e nada mais idiota do que a unanimidade. E os milhões exprimem a "onipotência numérica" de que falei mais acima.
>
> De Gaulle tem, nisso tudo, a solidão do herói. Sua liderança foi um equívoco que teria de ser desfeito. É o herói puro e, ainda mais, com esporas e penacho. Diria também que não há francês mais radical. Foi francês no momento em que ninguém era francês. Mas tem o

> defeito realmente indesculpável de não ser idiota. Terá que cair, mais cedo ou mais tarde.
>
> (...) Nos telegramas, não se cita um grande nome da França. Minto. Vi uma fotografia de Sartre ao lado de grevistas. Estava, ali, fingindo-se de idiota para sobreviver. (Rodrigues, 1995a: 93)

É claro que, além de Sartre, havia outros "grandes nomes" da intelectualidade francesa apoiando as greves. Mas o que importa perceber é que Nelson associa os movimentos de massa de cunho esquerdizante com uma ameaça aos indivíduos. Novamente, ele afirma a incompatibilidade entre o trabalho intelectual e o engajamento político de esquerda.

Porém, foi principalmente a passeata dos Cem Mil o acontecimento de 1968 que Nelson Rodrigues resolveu atacar. Para ele, as passeatas em geral eram expressão de uma multidão alienada, que servia de esconderijo à mediocridade intelectual e artística. Na dureza de suas opiniões, Nelson continuou a ridicularizar as passeatas, mesmo quando elas já não podiam mais acontecer devido ao recrudescimento da repressão por parte do regime militar. Utilizando o humor para desqualificar seus adversários políticos, nosso autor classificava as passeatas como movimentos de grã-finos, antinacionalistas que se preocupavam mais com o Vietnã do que com a fome do Nordeste. Ele via a esquerda, portanto, como composta por uma elite que utilizava o espaço público para se autopromover, muito mais do que para protestar. Essa esquerda, para Nelson, poderia ser caracterizada como festiva, termo usado na época para descrever de modo pejorativo a intelectualidade boêmia que se colocava no campo da oposição à ditadura.

Numa crônica publicada em *O Globo*, em 11 de fevereiro de 1969, Nelson se refere à passeata dos Cem Mil como "um pesadelo com cem mil defuntos". Ele desqualifica a passeata utilizando vários argumentos. Primeiramente, questiona o número e diz que havia no máximo cinqüenta mil. De todo modo, na sua visão, parecia incrível que algo que não fosse o futebol houvesse juntado tanta gente. Porém, diferentemente do futebol, na passeata não havia povo. Nelson descreve as suas impressões sobre o que ele considerava a "marcha das classes dominantes":

> E súbito, baixou-me uma luz e vi tudo. Não havia um preto, ou um torcedor rubro-negro, ou um desdentado, porque aquilo era um passeata das classes dominantes. A coisa era tão antipopular que não apareceu nem um batedor de carteira. Onde há povo, são obrigatórias uma série de figuras: — o vendedor de laranjas, de mate, de chicabom, de mariola. Quando o povo sentasse, acabaria a passeata e começaria o piquenique. Palavra de honra, eu ficaria radiante se, de repente, aparecesse uma mãe plebéia. Sim, uma santa crioula, que tirasse o seio negro e generoso e desse de mamar ao crioulinho sôfrego. (Rodrigues, 1995b: 29)

Sem incluir o que nosso autor entendia por "povo", a passeata tornava-se suspeita de ser distanciada dos problemas nacionais: "E mais: — os manifestantes não disseram, em nenhum momento, o nome do Brasil. Era como se, ali, ninguém fosse brasileiro" (Rodrigues, 1995b: 28).

Essa acusação não foi inventada por Nelson. Ela era muito acionada pela própria propaganda do governo, que associava a resistência à ditadura com o comunismo e com um antinacionalismo. A maior radicalização nesse sentido se deu durante a presidência de Emílio Garrastazu Médici (1969-1974), quando o lema "Brasil: ame-o ou deixe-o" tornou-se central na propaganda oficial. Não estou afirmando aqui que Nelson era um propagandista oficial do regime militar, e sim que os argumentos que fundamentavam o seu apoio aos militares e seus ataques contra as esquerdas eram muitas vezes similares ao discurso oficial. Ao final da crônica mencionada, Nelson sugere que o Brasil passaria melhor sem os que protestavam na passeata dos Cem Mil:

> E, então, por um momento, fiquei tecendo, no meu canto, uma série de fantasias, algumas das quais sinistramente divertidas. Imaginei se, de repente, desabasse uma bomba atômica sobre os manifestantes. Passa um avião e atira a bomba no momento em que, obedientes à palavra de ordem, os Cem Mil sentaram-se. E, então, todos morreriam, confortavelmente sentados, alguns abanando-se com a *Revista do Rádio*.

> Cem mil defuntos. Mas poderiam ser 100 mil defuntos irrelevantes, secundários. Não neste caso. Neste caso, as vítimas seriam as chamadas classes dominantes. Eis o Brasil sem elas, as classes dominantes. E, então, sim, os favelados, os negros, os torcedores do Flamengo, os desdentados, as mães plebéias, os paus-d'água anônimos — seriam donos de tudo. E cada qual teria, em seu automóvel, uma cascata artificial, com filhote de jacaré. (Rodrigues, 1995b: 30)

Além de considerar as passeatas uma movimentação das elites contra os verdadeiros interesses nacionais, Nelson também as via como expressão de uma época em que a relação entre jovens e velhos estava subvertida. Sinal dos tempos modernos, deteriorados em relação a um passado em que as hierarquias eram mais claras, e a vida social, menos convulsionada. No dizer de nosso autor, no "antigo Brasil" era humilhante ser jovem, e todos queriam envelhecer para ganhar respeitabilidade, enquanto no Brasil de 1968 ninguém quer ser velho, todos querem ser jovens e apoiar os jovens (Rodrigues, 1993b: 98).

Nas suas crônicas, Nelson conta histórias de filhos que agridem pais e mães,[40] fala do ódio das novas gerações e diz que os mais velhos são coniventes e se acovardam diante do poder jovem. Como vimos acima, este último é um dos argumentos que ele utiliza para criticar Alceu Amoroso Lima. Em polêmica com artigos do pensador católico que utilizou a expressão "razão da idade" para tentar entender os movimentos estudantis de 1968, nosso autor explicita seu pensamento:

> A *razão da idade* muda todas as relações e todos os valores. Nem importa o que faça "o jovem". Incendeia a França. Tem dezessete, dezoito, 22 anos. E basta. Arranca os paralelepípedos e vira os carros. Pode fazê-lo porque tem no bolso a triunfal certidão de idade. Se nasceu no ano X, tudo lhe é permitido. Estão aí o jornal, o rádio, a TV

[40]Ver, por exemplo, a crônica publicada em *O Globo* em 05/08/1968, em que Nelson Rodrigues conta a história de uma mãe que levou uma surra do filho porque não tinha dinheiro para dar-lhe e, ao invés de fazer prevalecer a sua autoridade materna, justificava a atitude do filho dizendo que o rapaz tinha muito gênio e era nervoso. (Rodrigues, 1995a: 176-9)

> para justificá-lo, para absolvê-lo. Há uma "Moral da Idade", assim como há uma "Igreja da Idade". Conheço sacerdotes que só confessam "o jovem". Todos põem na mão do jovem, como uma bomba, a razão absoluta. O mundo deixou de ser dos "mais velhos". Mas pergunto: — que fará "o jovem" com sua onipotência? A *razão da idade* pode destruir o mundo. (Rodrigues, 1995a: 136)

Esses jovens das histórias de Nelson Rodrigues são animalescos, repletos de ódio, facilmente manipuláveis. O poder jovem, portanto, teria um potencial totalitário que ameaçaria as liberdades individuais, inclusive a liberdade de expressão. Como exemplo desse raciocínio de Nelson, há uma crônica de setembro de 1968 em que ele comenta a vaia que Caetano Veloso levou no Festival da Canção. A reação de Caetano ficou famosa, pois ele interrompeu a música "É proibido proibir" para agredir a platéia que o vaiava. Na descrição de Nelson, a platéia era formada somente de jovens que expressaram a sua "jovem obtusidade" ao impedir que o artista cantasse a sua música, agindo como "rútilos centauros" (Rodrigues, 1995a: 241-3).

O poder jovem seria, então, na visão de nosso autor, uma das principais características de um mundo de valores invertidos, fruto de um processo modernizador que ele considerava perverso e que fizera aflorar com intensidade a "face hedionda" dos seres humanos.

O MUNDO DE PONTA-CABEÇA

O diagnóstico de um mundo de ponta-cabeça reúne uma certa nostalgia das hierarquias e uma ideologia individualista, que opõe liberdade individual a necessidades coletivas. Para ele, o socialismo era o primado da coletividade. A coletividade ou, como dizia Nelson, a multidão suprime o talento e a criatividade dos indivíduos. Daí a defesa do regime militar.

No entanto, se Nelson Rodrigues defendia publicamente a ditadura militar, também atacava um dos seus mais poderosos instrumentos de repressão: a censura. Ao mesmo tempo que utilizava a censura como argumento para fazer propaganda anticomunista, já que caracterizava os países socialistas como destituídos de liberdade de expressão, nosso autor também não poupava o cerceamento da produção artística e intelectual realizado pelo Estado brasileiro. Já vimos anteriormente que Nelson teve trabalhos censurados durante toda a sua vida, inclusive no período da ditadura militar. Portanto, para ele, a censura não era algo específico do período em questão, e ele até ridicularizava aqueles que a consideravam uma novidade, tal como numa reportagem publicada na revista *Visão* de 11 de junho de 1979: "Acho até graça quando se queixam da censura. A censura sempre usou um tratamento discriminatório contra minha obra. Tive oito peças interditadas e todos os presidentes, inclusive os de 64 para cá, me massacraram como autor."

Ao se colocar como autor maldito para todos os regimes e perseguido pela censura, Nelson afirma que somente num mundo onde os valores estão invertidos é que ele pode ser considerado um reacionário. Ele sintetiza essas suas idéias numa das confissões de *O Globo*, publicada em 25 de janeiro de 1973. No texto intitulado "O inimigo do povo", clara referência à peça de Ibsen que ele tanto admirava, Nelson Rodrigues conta que foi a um sarau de grã-finos e que uma senhora o chamou de extrema direita e de inimigo do povo. E diz que se ser de extrema esquerda é ser contra a liberdade e apoiar o regime socialista, que seria um regime de escravidão, então ele é de extrema direita. Nas suas palavras:

> Mas se é exato o que a velha senhora diz, então a extrema esquerda é o sujo, o reles, o vil, o indigno. O homem passa a ser o anti-homem, a pessoa antipessoa. Ao passo que a extrema direita luta, desesperadamente, para preservar os valores da vida. Sendo assim, é ótimo que a velha senhora me chame, e para sempre, de extrema direita. e que Deus me conserve extrema direita, por todo o meu destino efêmero, por todo o meu destino eterno.

Nosso autor afirmou muitas vezes que se considerava um libertário, mas se os comunistas eram considerados libertários, então ele era mesmo um reacionário. Nessa perspectiva, aceitar o rótulo de reacionário era combater o pensamento de esquerda, que ele via como uma espécie de *establishment*. Suas crônicas da década de 1960 criticavam o maio de 1968, a juventude, o "padre de passeata", a "freira de minissaia", a URSS, a China, Cuba, Sartre e a invasão dos tanques soviéticos na Tchecoslováquia pondo fim à Primavera de Praga, em geral associando esquerdismo a stalinismo. Nesse combate, ele afirmava a sua identidade de anticomunista, simpatizante do catolicismo conservador, pró-regime militar, mas sempre relacionando a sua rebeldia de autor considerado obsceno com a sua postura de homem público avesso a uma politização da arte e da cultura que, a seu ver, era produto do pensamento de esquerda. É interessante notar que a sua aversão ao engajamento era contraditória com relação ao teor de seus escritos, pois em suas crônicas há sempre as posições do autor diante de temas políticos. Dizendo de outra maneira, as suas crônicas eram totalmente engajadas nos grandes debates políticos da época.

Isso fica mais claro se confrontamos os temas que aparecem em duas importantes revistas "politizadas" da época com as crônicas de Nelson Rodrigues. A primeira delas é a *Revista Civilização Brasileira*. Era uma revista que reunia uma parcela expressiva da intelectualidade brasileira antiditadura, assim como intelectuais estrangeiros identificados com a crítica ao capitalismo. A revista era bimestral e, no ano de 1968, contou com um caderno especial sobre *Teatro e Realidade Brasileira*, em que o principal tema era a arte politicamente engajada. Em seus outros números do mesmo ano, há um texto de Jean-Paul Sartre sobre o genocídio americano no Vietnã (n. 17, jan./fev.), um texto de Marcuse intitulado "Liberdade e agressão na sociedade tecnológica" (n. 18, mar./abr.), inúmeros artigos sobre a revolta dos estudantes franceses (n. 19 e 20, maio/ago.), sobre a Tchecoslováquia (n. 21 e 22, set./dez., assim como o caderno especial n. 3, inteiramente dedicado ao assunto), sobre a Igreja e seu processo de renovação (n. 21 e 22, set./dez.), entre outros temas.

É possível afirmar que todos esses assuntos eram tratados nas crônicas de Nelson Rodrigues, que também atacavam autores importantes para o pensamento político de esquerda na época, como Sartre e Marcuse. Nelson condena a solidariedade das nossas esquerdas ao Vietnã, por exemplo, argumentando que há coisas mais urgentes com o que se preocupar dentro do próprio território nacional. Ele também debocha dos leitores de Herbert Marcuse, especialmente as "grã-finas", que procuram parecer inteligentes citando o autor em questão, ídolo dos jovens revolucionários franceses. Sartre era uma das principais vítimas de seu escárnio, tendo sido atacado em inúmeras crônicas. Na crônica "O medo de parecer idiota", publicada em *O Globo* em 25 de janeiro de 1968, eis o que o nosso autor diz sobre o filósofo francês:

> Há quem o considere "a maior cabeça do mundo" (realmente, Sartre tem inspirado algumas das mais abjetas admirações do nosso tempo). Eis o que eu queria dizer: — como todo grande espírito, ele não tem medo nenhum de ser imbecil. Sabe que o idiota é também uma dimensão do gênio. Ainda recentemente foi à África. Ao voltar, um repórter perguntou-lhe: — "Que me diz o senhor da literatura africana?".
>
> Sartre responde na hora: — "Muito mais importante do que toda a literatura africana é a fome de uma criancinha". Disse isso e ainda lhe pingou um ponto de exclamação. Resposta exemplarmente idiota (...) (Rodrigues, 1993b: 116)

Uma outra publicação cuja análise permite que se perceba o engajamento das crônicas de Nelson Rodrigues nos debates mais relevantes da época é a revista *Realidade*. Essa revista era mensal, e sua tiragem no ano de 1968, por exemplo, oscilou entre 430 mil e 482.500 exemplares, variando a cada mês. O seu público-alvo era uma classe média relativamente intelectualizada e era bem mais amplo que o da *Revista Civilização Brasileira*. Se tomarmos ainda o ano de 1968 como referência, veremos que três temas receberam especial destaque em *Realidade*: a educação sexual, os movimentos da juventude de esquerda e a renovação da Igreja católica. Todos esses três temas também apareceram repetidas vezes nas crônicas de Nelson Rodrigues ao longo do ano em questão.

No número de julho, a revista lançou uma pesquisa para ser respondida pelos leitores, intitulada "Você é a favor da educação sexual?", que era constituída por um questionário com 17 perguntas sobre o assunto. Na edição de novembro, a revista trouxe os resultados da pesquisa. Vinte e quatro mil respostas chegaram até o final de agosto, e foi selecionada uma amostra de 2.400 questionários. A maioria dos que responderam era jovem e estudante, e o resultado foi amplamente favorável à educação sexual nas escolas a partir da infância. Em fevereiro, a revista já chamava a atenção para a relevância do tema, divulgando os dados do balanço do mercado de livros que diziam que, entre dez obras editadas ou reeditadas no Brasil no ano anterior, (1967), ao menos três falavam de sexo.

Para Nelson Rodrigues, todas essas questões eram expressões de uma época em que os idiotas reinavam absolutos. E, da perspectiva do seu próprio engajamento, as esquerdas eram a encarnação mais perfeita de tal reinado. Por exemplo, ele via como antitéticos o apoio dos intelectuais e artistas de esquerda ao comunismo e a sua própria sobrevivência como categoria social. O pré-requisito essencial para o trabalho intelectual seria a liberdade de expressão e, na visão de Nelson, com base na prática do que hoje se convencionou chamar "socialismo real", o comunismo era sinônimo de censura e controle das atividades artísticas e literárias.

Em sua obsessão pelo tema das esquerdas, Nelson enxergava nelas a base de um pretenso *establishment* cultural do qual ele se considerava excluído. Eis o que ele afirma na crônica publicada em *O Globo* em 3 de fevereiro de 1968:

> Portanto, admitam que também cultive eu as minhas obsessões. Por outro lado, a esquerda é a fatalidade da nossa época. Eu sei que ela continua minoritária. Mas a torcida do Botafogo, também minoritária, é mais feroz que a do Flamengo (só o Salim Simão, com o seu berreiro individual, solitário, lota o Estádio Mário Filho).
>
> Eis o que eu queria dizer: — não me interessa a expressão numérica da "festiva". O que importa é a sua capacidade de influir nos usos, costumes, idéias, sentimentos, valores do nosso tempo. Ela não briga, nem ameaça as instituições. Mas, em todas as áreas, as pessoas assumem as poses das esquerdas.
>
> (...) Ah, ninguém consegue ser nada, em nossa época, sem o empurrão promocional das esquerdas. (Rodrigues, 1993b: 132-3)

A crítica de Nelson às novas gerações muitas vezes mostrava um certo ressentimento com relação aos artistas e intelectuais de esquerda. Ele dizia em vários de seus textos que a "classe teatral" nunca havia se mobilizado contra a censura de suas peças. Por outro lado, para ele, a politização, assim como a "inteligência" de diretores, artistas e autores ameaçavam a própria existência do teatro:

> Dizia-se que o Brasil é um país racional. Já não sei, e tenho as minhas dúvidas. Os atores não representam, e também o romancista não faz romance, nem o poeta, poesia, nem o pintor, pintura, nem o cineasta, filme. Sim, as coisas que devem ser feitas, ninguém as faz. Cabe então a pergunta: — e por quê? Primeiro, porque tanto o teatro, o romance, a poesia, a pintura ou a música vivem de umas tantas ou quantas individualidades fortes, crispadas, miguelangelescas. E hoje o artista prefere ser ninguém, isto é, ele morre em classes, assembléias, discursos e passeatas. O artista é um cadáver. (Rodrigues, 1995a: 145)[41]

Vimos que o teatro, campo de intensa efervescência desde o início da década de 1960, através de experiências como as do Centro Popular de Cultura (CPC) da União Nacional dos Estudantes (UNE), foi um dos primeiros setores culturais a realizar protestos organizados contra a ditadura.[42] Portanto, não por acaso o teatro foi tema de um caderno especial da *Revista Civilização Brasileira* em julho de 1968, uma das publicações mais importantes da época e veículo de diversos setores de oposição ao regime militar. Temas como censura, engajamento, mitificação do herói, teatro negro, teatro popular e o público de teatro estão presentes no caderno especial intitulado *Teatro e realidade brasileira*. Um dos eventos mais importantes de 1968 foi a estréia de *Roda-viva*, de Chico Buarque. Dirigida por José Celso Martinez Corrêa, *Roda-viva* acabou tornando-se um símbolo de resistência ao regime militar, após os atores sofrerem um atentado comandado por um grupo de direita em São Paulo. Este atentado e

[41]Esta crônica, intitulada "A morte do teatro", foi publicada originalmente em *O Globo*, em 14 de julho de 1968.

[42]Na visão de Dias Gomes, um dos principais representantes do "teatro engajado" na época, "foi no teatro que se fez a primeira denúncia organizada contra o estado de coisas criado pelo golpe militar direitista" (Gomes, 1968: 7).

mais um outro, ocorrido em Porto Alegre, desencadearam uma série de protestos dos artistas e da intelectualidade de oposição como um todo.

Embora a esquerda fosse seu alvo preferencial, Nelson Rodrigues não deixou de se manifestar contra o extremismo de direita responsável pelas agressões aos atores de *Roda-viva*. Após o episódio da invasão do Teatro Ruth Escobar em São Paulo por um grupo paramilitar de direita, Nelson escreveu uma crônica intitulada "O Brasil nazi-stalinista", em que condenava os terroristas que espancaram o elenco da peça. Para ele, o "terrorismo de esquerda" e o "terrorismo de direita" eram equivalentes, e ambos disseminavam o ódio. A expressão dessa semelhança teria sido a aproximação entre Hitler e Stalin nas vésperas da Segunda Guerra Mundial, confirmando a natureza comum que ele e Gustavo Corção acreditavam unir o nazismo e o comunismo. Porém, ao condenar a violência contra os artistas de esquerda, Nelson aproveitava para reafirmar a sua idéia de que a própria esquerda, em especial a católica, defendia a violência. Nas suas palavras:

> Eu me consideraria o último dos infames se, algum dia, me solidarizasse com a violência. Para mim, a liberdade está acima do pão (e, por isso, o pequenino Stalin ou o pequenino Hitler há de me considerar o mais bestial dos reacionários). D. Hélder e dr. Alceu são contra e a favor da violência. Assumem uma ou outra atitude, taticamente, segundo as conveniências do momento. Outro dia, li, no d. Hélder, no dr. Alceu e no padre Comblin, que a guerrilha "não adianta". Não se trata de uma objeção moral, religiosa, humana, ou que outro nome tenha. Eles se opõem pela ineficácia. Só. A dedução é óbvia: — se a carnificina fosse proveitosa, devíamos sair por aí chupando as carótidas uns dos outros. Singular caridade de d. Hélder, do padre Comblin e do dr. Alceu.
>
> Também não aceito o padre de passeata. Quero que me entendam. O padre de passeata é, hoje, uma ordem tão definida, tão caracterizada como a dos beneditinos, dos franciscanos, dos dominicanos e qualquer outra. E está a serviço do ódio. Nunca ninguém verá um gesto meu, ou uma linha, a favor de qualquer terrorismo da esquerda ou da direita. Agora mesmo cometeu-se um crime contra o teatro brasileiro.

> Espancou-se a platéia, espancou-se o elenco de *Roda-viva*. Despiram as atrizes. Uma delas estava grávida, e gritou a própria gravidez. Foi arrastada, pisada, chutada. Começou um Brasil nazi-stalinista. (Rodrigues, 1995a: 156)

Nelson acreditava ser possível dissociar, naquele momento, o seu antiesquerdismo militante de um apoio a arbitrariedades como torturas e invasões de espetáculos. Ele continuou a sustentar esta posição mesmo após a edição do AI-5, quando a censura, a repressão e a tortura se tornaram práticas mais disseminadas, atingindo duramente o campo artístico e intelectual brasileiro. O mais dramático é que o próprio Nelson, através da prisão de seu filho Nelsinho, em março de 1972, sofreu com as arbitrariedades de um regime que ele se empenhou em apoiar e que defendeu através de suas crônicas engajadas.[43] Numa época de opções políticas radicais, o ataque sistemático às esquerdas, feito com imenso talento literário, constituía um poderoso instrumento de veiculação de um ideário considerado conservador naquele contexto. Em nome da defesa da liberdade do indivíduo, especialmente da livre expressão, Nelson Rodrigues, ironicamente, ajudou a legitimar um regime que representou a suspensão dessa mesma liberdade.

Mas, além de uma questão política conjuntural, sua defesa do regime militar se apóia numa perspectiva sobre a natureza humana que, como já apontamos em capítulos anteriores, é bastante pessimista. Numa época em que os controles externos sobre as condutas individuais estão enfraquecidos, na visão de Nelson, entravam em cena os idiotas, que para ele eram aqueles que, incapazes de ter independência de pensamento, seguiam

[43]Como vimos no primeiro capítulo, até a prisão de Nelsinho, em 1972, Nelson Rodrigues parecia não acreditar que havia tortura no Brasil. Numa crônica publicada em maio de 1970, por exemplo, ele conta que perguntou ao presidente Médici se havia tortura no Brasil e que o presidente não somente negou, como também afirmou que quem promovia violência eram os "terroristas" de esquerda. Opinião esta que Nelson endossa em sua crônica (Rodrigues, 1995b: 152-5). É interessante notar como essa visão muda ao longo dos anos 1970, quando Nelson condena a tortura como uma ignomínia em entrevistas e, na campanha da anistia, se coloca contra a anistia de torturadores. Nas suas palavras: "Sou contra a anistia para torturadores. Seria uma infâmia. A impunidade corrompe o sujeito e o torna capaz de atrocidades cada vez maiores" (Rodrigues, 1997 a: 167).

a multidão, e também os canalhas. Os canalhas eram, na classificação de nosso autor, seres amorais, sem valores éticos e defensores de um relativismo moral cínico que poderia ser resumido na seguinte frase: "Se Deus não existe, tudo é permitido." Frutos da modernidade, os canalhas eram o contrário dos santos, estes cada vez mais raros e improváveis. Para Nelson Rodrigues, há em todos os homens as duas dimensões, mas, entre santos e canalhas, as características do segundo prevaleceriam na natureza humana.

CAPÍTULO V Demônios interiores

Alguém poderá perguntar: afinal, eu acredito ou não no homem? Claro que sim. Mas em um homem que seja um deslumbrante centauro, metade Deus e metade Satã. Se, porém, falta ao homem a metade satânica, não teremos homem, não teremos ninguém.

Nelson Rodrigues

UMA ANTROPOLOGIA RODRIGUIANA

Parece-me ser possível perceber, no conjunto da obra de Nelson Rodrigues, a elaboração de uma certa antropologia, não no sentido moderno, e sim no sentido de uma visão sobre a natureza humana. Essa antropologia rodriguiana possui algumas características importantes. Uma delas diz respeito à identificação de uma dualidade inerente a essa natureza. A natureza humana é formada por aspectos demoníacos e divinos, por instintos animalescos e sentimentos sublimes, pelo mal e pelo bem. Assim como Blaise Pascal que, no século XVII, via no homem um ser duplo, que continha em si grandeza e miséria, Nelson Rodrigues caracteriza a condição humana como permeada de uma ambigüidade trágica (Brum, 1998: 60).

Porém, ainda que afirme que "há um momento em que, no meu dilacerado otimismo, imagino que até o canalha e, repito, até o mais degradado dos seres, há de ter uma nesga de azul, um momento de compaixão, um gesto de amor, ou de sonho ou de pena" (Rodrigues, 1997a: 35), o que predominava em nosso autor era uma visão pessimista sobre o gênero humano. As criaturas de Nelson Rodrigues são cindidas e frágeis, possuindo uma dimensão animalesca que faz com que os instintos estejam sempre prestes a aflorar.

José Thomaz Brum, ao comparar alguns aspectos das obras de Schopenhauer e Nietzsche, coloca questões interessantes para a reflexão sobre o que estamos chamando aqui de antropologia rodriguiana. A imagem do homem como um animal secreto está presente em Schopenhauer, que diz que a essência animalesca do ser humano é dissimulada devido à presença da razão. Ao desenvolver essas idéias, Nietzsche, por sua vez, com um olhar implacável a respeito do aspecto animal dos seres humanos, desejou "revelar 'as camadas animais' ocultas pelos motivos morais ou racionais" (Brum, 1998: 61). Num contexto marcado pela publicação dos trabalhos de Charles Darwin, interessava a Nietzsche desmascarar o antropocentrismo religioso ou metafísico que dava um caráter eterno ou divino à existência humana. Nos termos de Brum:

> Revelando a origem animal do homem, Nietzsche deseja, sobretudo, se opor às visões idealistas que afagam o seu orgulho. O homem pertence, portanto, à natureza biológica e animal. Seu espírito, capaz de razão e também de dissimulação (como Schopenhauer mostrou), é apenas uma "continuação, uma elevação do espírito animal". (Brum, 1998: 63)

A visão pessimista de Nelson Rodrigues sobre o homem também se funda na idéia de que a razão dissimula essa condição animal. E a revelação mais explícita dessa animalidade é o predomínio dos instintos no comportamento humano. Para o nosso autor, no entanto, embora essa animalidade seja inerente ao ser humano, ela o desumaniza. Portanto, ao mesmo tempo que é necessário ao homem reconhecer o animal secreto que há em si, é também preciso domá-lo, não permitindo que os instintos predominem. Para Nelson, "os instintos não passam de um lapso indesculpável da natureza. Assim como o cirurgião esquece uma toalha na barriga operada, assim a natureza esqueceu os instintos nas nossas entranhas" (Rodrigues, 1997a: 90).

Diferentemente da tragédia antiga, em que o destino dos homens era determinado pelos deuses, na tragédia moderna os homens são condenados pelos seus demônios interiores (Prado, 1993: 270). E, no caso de Nelson Rodrigues, são esses instintos, que permanecem em nossas entranhas, que conferem uma dimensão trágica à existência humana. Os instintos, mais do que conflitos psicológicos, são o que movem os demônios interiores dos homens e determinam seu destino trágico.

Como vimos no segundo capítulo, uma das questões presentes em várias das peças de Nelson Rodrigues, que coloca suas personagens num embate dramático com seus instintos, é o incesto. A possibilidade de rompimento com a interdição do incesto, sempre presente nas relações das famílias rodriguianas, expõe a miséria das personagens que rompem limites éticos e morais movidos por desejos mais fortes do que as regras sociais. Na dramaturgia rodriguiana, fica exposta a visão de nosso autor sobre a fragilidade do processo civilizador em fornecer instrumentos aos seres humanos para conter essa dimensão animalesca inerente às suas existências.

Três personagens, aos quais já nos referimos antes, são particularmente significativos para entendermos a perspectiva de nosso autor. São eles: Jonas, o pai de *Álbum de família*, tio Raul, de *Perdoa-me por me traíres,* e "seu" Noronha, de *Os sete gatinhos*. De todos, talvez o mais explicitamente torturado e desumanizado por seus desejos incestuosos seja Jonas.

Vimos que Jonas tinha uma paixão incestuosa por sua filha mais nova, Glorinha, e, para tentar escapar à consumação de tal paixão, tinha o hábito de desvirginar meninas pobres que viviam nos arredores de sua propriedade rural. É interessante notar como Nelson Rodrigues descreve esse pai eternamente frustrado em seus desejos mais profundos e intensos. Numa das rubricas, Jonas é descrito como "tipo do homem nervoso, apaixonado, boca sensual, barba em ponta. Cabelos à Bufallo Bill, quer dizer, meio nazareno. Vaga semelhança com Nosso Senhor" (Rodrigues, 1993c: 524). A sensualidade de Jonas contrasta com a semelhança a Cristo, personificação perfeita do centauro metade Deus metade Satã a que nosso autor se refere na epígrafe deste capítulo.

Atormentado por seus desejos pela filha, que não consegue satisfazer inteiramente com as meninas que deflora, Jonas é um homem violento, taciturno, cruel, mas que sofre e se torna terno quando fala da caçula. Jonas tem consciência de que é um homem sensual, dominado por seus instintos, e imagina ser esta uma característica de todos em sua família, com exceção de Glória, único ser que ele considera puro. Num diálogo com a mulher, Jonas desconfia da frieza de Guilherme, seu filho seminarista:

> JONAS (*afastando-se como para si mesmo*) — Só não compreendo Guilherme... Não pode ser frio — é filho de MINHA CARNE!
>
> D. SENHORINHA (*num transporte*) — Guilherme era tão... (*não sabe o que dizer*) Desde menino, não saía da igreja...
>
> JONAS — Tem que ser como eu!
>
> D. SENHORINHA (*doce*) — Sempre com livrinho de missa!
>
> JONAS — É impossível que não tenha desejo! (Rodrigues, 1993c: 537).

No "rosto cruel e bestial" de Jonas, somente Glorinha vê a face de Cristo. Ao mesmo tempo que era a fonte de que se nutria a sua bestialidade, a menina era também a responsável por despertar doçura e bondade em Jonas. O amor pela filha faz com que ele, quando ela está na fazenda, se comporte de modo mais autocontrolado. Quando Guilherme conta para a irmã as atrocidades cometidas pelo pai, Glória não acredita, pois na sua presença ele sempre se comportara bem. Diante da incredulidade da irmã, Guilherme afirma:

> GUILHERME (*rápido e irônico*) — Na sua frente!... Se comporta mais ou menos, quando você está na fazenda... Você é ainda a única pessoa que ele respeita, tem uma certa consideração. Mas os outros! Faz as coisas mais sujas na frente de todo mundo. Parece que precisa se exibir! Mamãe tem visto cada uma! (Rodrigues, 1993c: 549)

Mesmo sendo um homem dominado pelo ódio e pela maldade, capaz de explosões violentas, Jonas mostra-se frágil. Após a morte da filha, ele aparece em cena com "expressão de quem perdeu tudo na vida". A sua fragilidade torna-se ainda mais patente quando ele revela o seu amor incestuoso pela filha e termina assassinado pela mulher.

Outro personagem dominado por desejos incestuosos, o tio Raul de *Perdoa-me por me traíres*, é igualmente representado como violento, inspirador de temores, mas também frágil. A princípio, o tio Raul aparece como um homem de valores morais rígidos e que mantém a sobrinha, Glorinha, sob estreita vigilância. A menina afirma ter mais medo do tio que da morte. A sobriedade de tio Raul contrasta com a história que ele revela a Glorinha sobre a morte da mãe da menina. Apaixonado pela cunhada, mãe de Glorinha, tio Raul não tolerou a complacência de seu irmão com as traições da mulher e assassinou-a. Por trás do discurso moralista contra a adúltera, o tio escondia o desejo pela cunhada e o ciúme de suas traições. Ao tentar punir a menina do mesmo modo que punira a mãe, tio Raul revive em Glorinha o amor que sentia por Judite e termina enredado na artimanha da menina, que, para escapar da morte por envenenamento, sugere ao tio que ambos tomem o veneno e morram juntos. Fragilizado por seus sentimentos e com seu falso moralismo desmascarado, tio Raul acaba bebendo o veneno sozinho e morrendo.

O terceiro personagem significativo cuja dimensão bestial aflora através de desejos incestuosos é "seu" Noronha, de *Os sete gatinhos*. Diferentemente de Jonas e tio Raul, "seu" Noronha sente-se humilhado por sua condição social e se envergonha de sua profissão de contínuo. A sua desumanização, portanto, combina bestialidade e rebaixamento social. Assim como Jonas, ainda que de modo menos explícito, "seu" Noronha cultiva um amor incestuoso pela filha caçula. Cruel e violento com a mulher e com as outras filhas, "seu" Noronha é doce e amoroso com Silene, até que descobre que ela está grávida e, portanto, não é mais a virgem pura que ele idealizava. A partir de tal descoberta, "seu" Noronha torna-se ainda mais violento e rompe com regras que determinam o que é moralmente aceito na sociedade, ao propor o estabelecimento de um bordel de filhas. É como se, na impossibilidade da pureza, valesse a frase dostoievskiana sobre a qual Nelson gostava de refletir: "Se Deus não existe, tudo é permitido." Esse relativismo moral faz com que "seu" Noronha afirme que "todos nós somos canalhas!". Esse mesmo relativismo animaliza o personagem, expõe seus instintos e torna-o alvo da mulher e das filhas, que o assassinam.

Todos os três personagens têm o seu destino trágico selado por situações de tensão, nas quais seus instintos animalescos, transfigurados em desejos incestuosos, passam a dominar a cena. Paradoxalmente, porém, quanto mais violentos e desumanizados, mais fragilizados eles se tornam. Vítimas de si mesmos, eles são incapazes de passar totalmente para o outro lado, de romper radicalmente com as fronteiras das regras sociais sem pagar um preço alto por isso. Daí a configuração da tragédia, pois permanece neles a natureza ambígua, a memória dos padrões morais transgredidos e a culpa decorrente de tal transgressão. Podemos afirmar, então, de acordo com a classificação de Nelson Rodrigues, que, se nenhum desses personagens é um santo, também nenhum deles é um canalha absoluto. Apesar da afirmação de "seu" Noronha, todos eles sofrem com a perda do que Nelson Rodrigues caracteriza como a sua humanidade.

O personagem rodriguiano que melhor encarna o canalha absoluto não está em suas peças, e sim nas crônicas jornalísticas das décadas de 1960 e 1970. Trata-se de Palhares, "o que não respeita nem as cunhadas". Ele ganhou este epíteto devido a um episódio que Nelson narra inúmeras vezes em seus textos:

> Eis o episódio: — certa vez, o Palhares cruza com a cunhada no corredor. Não diz nada. Segura a mocinha e dá-lhe um beijo no pescoço. Ali, inaugurou-se um novo canalha. Não sei por inconfidência de quem, a torpeza espalhou-se. E quando o Palhares passava, havia o cochicho estarrecido: — "O que não respeita nem as cunhadas!" (Rodrigues, 1995a: 115)

Como todo canalha, Palhares era cordial e simpático. E o que mais espanta Nelson Rodrigues é que, ao invés de ser condenado por seu feito, Palhares era admirado por todos:

> O justo, o correto, o obrigatório é que o ato nefando fosse condenado por toda a comunidade. Afinal, temos ou não temos vida moral?
>
> Em vez de ser execrado, como um legítimo fauno de corredor, o Palhares foi invejado por gregos e troianos. Houve, certa vez, um batizado.

> E uma vizinha, abanando-se com a *Revista do Rádio*, sussurrou-lhe: — "O senhor é de morte, hem, seu Palhares?". Ele baixou a vista, escarlate de modéstia. Por coincidência, dois ou três dias depois, o patrão aumentou-lhe o ordenado. E quando ele saía de casa, ou chegava a casa, era muito olhado pelas mocinhas. Infelizmente, estamos numa época em que as patifarias do sexo são promocionais. (Rodrigues, 1995a: 285)

O personagem Palhares encarna um dos aspectos da crítica que Nelson faz à sociedade brasileira contemporânea. Na ausência de valores bem definidos, na visão de nosso autor, o relativismo moral permitia o sucesso e a popularidade do Palhares. E esse sucesso não se devia apenas ao seu comportamento sexual, mas também se relacionava às suas escolhas políticas. Para criticar as esquerdas, Nelson diz que Palhares se tornou membro da esquerda católica para se autopromover e, obviamente, ampliar suas conquistas amorosas.

Na ótica de Nelson Rodrigues, o mundo contemporâneo conspirava a favor dos canalhas, que expressavam uma dimensão aviltada da natureza humana. Apesar do humor presente na caracterização do Palhares, o que emerge desses escritos é um pessimismo profundo acerca da condição humana. Nelson gostava de dizer, especialmente em entrevistas na década de 1970, que o ser humano era um caso perdido. Nos seus termos, "o homem não se reconhece no santo, no herói e no mártir, mas se identifica com o pulha. Nós somos muito mais Palhares do que são Francisco de Assis" (Rodrigues, 1997a: 129).

Porém, apesar de pessimista, a perspectiva de Nelson não é totalmente desesperançada. Se a dimensão canalha predomina na natureza humana, por outro lado, mesmo os seres humanos mais vis têm seus momentos de "santos de vitral". Se para Nelson o ser humano está longe de ser o bom selvagem de Rousseau, ele também não deixa de ter as suas possibilidades, ainda que remotas, de redenção.

A dificuldade das pessoas em reconhecer essa dualidade da alma humana faz com que Nelson Rodrigues identifique as relações sociais como pautadas pela hipocrisia e pela falsificação. Seja nas representações das relações familiares que aparecem em sua dramaturgia, seja nas suas críticas ácidas à esquerda, aos jovens e à Igreja progressista, Nelson Rodrigues trabalha com a idéia de que as verdadeiras motivações das ações humanas estão sempre encobertas por falsas justificativas morais. Só que, na visão de nosso autor, essas falsas justificativas morais são convincentes a ponto de a coletividade, seja ela denominada multidão, opinião pública etc., acreditar na sua veracidade. Daí a sua famosa frase sobre a burrice da unanimidade. Caberia então ao artista/intelectual revelar as verdadeiras motivações das ações humanas, em geral mais comandadas por instintos egoístas e vis do que por sentimentos altruístas e generosos.

Para Nelson Rodrigues, a redenção dos seres humanos implicaria o reconhecimento dessa "face hedionda" que estaria presente em todos nós. Nas suas palavras, "é preciso ir ao fundo do ser humano. Ele tem uma face linda e outra hedionda. O ser humano só se salvará se, ao passar a mão no rosto, reconhecer a própria hediondez" (Rodrigues, 1997a: 152).

A partir dessas premissas, podemos demarcar um projeto intelectual no qual se insere o teatro desagradável. Vimos, em capítulos anteriores, em que contexto Nelson formulou a idéia do teatro desagradável no final dos anos 1940 e como, na década de 1960, ele opôs seu teatro desagradável ao teatro politicamente engajado, que tinha como uma de suas principais inspirações teóricas os escritos de Bertolt Brecht. Contra o distanciamento crítico, ele propunha que a encenação criasse uma tensão dionisíaca que permitisse a cada indivíduo da platéia entrar em contato com a face hedionda dos seres humanos, ou, como Nelson também gostava de dizer, com os monstros que existem dentro de cada um. É importante retomar aqui uma citação de Nelson Rodrigues já comentada no primeiro capítulo, mas que é imprescindível para a argumentação que está sendo desenvolvida aqui:

> (...) a ficção, para ser purificadora, precisa ser atroz. O personagem é vil para que não o sejamos. Ele realiza a miséria inconfessa de cada um de nós. A partir do momento em que Ana Karenina, ou Bovary, trai, muitas senhoras da vida real deixarão de fazê-lo. No *Crime e castigo*, Raskolnikov mata uma velha e, no mesmo instante, o ódio social que fermenta em nós está diminuído, aplacado. Ele matou

> por todos. E, no teatro, que é mais plástico, direto e de um impacto tão mais puro, esse fenômeno de transferência torna-se mais válido. Para salvar a platéia, é preciso encher o palco de assassinos, de adúlteros, de insanos e, em suma, de uma rajada de monstros. São os nossos monstros, dos quais eventualmente nos libertamos, para depois recriá-los. (Rodrigues, 1996: 15)

Esse processo de reconhecimento da ambigüidade da natureza humana é o cerne do teatro desagradável. Nosso autor buscava mostrar como as convenções sociais, os valores morais, os padrões éticos são tênues perto das explosões animalescas dos instintos, das vilezas e das misérias humanas. O efeito estética e moralmente desagradável que a exposição de tais misérias provocava era, na perspectiva de Nelson Rodrigues, necessário para tornar os seres humanos conscientes de sua própria condição. Porém, para realizar tal intento, a arte deveria falar aos sentimentos, e não à razão. Não são os argumentos que devem convencer o espectador, e sim o choque emocional, a reação irrefletida que pode gerar revolta e vaias.

É a partir dessas elaborações feitas por Nelson Rodrigues que podemos entender por que ele insistia no caráter trágico de seu teatro. Na sua visão, se seus personagens fossem ou canalhas ou santos absolutos, faltaria a eles o mínimo de humanidade que permitiria a identificação da platéia e a conseqüente tensão dionisíaca que ele queria provocar nela. A tragédia torna-se possível a partir da dualidade que faz com que os seres humanos representados nas peças de nosso autor quase sempre venham a sucumbir, vítimas de sua própria natureza.

A NATUREZA FEMININA

Nessa antropologia rodriguiana, há uma distinção radical entre a natureza masculina e a natureza feminina. Muitas vezes, as personagens femininas são mais amorais e têm menos culpa do que os homens. As relações entre elas, especialmente quando são irmãs, é de rivalidade e competição.

Se os seres humanos em geral são vistos como dissimuladores, as mulheres o são ainda mais. Por outro lado, justamente por serem amorais e por possuírem uma natureza em que a emoção predomina sobre a razão, para o nosso autor, as mulheres seriam mais inocentes e teriam maior capacidade para o amor. Dizia Nelson que "a mulher se corrompe menos do que o homem. Na mais degradada das mulheres sobrevive algo de intacto, de intangível, de eterno. Esse mínimo de inocência sempre a salva" (Rodrigues, 1997a: 112).

As personagens das peças teatrais combinam essas características: amoralidade, certa inocência, egoísmo, perversidade, sentimentalismo. A relação entre mulheres na qual as características perversas que Nelson atribuía à natureza feminina aparecem de modo mais explícito é a que existe entre irmãs. Em geral, as irmãs disputam o mesmo homem, que é namorado ou marido de uma delas. Em *Vestido de noiva*, Alaíde e Lúcia brigam por Pedro, noivo da primeira. Na verdade, Alaíde havia roubado Pedro de Lúcia. Após a morte de Alaíde, na última cena da peça, Lúcia se prepara para casar com o noivo da irmã falecida.

Uma história semelhante ocorre também em *A serpente*. Duas irmãs, Guida e Lígia, vivem com seus respectivos maridos num mesmo apartamento. Guida vive feliz com o seu marido, Paulo, e tem com ele uma vida sexual intensa. Lígia, ao contrário, vê seu casamento fracassar, pois o marido não consegue sentir desejo por ela. A infelicidade de Lígia é agravada pelo fato de ela ouvir os gemidos de Paulo e Guida através da parede de seu quarto. Preocupada em evitar o suicídio da irmã, que havia ameaçado se jogar pela janela, Guida resolve oferecer o próprio marido para que Lígia pudesse passar uma noite com ele.

Depois que Lígia teve a sua noite com o cunhado, Guida, antes generosa e doce, passa a ter ciúmes e raiva da irmã e do marido. A despeito dos ciúmes de Guida, Lígia e Paulo continuam a se encontrar e tramam a sua morte. Ao final da peça, Paulo atira Guida da janela para ficar livre para Lígia, mas esta, num surto de consciência, acusa o cunhado de assassino.

Outro exemplo da hostilidade entre irmãs é a relação entre dona Senhorinha e tia Rute, em *Álbum de família*. Senhorinha era muito bonita e casada com Jonas, mas tinha uma paixão incestuosa pelos filhos homens, em especial Nonô, o filho que havia enlouquecido. Tia Rute era feia, solteira, "tipo da mulher sem o menor encanto sexual" e apaixonada pelo cunhado. Ela era arrogante e ríspida com todos da família, especialmente com dona Senhorinha, mas era meiga e subserviente a Jonas. Numa das brigas de Rute e Senhorinha, Nelson caracteriza, através do diálogo entre elas, o estereótipo da solteirona que tem inveja da beleza da irmã:

> D. SENHORINHA — Rute, lembre-se de mamãe...
>
> TIA RUTE (*agressiva*) — Mamãe o que... (*mudando de tom*) Eu prometi, jurei à mamãe... (*cínica*) Mas o que é que tem? Ela não gostou nunca de mim. Tudo era você, você! Tinha uma admiração indecente pela sua beleza. Ia assistir a você tomar banho, enxugava as suas costas! Quero que você me diga: POR QUE É QUE ELA NUNCA SE LEMBROU DE ASSISTIR AOS MEUS BANHOS?
>
> D. SENHORINHA (*chocadíssima*) — Você não está regulando bem!
>
> TIA RUTE (*num crescendo*) — Ela, papai, todo mundo!... Ninguém gostou de mim, nunca!... Uma vez em Belo Horizonte, eu saí com você...
>
> (...)
>
> TIA RUTE (*apesar da dor*) —... uma porção de sujeitos sopravam coisas no seu ouvido — às vezes cada imoralidade! Mas a mim nunca houve um preto, no meio da rua, que me dissesse ISSO ASSIM!... (...)
>
> TIA RUTE (*possessa*) — Quer dizer, toda mulher tem um homem que a deseja, nem que seja um crioulo, um crioulo suado, MENOS EU!
>
> D. SENHORINHA (*saindo*) — E eu tenho a culpa? Se você não é mais bonita, eu é que sou culpada?
>
> TIA RUTE — Desde menina, tive inveja de sua beleza. (*em tom de acusação*) Mas ser bonita assim é até imoralidade porque nenhum homem se aproxima de você, sem pensar em você PARA OUTRAS COISAS! (Rodrigues, 1993c: 541)

A perversidade de tia Rute tem como contrapartida o amoralismo de dona Senhorinha. Como já mencionamos anteriormente, ela consuma o seu amor incestuoso pelo filho. Enquanto o rapaz enlouquece, ela, sem demonstrar qualquer tipo de sentimento de culpa, vai se unir a ele após assassinar o marido. O tabu do incesto é uma regra que Senhorinha rompe sem remorsos, para encontrar a sua felicidade.

O amoralismo, entendido como a ausência de culpa, ou mesmo de consciência, na transgressão de normas sociais e valores estabelecidos, também é característico de um outro personagem típico do universo rodriguiano: as adolescentes, em geral alvo de paixões incestuosas por parte de pais, tios, irmãos ou outros parentes. Glória, de *Álbum de família*, Silene, de *Os sete gatinhos*, e Glorinha, de *Perdoa-me por me traíres*, são exemplos disso. Glória, por quem o pai era apaixonado e que nutria por ele igual paixão, foi flagrada no colégio interno beijando uma menina na boca. Silene, como já vimos, era considerada um anjo pela família, principalmente pelo pai, mas foi expulsa do colégio interno depois de matar uma gata grávida a pauladas. Em seguida ao seu retorno, a família descobre que a menina que todos consideravam virgem e pura está grávida, e ela se recusa a dizer o nome do pai. Glorinha, depois de assassinar o tio, resolve voltar para o bordel de Madame Luba. Todas essas adolescentes representam com intensidade o desajuste entre projetos familiares baseados em valores morais tradicionais e os impulsos da natureza feminina. É como se elas expressassem com mais radicalidade as características que Nelson atribuía a essa natureza. Seus corpos jovens abrigam uma explosão de instintos e desejos sexuais, mas sua capacidade de autocontrole é ainda mais frágil que a dos adultos, devido a uma quase ausência da coerção imposta pelo sentimento de culpa.

Um outro tipo feminino importante nas representações de Nelson Rodrigues sobre as mulheres são as adúlteras. Já vimos, no segundo capítulo, que o adultério tem um papel fundamental para as suas representações das relações familiares e também das relações entre gêneros. Vamos somente lembrar aqui como a traição feminina é freqüente nas peças de Nelson Rodrigues. Olegário, o marido de *A mulher sem pecado, diz*: "Cada mulher esconde uma infidelidade passada, presente ou futura" (Rodrigues, 1993c: 322).

Lídia, a mulher de Olegário, trai depois de ser atormentada pelos ciúmes doentios do marido. Dona Senhorinha trai o marido com o próprio filho. *A falecida* e *Perdoa-me por me traíres* giram em torno da questão do adultério feminino. Dona Senhorinha e Judite, esta última personagem de *Perdoa-me por me traíres*, traem seus maridos sem sentimento de culpa ou arrependimento. Já Lídia e Zulmira sofrem por terem traído seus respectivos maridos.

Um caso particular que envolve traição feminina é o de Geni, personagem de *Toda nudez será castigada*. Geni era prostituta e se casa com um viúvo, Herculano, cuja mulher morreu de câncer no seio. Herculano e Geni se conhecem por obra do irmão dele, Patrício, que, segundo as categorias rodriguianas, poderíamos descrever como um perfeito canalha. Depois que ficou viúvo da única mulher com quem tinha se deitado, Herculano passou a andar somente de luto, fato que levou as tias que moravam com ele a se preocupar com a possibilidade de que ele cometesse suicídio. O que move Patrício a convencer Geni a se deitar com seu irmão, no entanto, não é a preocupação com o bem-estar de Herculano, e sim o fato de ele ser o responsável pelo seu sustento. Patrício acha que a solução para o irmão é ter relações sexuais, mas não com qualquer mulher, e sim com uma prostituta.

Herculano, a princípio, rejeita a proposta do irmão. Patrício tenta convencê-lo de que Geni não é como as outras prostitutas, mas sua argumentação esbarra no ceticismo do irmão:

> HERCULANO (*com a voz estrangulada para si mesmo*) — Me convidar, ter essa coragem — pra ir à zona!
>
> PATRÍCIO — Não é zona. *Rendez-vous* de gabarito. E a Geni não é o que você pensa!
>
> HERCULANO — Uma prostituta!
>
> PATRÍCIO — Não vamos fazer um bicho de sete cabeças. Não é, não é como as outras!
>
> HERCULANO (*desesperado*) — Vagabunda é vagabunda!
>
> PATRÍCIO — Fez o científico. Com Geni, se pode conversar. Humana, entende? E vou te dizer mais! Não conheci, até hoje, uma mulher mais humana.
>
> HERCULANO (*febril*) — E está lá por quê?
>
> PATRÍCIO — Sei lá. Azar.

> HERCULANO (*triunfante*) — Vírgula! Assim como se nasce poeta, ou judeu, ou bombeiro — se nasce prostituta! (Rodrigues, 1993c: 1057)

Nesse diálogo, aparecem duas representações que são recorrentes na obra de Nelson Rodrigues. A primeira é a da prostituta humana, amiga, que está na vida por azar ou necessidade. Nesse caso, o modelo ao qual nosso autor faz repetidas referências é o de Sônia, personagem do romance *Crime e castigo,* de Dostoiévski. Sônia era uma mulher bondosa que teve de se tornar prostituta para sustentar os irmãos mais novos e a madrasta, que era doente. A outra imagem é a que Nelson põe na boca de Herculano: a da prostituta nata ou vocacional. Esta não é movida pela necessidade financeira, e sim pelos seus próprios desejos. Nas palavras de Nelson Rodrigues:

> O poeta falou na "mais antiga das profissões". Não sei se será bem assim. Minha experiência de Mangue, de repórter e de dramaturgo insinua outra verdade, ou seja: — a primeira prostituta não era mercenária. Fazia o que fazia por um dom, por uma graça, quase por uma destinação poética. Talvez seja mais válido falar-se na mais antiga das vocações. (Rodrigues, 1997a: 139)

Para convencer Herculano, Patrício mostra-lhe uma fotografia de Geni nua e dá-lhe um porre. Herculano acorda assustado na cama de Geni e não se lembra de nada que fez. Geni conta-lhe que ele chamou a falecida mulher de chata e disse-lhe que a mulher tinha varizes, entre outras indiscrições. A prostituta revela ainda que ele estava com ela há 72 horas e que, nesse período, eles fizeram sexo inúmeras vezes. Herculano sente muita culpa, especialmente por causa do filho, Serginho, rapaz de 18 anos que o fez jurar, depois do enterro da mãe, que nunca mais teria outra mulher.

Apesar da culpa e de ter prometido ao filho jamais se casar novamente, Herculano acaba propondo casamento a Geni. O projeto de Herculano é regenerar a prostituta. É o que se percebe num diálogo entre os dois personagens, que ocorre após Geni ameaçar se "satisfazer sozinha", quando Herculano se recusa a fazer sexo com ela:

> HERCULANO (*desesperado*) — Não fale assim! Não quero que você fale assim nunca mais. Aquela Geni acabou, pronto. Sou católico praticante. Só entendo o sexo no casamento.
>
> GENI (*num apelo*) — Só uma vez, essa vez!
>
> HERCULANO — Meu bem, raciocina! Você vai ter sua noite de núpcias, como se eu fosse deflorar você. E outra coisa. Eu tenho uma casa, longe da cidade. No subúrbio. Mobiliada, tem tudo lá. A família que estava lá saiu. Vamos pegar um táxi. Te deixo lá. Mas, já sabe: eu volto, nada de dormir. Só quando for minha esposa. Você fica lá e não sai, não sai. (Rodrigues, 1993c: 1078)

A proposta de castidade pré-nupcial de Herculano não durou muito. Diante da demora da realização do casamento, em razão do medo de Herculano em anunciá-lo para as tias e, principalmente, para o filho, Geni insiste em manter relações sexuais com ele. Eles passam três dias numa espécie de lua-de-mel e, sem saberem, são observados por Serginho, para quem Patrício tinha revelado o romance secreto de Herculano. Revoltado, Serginho arruma briga num botequim e vai preso. Na cadeia, é estuprado por um ladrão boliviano. Herculano fica desesperado e rejeita Geni, que, por sua vez, morre de pena do rapaz e tenta consolar uma das tias.

A partir desse momento, Geni muda completamente de comportamento. Até então ela era grosseira e arrogante, mas depois se torna dócil e submissa por pena de Herculano e Serginho. Enquanto Geni tenta se reaproximar de Herculano, Patrício sugere que Serginho se vingue do pai, apoiando o seu casamento com a prostituta. Serginho deveria ser amante da própria madrasta, para se vingar do pai. Quando Geni e Serginho se encontram pela primeira vez, o rapaz ainda está no hospital; ele lhe pede que se dispa, mas depois se recusa a fazer sexo com ela. No diálogo com Geni, ele explicita o seu plano:

> SERGINHO — Eu não estou traindo meu pai! Prostituta não trai! (*num berro*) O que é você, hem, sim, você?
>
> GENI (*atônita*) — Eu?
>
> SERGINHO — Você não é prostituta? (*com a voz estrangulada*) Diz!

> GENI — Sou.
>
> SERGINHO (*possesso*) — O quê? O quê?
>
> GENI (*numa explosão*) — Prostituta!
>
> (Serginho, com triunfante crueldade, põe-se a berrar.)
>
> SERGINHO — Então, vai-te embora! Sai daqui! Sai daqui!
>
> GENI (*desesperada*) — E não volto nunca mais?
>
> SERGINHO (*baixo e ofegante*) — Volta casada. Casa com meu pai e volta. Como esposa. (*berrando novamente*) Tem que ser a mulher do meu pai, a esposa (*baixo novamente*) e minha madrasta. (Rodrigues, 1993c: 1.099-100)

A pedido de Serginho, Herculano se casa com Geni. As tias, que a princípio condenavam o relacionamento de Geni e Herculano, também passam a apoiar o casamento, para agradar Serginho, e reinventam um passado para Geni:

> TIA Nº 2 (*a medo*) — Geni está com uns modos tão bonitos que nem parece uma mulher que. (*pára, a medo*)
>
> TIA Nº 1 (*autoritária e líder das outras*) — Mulher que o quê? (*ameaçadora*) Eu não admito que na minha presença.
>
> TIA Nº 2 (*apavorada*) — Estou falando baixo.
>
> TIA Nº 1 (*ameaçadora*) — O que é que você ia dizer de Geni?
>
> TIA Nº 3 — Geni agora é da família.
>
> TIA Nº 2 (*tiritando de timidez*) — Mas eu ia elogiar Geni. (*querendo agradar a outra*) A gente olha pra Geni e não diz que ela foi da zona.
>
> TIA Nº 1 — Você está louca?
>
> TIA Nº 2 — Eu louca?
>
> TIA Nº 1 (*acusadora*) — Sim, sim. Você é a mais velha de todas. (*rápida e incisiva*) Sabe o que é arteriosclerose? (*para a outra*) Não é, mana?
>
> TIA Nº 3 — Está com arteriosclerose.
>
> TIA Nº 1 — Geni nunca foi da zona. Honestíssima! Você é que pôs isso na cabeça, porque está fraca da memória. Arteriosclerose!
>
> TIA Nº 2 (*quase sem voz, apavorada*) — Não me internem! Eu não quero ser internada!
>
> TIA Nº 1 (*incisiva*) — Então, não repita, nunca mais, que Geni foi da zona. Geni se casou virgem.

> TIA Nº 3 — Virgem.
>
> TIA Nº 2 (*doce, humilde e sofrida*) — Geni se casou virgem. (Rodrigues, 1993c: 1.101-2)

Em contraste com essa imagem elaborada pelas tias, Geni se envolve com o enteado e se apaixona por ele. Ao contrário da relação com Herculano, a quem ela agredia e com quem tinha um comportamento impositivo e vulgar, com Serginho Geni é meiga e submissa. Se o envolvimento com Herculano a princípio tinha motivação financeira, com Serginho havia uma mistura de amor maternal e de mulher. Geni também fala das transformações que sofreu a partir do momento em que começou a amar Serginho:

> GENI — Sou outra mulher, por sua causa. Eu não prestava. Mudei, você não sente que eu mudei? Te juro! Quer ver uma coisa? Ontem, eu saltei do automóvel e caiu um frasco de perfume que eu tinha acabado de comprar. Então, sem querer, eu disse: merda. Não era nem palavrão. Se você soubesse a vergonha, o remorso que eu tive. Vergonha, remorso, por nós, pelo nosso amor. Depois que eu conheci o amor, eu não quero ser prostituta nunca mais, nunca mais! (Rodrigues, 1993c: 1.104)

Para Geni, ser prostituta não é apenas fazer sexo em troca de dinheiro. É sim uma marca, um estigma que só pode ser superado com a transformação radical que o amor suscita. Só que tudo cai por terra quando Patrício conta a Geni que Serginho havia viajado em lua-de-mel com o ladrão boliviano, e que nunca mais voltaria. Toda essa história da peça é narrada por Geni numa fita que, antes de se suicidar, ela grava para Herculano. Na última cena da peça, ouve-se a voz de Geni, já morta, na fita. Abandonada pelo seu amor e transfigurada pelo ódio, ela reassume a sua antiga persona, com seu linguajar característico:

> GENI — Teu filho fugiu, sim, com o ladrão boliviano. Foram no mesmo avião, no mesmo avião. Estou só. Estou só, vou morrer só. (*num rompante de ódio*) Não quero nome no meu túmulo! Não ponham nada!

> (*exultante e feroz*) E você, velho corno! Maldito você! Maldito o teu filho, e essa família só de tias. (*num riso de louca*) Lembranças à tia machona! (*num último grito*) Malditos também os meus seios! (Rodrigues, 1993c: 1.107)

Geni é a personagem que reúne as representações da prostituta vocacional e daquela que se prostitui não por vontade própria, e sim empurrada pela necessidade ou por carências de natureza emocional. De todo modo, a sua transformação como mulher, que depois, na ausência do amor, é revertida, é significativa de um ideal amoroso presente na obra de Nelson Rodrigues. Para nosso autor, a mulher que ama verdadeiramente é dócil e deve estar disposta a se sacrificar pelo ser amado.

De toda a obra de Nelson, o consultório sentimental de Myrna se destaca na conformação desse ideal amoroso. Em 1949, quando foi trabalhar no *Diário da Noite*, Nelson Rodrigues, que já publicara folhetins com um pseudônimo feminino, Suzana Flag, criou uma nova personagem, Myrna. Nosso autor escreveu como Myrna apenas por um ano. Publicou o folhetim *A mulher que amou demais* e, depois, passou a assinar um correio sentimental, através do qual respondia cartas de leitoras. A idéia foi do diretor do jornal, Freddy Chateaubriand, a partir do grande número de cartas endereçadas a Myrna que chegava à redação. A seção chamava-se *Myrna escreve* e tinha como ilustração uma foto 3x4 de uma mulher com tarjas nos olhos (Castro, 1992: 219).

Durante o mês de março de 1949, foi feita uma intensa campanha publicitária nas páginas do jornal, com o objetivo de despertar a curiosidade dos leitores e das leitoras acerca da identidade de Myrna. Perguntas do tipo "Myrna é asiática? Myrna é americana? Cigana? Pele-vermelha? Será uma flor? Loura, morena, baixa, alta ou magra?" faziam parte da estratégia para atrair o público para o jornal.

As cartas eram de mulheres, em sua maioria, embora também houvesse cartas de homens. Quase todas tinham como tema a infelicidade no amor e, nas suas respostas, Myrna/Nelson explicitava as suas concepções acerca do amor e da natureza das relações entre gêneros. Myrna baseava seus argumentos na sua experiência de vida e na sua condição de mulher. A partir dessa experiência, ela afirmava ser impossível compatibilizar amor e felicidade:

> Quando eu tinha meus dezessete anos, fazia uma idéia do amor. Pensava do amor maravilhas. (...) E, depois, quando me enamorei, quando me apaixonei, descobri a mais estranha das verdades: não havia entre o meu amor e a felicidade a menor relação. Eu amava e era infeliz. Descobri, ainda, outra verdade: eu era infeliz, ele era infeliz. (Rodrigues, 2002b: 10)

Portanto, "não se pode amar e ser feliz ao mesmo tempo". Nesse ideal amoroso professado por Myrna, cabe a quem ama, especialmente a mulher, renunciar a tudo, inclusive à felicidade, em nome do ser amado. Se, por um lado, há aí um argumento de certo modo relativista, pois é como se no amor valesse tudo e não se pudessem fazer condenações morais, por outro lado, nas relações entre homem e mulher é esta que tem de ser "feminina" e buscar conquistar o seu marido cotidianamente. É também a mulher que tem de perdoar traições e fazer da felicidade do ser amado o principal objetivo de sua vida, ainda que para isso tenha de deixar de lado seus projetos pessoais e mesmo a sua felicidade. Para Myrna,

> sofrer pela criatura amada — permita que lhe diga — não é um mal, é quase um bem. Você conhece tristezas mais lindas, mais inspiradoras, do que as tristezas do amor? Não, não há, minha amiga querida. Uma pessoa sensata diria: "São tristezas", ao que eu replicaria: "Mas de amor!". E tristezas desta natureza valem qualquer alegria. (Rodrigues, 2002b: 16)

Nas relações amorosas, é a mulher que deve perdoar sempre, mesmo que isso implique não ter amor-próprio. Uma das leitoras de Myrna diz que foi casada durante 36 anos e que foi abandonada pelo marido. Ela pergunta à conselheira sentimental se deve perdoar o marido. Myrna diz que sim, pois para a mulher o que importa é a felicidade do seu lar. Para isso, ela conta com a arte de ignorar infidelidades que possam humilhá-la:

> Creio mesmo que, para a mulher, existe uma arte, uma sabedoria, realmente indispensáveis — a arte de não ver, a sabedoria de ignorar. Ao contrário do que se diz vulgarmente, o melhor cego ou cega é aquela que não quer ver. Esta cegueira voluntária existe como autodefesa na vida da mulher. (Rodrigues, 2002b: 21)

O destino da mulher é perdoar, e sua vida "se baseia, não no amor próprio, mas no amor alheio". A mulher é feliz com a alegria do marido e dos filhos, e não buscando a sua própria felicidade e satisfação. Myrna aconselha uma de suas leitoras a sacrificar a sua personalidade para atender aos desejos do marido, pois "a maior arte da mulher é ceder, sempre, ou quase sempre". A criatura amada merece todos os sacrifícios por parte da mulher (Rodrigues, 2002b: 39-40).

Uma leitora escreve a Myrna acusando-a de proteger os homens e de ser contra as mulheres. Myrna responde que, na verdade, a mulher é vítima da natureza, e não dos homens. A maternidade faz com que ela tenha mais deveres e responsabilidades do que os homens, portanto, mais sofrimento também. Ao negar a dominação masculina como problema social, Myrna afirma:

> Perante a natureza, o amor pode ser, para o homem, uma simples aventura: e, para a mulher, tem, sempre, alguma coisa de trágico e definitivo. Para um homem, entregar-se a um amor pode significar pouco ou muito: para a mulher, significa muitíssimo, de qualquer maneira. Faz mal, a leitora, quando me acusa de ser contra as mulheres. A natureza é que é, sempre, contra nós. Não somos vítimas do homem. Vítimas, sim, mas da natureza. (Rodrigues, 2002b: 75)

Outros elementos importantes de tal ideal amoroso são a espontaneidade, no sentido de ausência de autocontrole, e o desprendimento em relação a bens materiais. Numa das cartas, uma leitora diz que se recusará a casar enquanto ela e seu noivo não tiverem uma situação financeira estável, pois não está disposta a "passar fome". Myrna critica a racionalidade e o autocontrole da moça, respondendo:

> (...) a pessoa só deve casar-se quando está disposta a isso e coisas piores, quando está disposta a passar fome e sede; quando está disposta a morrer e viver de amor. Isso pode parecer, à primeira vista, de um romantismo inatural e obtuso. Entretanto, quase posso afirmar — sem essa disposição, esse desprendimento, esse prévio heroísmo, essa carga de abnegação, a mulher deve procurar outro noivo. Ou, então, deve desistir de vez do matrimônio e do amor. Pois o exame das circunstâncias práticas do casamento deve caber aos pais, aos conhecidos, à vizinhança, nunca aos principais interessados. Estes não pensam nem agem senão em função do amor. São, digamos, irresponsáveis. (...) Porque é na adversidade que se tornam mais efetivos, mais legítimos, os vínculos entre marido e mulher. Infelizes os amorosos que não sofreram juntos. (Rodrigues, 2002b: 19-20)

O verdadeiro amor, portanto, deve ser eterno. Se ele morre é porque não era amor verdadeiro. Não há adversidade, sofrimento, sacrifício que a mulher que ama não possa fazer para se manter junto do ser amado. Por isso a mulher só deve se casar quando estiver verdadeiramente apaixonada, caso contrário, ela não suportará as provações que o amor impõe ao sexo feminino. Quando tiver um amor verdadeiro, a mulher não perceberá seu sacrifício como tal, ele será espontâneo, já que "em amor, ninguém faz sacrifício. (...) para o amoroso, 'sacrifício' seria não sacrificar-se" (Rodrigues, 2002b: 69).

Nelson Rodrigues, escrevendo como Myrna, propõe uma série de idéias a respeito das relações entre gêneros, em especial as de tipo amoroso. Para Nelson Rodrigues, Myrna deveria expressar em seus conselhos um ideal amoroso baseado em valores opostos ao individualismo, que legitimaria a busca de auto-realização das mulheres nas relações amorosas, e também a igualdade entre homens e mulheres. O verdadeiro amor dependia de a mulher aceitar a sua natureza e fazer tudo pela felicidade do amado, inclusive renunciar ao amor-próprio e à satisfação pessoal (no sentido de buscar vantagens materiais ou de fazer prevalecer sua vontade sobre a do homem). Da mulher dependia a harmonia das relações amorosas, pois ela deveria manter o amor de seu par submetendo-se aos desejos dele, enfeitando-se para ele e lançando mão de outras estratégias para evitar o conflito.

Desse modo, os conselhos de Myrna apontam para o reforço dos papéis sociais tradicionais da mulher na sociedade, em oposição aos valores individualistas e modernizantes relacionados aos projetos de emancipação feminina e de relações entre gêneros mais igualitárias. Ao assumir uma personagem feminina nas suas respostas às cartas das leitoras, Nelson conferia mais legitimidade aos seus conselhos; afinal, Myrna falava "de mulher para mulher" e dizia retirar da sua experiência como mulher a sabedoria de seus conselhos. Valorização da hierarquia entre gêneros, distinção radical entre o que seria a natureza feminina e a natureza masculina, e defesa de um desprendimento material formam um ideal amoroso que se confronta com a perspectiva do amor como uma relação igualitária, em que ambas as partes procuram satisfação pessoal de seus desejos e aspirações.

O extremo oposto dessa mulher idealizada por Myrna/Nelson é o que o nosso autor classifica como a antimulher nas suas crônicas jornalísticas das décadas de 1960 e 1970. Na visão de Nelson, a antimulher seria a negação das características propriamente femininas, seja pela adoção de regras de comportamento mais igualitárias no que diz respeito às relações entre gêneros, seja devido à mudança dos padrões de beleza feminina, que passaram a impor transformações no corpo das mulheres. O corpo da antimulher, na descrição de nosso autor, seria sem curvas, sem seios, ou seja, sem os atributos que ele considerava tipicamente femininos. Numa crônica publicada em julho de 1973, em *O Globo*, Nelson reclama do ideal feminino do diretor italiano Michelangelo Antonioni. Ele conta que foi assistir a um filme de Antonioni e viu que o elenco "estava cheio de antimulher" e que o diretor não admitia curvas nem bustos. A esse ideal feminino, que Nelson considerava não passar de "um macho mal-acabado", ele opõe as atrizes de cinema do passado:

> E as atrizes tinham busto, cintura, quadris. Fazia-se cinema de "mocinho" e de "mocinhas". (...) Mas o tempo foi passando. Hoje,

> pode-se dizer que a mulher bonita desapareceu da tela e da vida. Vocês já repararam como passamos dias, semanas e até meses, sem ver uma mulher bonita ou sem desejar vê-la? (Rodrigues, 1995b: 304)

Mas pior do que a mudança nos corpos femininos, na visão de nosso autor, eram as transformações no comportamento. Especialmente as reivindicações feministas pela emancipação da mulher e pelo estabelecimento de relações de gênero mais igualitárias. Nelson usava o deboche como arma para deslegitimar o movimento feminista, expressando preconceitos — até hoje comuns — sobre as feministas, que eram descritas como mal-amadas, feias, masculinizadas. Ele atacava com particular virulência a feminista norte-americana Betty Friedan, como numa crônica publicada em outubro de 1973. Nesse texto, vê o feminismo e a popularidade de Betty Friedan como característicos da "mais idiota das épocas". No dizer de Nelson:

> Por exemplo: — há um tipo mais nítido, translúcido, perfeito de idiota do que a sra. Betty Friedan? Aliás, digo "idiota" sem intenção restritiva, com a mais singela e imaculada objetividade. A sra. Friedan esteve por aqui. Mereceu a cobertura da nossa imprensa, assim como merece a cobertura da imprensa mundial. E que disse ela? Disse coisas assim: — "Mãe é uma definição sexual". Esposa, outra definição sexual; noiva, namorada, amante, mais outras definições estritamente sexuais. Para a santa e horrenda senhora, não há a menor diferença entre a mãe de cada um e qualquer cachorra prenha. Nunca lhe passou pela mente a idéia de que pudesse existir na relação entre homem e mulher qualquer coisa parecida com amor.
>
> Nos Estados Unidos, o país mais moderno do mundo, a sra. Betty Friedan é levada a sério. Tem discípulas, seguidoras fanáticas. Em outro tempo, em qualquer outro tempo, ela havia de ser enjaulada e teria que beber água, de gatinhas, numa cuia de queijo Palmira. E não se pense que é um caso isolado. Ainda agora, os telegramas dão conta de que há, nos Estados Unidos, um movimento de libertação feminina. Seu nome: — Women's Lib. É uma espécie de Ku Klux Klan não racista, mas sexual. Constituído só de mulheres, o movimento propôs ou,

> melhor dizendo, exige ódio ao homem. Este é o grande inimigo e precisa ser exterminado. (Rodrigues, 1995b: 319)

A partir dessa leitura particular da luta dos movimentos feministas pela liberação feminina, Nelson sugere que suas militantes não são femininas e, portanto, não são mulheres de verdade. Nosso autor também não vê sentido nas exigências de libertação:

> Vejam vocês. A mulher que odeia não um homem determinado, mas todos os homens, já deixa de ser mulher. Convém olhar com a maior suspeita a sua feminilidade. E outra coisa: — libertar o que e de quem? Os Estados Unidos são uma selva feroz de direitos femininos. Admito que na Arábia Saudita a liberdade ainda possa ser uma reivindicação da mulher. Mas as norte-americanas têm tudo e se não têm mais é porque lhes faltam virtudes para tanto. (Rodrigues, 1995b: 319-20)

As demandas feministas de libertação, no entender de nosso autor, estavam voltadas para a liberdade sexual, o que, a seu ver, comprometia as relações amorosas entre homens e mulheres. Nas suas palavras:

> E o pior vocês não sabem. O pior é que o Movimento de Libertação Feminina bate muito na tecla da liberdade sexual. (...)
>
> (...) Vejamos: — "O Amor Livre é a fome do amor". Parece um vago e suspeito jogo de palavras. Vamos devagar. Se me permitem a ênfase, direi que qualquer mulher nasceu para um só homem, qualquer homem nasceu para uma só mulher. Quando, por sua desventura, o homem e a mulher separaram o Sexo do Amor, começou o martírio de ambos. A vida sexual abundante, e sem amor, é, sim, a fome do amor.
>
> Os idiotas entendem, por amor livre, experiências sexuais sucessivas e intermináveis. Outro dia na redação tive um momento livre. Fiquei rabiscando uma lauda com definições delirantes. Uma delas foi esta: — "O Inferno é o Sexo sem Amor". Mas prefiro talvez esta: — "A pior forma de solidão é o Sexo sem Amor". (Rodrigues, 1995b: 320-1)

Mas o mais importante é que, na ótica de nosso autor, essas lutas por libertação contrariariam a natureza feminina. A mulher seria dependente do homem por natureza e, lembrando Myrna, a sua felicidade estaria justamente em fazer feliz o marido e os filhos. Nelson conclui sua argumentação da seguinte maneira:

> E como é espantosamente falso esse movimento de libertação para as mulheres. Ninguém vê o óbvio ululante, ou seja: — que a mulher precisa depender do homem. Todo o seu equilíbrio interior repousa nessa dependência. "E a liberdade?" — perguntarão vocês. Bem: — nada frustra mais a mulher do que a liberdade que ela não pediu, que não quer e que não a realiza. (Rodrigues, 1995b: 321)

O ideal amoroso elaborado por Nelson exige, portanto, uma relação entre gêneros desigual, assim como uma renúncia à liberdade e à satisfação dos desejos puramente sexuais. Porém, embora caiba à mulher ser dependente do ser amado, o homem também deve renunciar aos seus instintos para, através do amor, encontrar algum tipo de redenção de sua própria natureza.

O AMOR CONTRA OS INSTINTOS

A oposição entre sexo e amor proposta por Nelson Rodrigues se fundamenta na associação do sexo aos instintos humanos que, como vimos, são considerados por ele perversos e desumanizadores. Por sua vez, o amor seria o sentimento capaz de domar os instintos e fazer aflorar o melhor dos seres humanos, a sua "face linda", a sua "metade Deus". Nos seus termos, "o amor só começa depois dos instintos e contra os instintos" (Rodrigues, 1997a: 90).

Em duas peças teatrais de Nelson, a temática da redenção humana por meio do amor está presente. *Otto Lara Resende ou Bonitinha, mas ordinária* (1962) e *Anti-Nelson Rodrigues* (1973) são duas histórias relativamente otimistas dentro do universo rodriguiano, onde predomina o pessimismo.

A primeira cena de *Bonitinha, mas ordinária* se passa num bar onde conversam Edgar e Peixoto. Peixoto pergunta a Edgar se ele é mau-caráter e se toparia se casar com uma moça bonita, grã-fina e milionária em troca de muito dinheiro. Edgar aceita na hora e diz que faria tudo por dinheiro. Ele fundamenta sua atitude numa frase cuja autoria atribui ao jornalista mineiro Otto Lara Resende: "O mineiro só é solidário no câncer." Eis o diálogo dos dois:

> EDGAR — Mas uma frase que se enfiou em mim. Que está me comendo por dentro. Uma frase roedora. E o que há por trás? Sim, por trás da frase? O mineiro só é solidário no câncer. Mas olha a sutileza. Não é bem o mineiro. Ou não é só o mineiro. É o homem, o ser humano. Eu, o senhor ou qualquer um, só é solidário no câncer. Compreendeu?
>
> PEIXOTO — E daí?
>
> EDGAR — Daí eu posso ser um mau-caráter. E pra que pudores ou escrúpulos se o homem só é solidário no câncer? A frase do Otto mudou a minha vida. Quero subir sim, quero vencer. (Rodrigues, 1993c: 995-6)

A frase expressa uma visão pessimista sobre a natureza humana e serve de justificativa para um relativismo moral, que permeia uma conduta na base do "tudo é permitido" em nome da satisfação de interesses pessoais, fruto dos instintos egoístas dos seres humanos. Nesse momento em que aceita a proposta de Peixoto, Edgar está bêbado, mas depois ele desconfia do porquê de ter sido ele, pobre e desconhecido, escolhido para casar com a tal menina. Peixoto então explica que a menina fora estuprada por cinco crioulões e, por isso, a família estava querendo casá-la.

Aos poucos, Edgar fica sabendo por que foi o escolhido. O pai da menina, na verdade, era Werneck, o dono da companhia em que ele trabalhava. Werneck humilha o rapaz, chamando-o de ex-contínuo, e diz que precisava que a sua filha casasse com alguém que desse "valor ao dinheiro, à posição, à classe" dela. Contrariando a própria frase do Otto, ao se ver humilhado pelo patrão, Edgar recusa-se a casar com a menina e pede demissão.

Após uma semana desempregado, Edgar recebe novamente a visita de Peixoto, dessa vez acompanhado de Maria Cecília, a tal menina grã-fina. Maria Cecília tenta convencer Edgar a procurar Werneck novamente e diz que acha lindo o fato de ele ser um ex-contínuo. Edgar volta ao emprego, mas queixa-se ao patrão de que não lhe dão serviço para fazer. Werneck diz que, na condição de seu futuro genro, Edgar não precisa trabalhar. Mas ele sente-se incomodado com a situação e argumenta que é um homem de caráter. O patrão então resolve fazer um teste com ele. No texto de Nelson Rodrigues:

> EDGARD — Eu tenho caráter!
> WERNECK — (...) Ah, caráter! Você tem caráter? Tem?
> EDGARD — Tenho!
> WERNECK — Pois então escuta. Quero esse casamento. De qualquer maneira. Vou fazer contigo uma experiência que eu fiz com o Peixoto. Você diz que não é Peixoto. Vou testar teu caráter. É um teste.
> (*Werneck corre para a mesa. Apanha um livro de cheque. Escreve. Depois, passa o cheque para Edgard.*)
> WERNECK — Toma!
> EDGARD — O que é isso?
> WERNECK — Cheque. Ao portador. Lê a quantia. Lê.
> EDGARD (*atônito*) — Cinco milhões de cruzeiros!
> WERNECK — Pra ti, rapaz! De mão beijada. Cinco milhões de cruzeiros.
> EDGARD — Mas por quê? A troco de quê?
> WERNECK (*excitadíssimo*) — É o teste! (*muda de tom, caricioso, melífluo*) O mineiro só é solidário no câncer, Edgard! Cinco milhões! É só passar no banco!
> EDGARD — Cinco milhões!
> WERNECK (*arquejando de fúria*) — É o teu dinheiro. Mas se você tem caráter. E eu acredito. Se você tem caráter, rasga o cheque. Tão simples! Rasga e depois atira na minha cara o papel picado. Ou você é Peixoto, não passa de um Peixoto!
> EDGARD (*baixo e atônito*) — O mineiro só é solidário no câncer. (Rodrigues, 1993c: 1.017-8)

Diante do poder econômico de Werneck, o caráter de Edgard fraqueja e ele parece disposto a aceitar o casamento com Maria Cecília. Porém,

Edgard não assume que se casará apenas por dinheiro e diz a Peixoto que está gostando da menina. Peixoto, no entanto, não acredita e vaticina para Edgard o mesmo destino dele, que também havia se casado com a outra filha de Werneck por dinheiro. Para Peixoto, Edgard se tornará tão canalha quanto ele mesmo:

> EDGARD (*desesperado*) — Eu não sou mau-caráter. Não admito, ouviu? Está ouvindo?
>
> PEIXOTO — Mas hoje em dia. Escuta. No Brasil, quem não é canalha na véspera, é canalha no dia seguinte. O Otto está certo. O mineiro só é solidário no câncer.
>
> EDGARD — Você está bêbado, Peixoto. Mas ouve. Cala a boca!
>
> PEIXOTO — Fala!
>
> EDGARD — Fique sabendo. Vocês não me compraram. Eu não me vendi. Aceitei esse casamento porque. Já conhecia Maria Cecília. Sempre achei que podia me apaixonar por Maria Cecília.
>
> PEIXOTO (*com deboche*) — E a tua vizinha?
>
> EDGARD — Que vizinha?
>
> PEIXOTO — A tal!
>
> EDGARD — Aquilo não foi nem flerte. E, ainda por cima, uma vigarista. Mas ouve. Eu já gosto de Maria Cecília.
>
> PEIXOTO — Posso falar?
>
> EDGARD (*olhando em torno*) — Estou esperando Maria Cecília!
>
> PEIXOTO — É rápido.
>
> EDGARD — Ela deve estar estourando.
>
> PEIXOTO — Acaba logo. Você diz que eu estou bêbado. Mas escuta. Toda a família tem um momento, um momento em que começa a apodrecer. Percebeu? Pode ser a família mais decente, mais digna do mundo. E lá um dia, aparece um tio pederasta, uma irmã lésbica, um pai ladrão, um cunhado louco. Tudo ao mesmo tempo. Está ouvindo, Edgard?
>
> EDGARD — Acaba.
>
> PEIXOTO (*lento*) — Com minha autoridade de bêbado, te digo: a família da minha mulher, de tua noiva, começou a apodrecer. E, nós, eu e você, também, Edgard, também!

> EDGARD (*recuando*) — Eu me recuso!
>
> PEIXOTO (*caricioso e terrível*) — Você se recusa a apodrecer?
>
> EDGARD (*desesperado*) — Eu não me vendi! E olha! Eu não sou você!
>
> PEIXOTO — Sua besta! Você ainda esperneia. Ainda. Eu também esperneava. E depois. (*com mais força*) Você vai acabar como eu. Vai cair de quatro. De quatro diante do dinheiro! Sabe o que é dinheiro? O tutu?
>
> EDGARD (*furioso*) — Você é de uma sordidez que.
>
> PEIXOTO — E quem é você pra me chamar de sórdido? Ou se esquece que foi você que descobriu a frase do Otto? (*feroz*) E queres saber duma? Não há ninguém que trepe na mesa e diga: "Eu sou um canalha!" Pois bem, eu digo! "Eu sou um canalha!" Digo isso de boca cheia! Sou um canalha!
>
> EDGARD — Maria Cecília vem aí.
>
> PEIXOTO (*baixando a voz*) — Edgard, vamos apodrecer juntos. Bye, bye! (Rodrigues, 1993c: 1.026-7)

A vizinha à qual Peixoto se refere é Ritinha. Edgard assediava Ritinha, que morava com a mãe — que era louca — e mais três irmãs. Oficialmente, Ritinha era professora e cuidava com rigidez das irmãs mais novas. Porém, ela confessou a Edgard que, na verdade, o emprego de professora era um disfarce para as suas atividades como prostituta. Somente depois do diálogo acima, travado com Peixoto, é que Edgard descobre a verdadeira razão de Ritinha se prostituir. Ela conta que a mãe, que era funcionária dos correios, foi acusada de roubo. Para defender a honestidade da mãe e evitar que ela fosse presa, Ritinha foi falar com o presidente da Comissão de Inquérito responsável pelas investigações. O homem a chantageou e fez com que ela, para salvar a mãe, tivesse relações sexuais com ele. Mas, a despeito dos favores sexuais de Ritinha, o homem declarou culpada a mãe da moça, que perdeu o emprego e enlouqueceu. Para salvar a mãe da cadeia, Ritinha teve de se prostituir para repor o dinheiro que havia sido roubado. Mais uma vez, Nelson põe em cena uma prostituta do tipo de Sônia, heroína de *Crime e castigo*, a moça que se sacrifica para sustentar a família.

Em oposição a Ritinha está Maria Cecília. A noiva de Edgard, moça grã-fina, aparentava fragilidade e ingenuidade. Porém, é Peixoto quem revela a verdadeira história do estupro da menina. Ao contrário de Ritinha, que se prostituía por necessidade, impelida por uma índole generosa e um espírito de sacrifício, Maria Cecília é apresentada como um outro tipo comum na obra de Nelson Rodrigues: a grã-fina pervertida e amoral. Um dia, Maria Cecília leu no jornal uma notícia sobre cinco homens que estupraram uma moça no Leblon. A moça então pediu a Peixoto, que era apaixonado por ela, que arrumasse para ela uma "curra como aquela do jornal". Ou seja, a violação foi a realização de uma fantasia sexual da menina. Após ouvir essas revelações, Edgard foge, Peixoto assassina Maria Cecília e então se suicida.

Edgard vai procurar Ritinha no lupanar onde ela trabalha, diz que gosta dela e a leva embora para ver o dia amanhecer na praia. Na areia, na beira do mar, Ritinha confessa que nunca teve prazer com homem nenhum e que Edgard vai ser o primeiro, confirmando a idéia de Nelson de que sexo e amor devem ser indissociáveis. Nesse momento, Edgard resolve rasgar o cheque e se livrar definitivamente da frase do Otto, provando que o amor pode salvar o homem de si mesmo:

> EDGARD — Está vendo isso aqui?
>
> RITINHA — O que é?
>
> EDGARD (*exaltadíssimo*) — O cheque! O tal cheque! Cinco milhões de cruzeiros!
>
> RITINHA — Cinco milhões!
>
> EDGARD — Cinco milhões. E vou queimar.
>
> RITINHA — Escuta.
>
> EDGARD — Fala.
>
> RITINHA — É muito dinheiro. E você não acha que.
>
> EDGARD (*contido*) — Continua.
>
> RITINHA (*travada*) — Vamos viver juntos. E esse dinheiro.
>
> EDGARD — Acaba!
>
> RITINHA — Esse dinheiro pode ser importante para nós.
>
> EDGARD — Vamos começar sem um tostão. Sem um tostão. E se for preciso, um dia, você beberá água da sarjeta. Comigo. Nós apanha-

remos água com as duas mãos. Assim. E beberemos água da sarjeta. Entendeu? Agora olha.

(*Edgard acende o isqueiro e queima o cheque até o fim.*)

EDGARD — Está morrendo! Morreu! A frase do Otto! (Rodrigues, 1993c: 1.048)

Se Ritinha era a antítese de Maria Cecília, Edgard, ao queimar o cheque, torna-se o oposto não de Peixoto, no fundo um pobre-diabo que acaba sucumbindo à sua própria ambição, e sim de Werneck. Rico e poderoso, Werneck é um tipo sem escrúpulos e a própria encarnação da maldade. Numa das cenas da peça, Nelson caracteriza não somente Werneck, mas todo um grupo de grã-finos como tipos humanos perversos e amorais. Trata-se de uma festa num palacete da Gávea, de propriedade de Werneck, em que os grã-finos brincam de fazer "psicanálise" em público. Uma das mulheres revela, na presença do marido, que o traía fazendo michê, atividade que iniciou na inauguração de Brasília com um operário que trabalhava numa obra, "descalço" e "imundo". Outra personagem conta que, quando era mocinha, enquanto o marido morria de câncer, ela o traía com um primo no quarto ao lado.

Depois da sessão de "psicanálise", Werneck anuncia aos convidados um *show*, um crime sexual. Ele mandara apanhar três meninas "de família", "purinhas", e o plano era fazer os namorados dela fumarem maconha para estuprá-las na frente da platéia de grã-finos. As meninas eram irmãs de Ritinha que, desesperada, tenta salvar sua virgindade. Para aplacar a fúria de Ritinha, Werneck oferece dinheiro para uma operação de reconstituição de virgindade, mais uma vez utilizando o poder econômico para submeter e humilhar quem ele considerava socialmente inferior.

Ao rasgar o cheque de Werneck e se propor a passar por dificuldades ao lado de Ritinha, Edgard realiza o ideal amoroso dos escritos de Myrna, que define o amor como um sentimento que requer sacrifícios e renúncia a bens materiais. Esse mesmo tema retorna numa outra peça de Nelson Rodrigues, intitulada *Anti-Nelson Rodrigues*.

Oswaldinho é um típico *playboy*, descrito por Nelson como "rapaz de praia, moreno de sol, bonito e atlético", ou seja, o perfil de alguém que não participa assiduamente do mundo do trabalho. Logo na primeira cena, o caráter (ou a falta dele) de Oswaldinho é apresentado ao público: o rapaz está roubando as jóias de sua mãe. Oswaldinho gaba-se, particularmente, das suas conquistas e de como o dinheiro poderia comprar qualquer coisa. O rapaz tem uma relação tensa com o pai e é protegido pela mãe. Para garantir uma renda fixa e não precisar mais das mesadas do pai, Oswaldinho pede para ser presidente de uma das empresas da família.

Na empresa, Oswaldinho conhece Joice, moça recém-contratada, moradora de Quintino e filha de Salim Simão, personagem verídico, jornalista amigo de Nelson Rodrigues que era citado em muitas de suas crônicas. Imediatamente o rapaz começa a "cantar" a moça, tentando conquistá-la. Leleco, parceiro de aventuras de Oswaldinho e seu secretário na empresa, lhe avisa que a menina é diferente e que não vai ser facilmente conquistada. Na verdade, Leleco é um ex-canalha que estava agora apaixonado por uma moça adventista e que não apoiava mais as atitudes do amigo, mas que, ao mesmo tempo, lhe devia favores.

Oswaldinho tenta fazer valer sua autoridade de chefe e usar seu poder econômico para conquistar a moça, mas acaba se surpreendendo com sua atitude, que ele não sabe se é ingenuidade ou fingimento. De todo modo, o rapaz a considera "diferente", mas ainda assim insiste em tentar convencê-la a satisfazer os seus desejos oferecendo vantagens no emprego e dinheiro. Oswaldinho compara Joice, a quem denomina de "secretária suburbana", com as grã-finas que conhecia: "Mas reconheço que todas as grã-finas que eu conheço não chegam aos seus pés. Já reparou que o rabo da grã-fina não tem perfil? Um rabo chato, sem perfil. A Joice, pelo contrário" (Rodrigues, 1993c: 498).

Pela descrição anatômica que Oswaldinho faz de Joice, pode-se perceber que as grã-finas seguiam os padrões estéticos do que Nelson Rodrigues designava como a antimulher. Mas as diferenças não são somente físicas. A oposição entre suburbanas e grã-finas, assim como acontecia em *Bonitinha, mas ordinária*, diz respeito também a valores morais e a tipos diferenciados de comportamento humano. As duas moças de subúrbio — mesmo no caso de Ritinha, que era uma prostituta — são representadas como pessoas bondosas, generosas, que valorizam a família e que expressam seus sentimentos de modo verdadeiro. São tipos que Nelson Rodrigues considera capazes de despertar, através do amor, a metade santa mesmo no mais canalha dos seres humanos.

Numa das cenas, Oswaldinho, embriagado, ameaça Joice e a humilha justamente utilizando a sua condição de suburbana. Mas Joice não se intimida e, como um dos poucos personagens absolutamente bondosos criados por Nelson, ela diz ter pena de seu patrão. Eis o diálogo entre Joice e Oswaldinho:

> OSWALDINHO — Pelo menos diga, diga na minha cara que tem horror de mim.
>
> JOICE — Horror nenhum, nenhum. Tenho pena, tanta pena, estou morrendo de pena do senhor.
>
> (*Oswaldinho vai beber mais um pouco de uísque. Volta incendiado. Fala com o dedo na cara da menina.*)
>
> OSWALDINHO (*com a língua presa*) — Você tem pena? Quem é você pra ter pena de mim? Você finge tudo! Toma ares, mas pra cima de mim, não. Sua suburbana! Quer ver como eu te ponho no olho da rua, agora mesmo? Sai daqui com tuas rosas e tua Bíblia.
>
> (*Sem palavras, Joice apanha as rosas e a Bíblia.*)
>
> OSWALDINHO — Você é tão cínica que é capaz de sair dizendo "Deus o abençoe".
>
> (*Joice pára. Antes de sair, vira-se para o rapaz.*)
>
> JOICE — Deus o abençoe. (Rodrigues,1993c: 500)

Diante da resistência e da altivez de Joice, Oswaldinho fica obcecado em ter aquela moça que "não é como as outras". O rapaz pede desculpas a Joice e implora para que ela volte ao emprego. Ele também visita Salim Simão e, na tentativa de comprar a sua simpatia, oferece-lhe um emprego. Mas, embora ainda acredite ser capaz de comprar as pessoas para realizar seus desejos, Oswaldinho começa a sofrer transformações que relata a Leleco:

> OSWALDINHO — Primeiro, escuta. Rapaz, me aconteceu uma, esta madrugada. Estou até agora besta. Fui dormir com a mulata do Assirius Conversamos. Não adiantou nada. Tomei três doses de uísque. E nada,

rapaz. Eu só pensava na Joice. De manhã a mulata ainda me disse: "Você precisa se tratar." Começo a desconfiar que não vou ser homem para nenhuma outra mulher, só para Joice. (Rodrigues, 1993c: 510)

Para conseguir consumar seu desejo por Joice, Oswaldinho oferece dinheiro à moça para que ela passe uma hora com ele num apartamento. Surpreendentemente, a moça aparece no apartamento, mas, como fez Edgard em *Bonitinha, mas ordinária*, rasga o cheque que lhe é oferecido, afirmando a incompatibilidade entre o verdadeiro amor e os interesses materiais:

(*Luz passa para o apartamento onde Oswaldinho espera Joice. Na sua angústia, anda de um lado para outro, estaca, olha o relógio.*)

OSWALDINHO (*em desespero*) — Não vem mais!

(Nesse momento, a campainha toca. Oswaldinho se arremessa. Abre a porta. Entra Joice.)

OSWALDINHO — Você veio! Se soubesse a minha felicidade!

(Quer puxá-la para si. Ela se desprende com violência.)

JOICE (*crispada*) — Não me toque.

OSWALDINHO (*atônito*) — Você fala como se tivesse horror de mim.

JOICE — O cheque.

OSWALDINHO — Até aqui você não tem um gesto de...

JOICE — O cheque.

OSWALDINHO (*desesperado tira o talão de cheques, enche*) — Qual é o seu nome todo?

JOICE — Joice Menezes Simão.

(*Oswaldinho completa o cheque e passa à menina.*)

JOICE (lendo em voz alta) — Trezentos mil cruzeiros. Joice Menezes Simão. Tanto de fevereiro de 1973. Oswaldo de tal.

(*Numa raiva minuciosa, ela rasga o cheque em mil pedacinhos.*)

OSWALDINHO — Que é isso? Não faça isso!

(Joice o emudece, atirando-lhe no rosto o papel picado como confete. Petrificado ele a teria deixado ir sem um gesto, sem uma palavra. Ela, porém, na sua raiva de mulher, esbofeteia-o ainda. Depois apanha o seu rosto entre as mãos.)

JOICE (*soluçando*) — Seu idiota, não quero teu dinheiro, quero teu amor.

(*Joice beija Oswaldinho na boca, em delírio.*)

OSWALDINHO — Minha, minha, para sempre.

(*Beijo na boca como nos filmes antigos.*) (Rodrigues, 1993c: 516)

Esse amor que redime mesmo o mais degradado dos seres segue um ideal amoroso tal como já havia sido exposto por Myrna/Nelson no final dos anos 1940: espírito de sacrifício, desapego em relação a bens materiais e riquezas, não-separação entre sexo e amor. Mas se, na visão de nosso autor, esse sentimento amoroso era capaz de salvar os indivíduos do reinado dos instintos e da perversidade inerente à natureza humana, quais seriam as chances de redenção desses seres humanos como coletividade? Melhor dizendo, como despertar a dimensão divina não de um indivíduo, mas de um povo, mais especificamente, do povo brasileiro?

O FUTEBOL COMO REDENÇÃO DO POVO BRASILEIRO

Com forte inspiração numa matriz romântica de pensamento, Nelson Rodrigues acreditava ser possível demarcar "personalidades" para os diversos povos, assim como identificar os seus destinos históricos específicos. Assim, os ingleses seriam disciplinados, os norte-americanos modernos e realizadores do progresso, os franceses civilizados, e os brasileiros Narcisos às avessas, povo com baixa auto-estima que negaria a si próprio. No conjunto da obra de Nelson Rodrigues, são as crônicas esportivas que trazem essas classificações de modo mais explícito, particularmente aquelas que tratam da seleção brasileira ou, na expressão de Nelson, da pátria em chuteiras. Segundo o nosso autor, "não me venham dizer que o escrete é apenas um time. Não. Se uma equipe entra em campo com o nome do Brasil e tendo por fundo musical o hino pátrio — é como se fosse a pátria em calções e chuteiras, a dar botinadas e a receber botinadas" (Rodrigues, 1993e: 102).

Na perspectiva de Nelson, os jogadores de futebol eram verdadeiros heróis nacionais. Mas esses heróis não eram diferentes das pessoas comuns. Exatamente por serem homens do povo é que podiam, através de seus feitos, encarnar as esperanças e as expectativas dos brasileiros, especialmente daqueles humilhados e ofendidos que teriam a chance de recuperar a sua auto-estima. Um momento histórico crucial para Nelson foi a Copa do Mundo de 1958, realizada na Suécia. Ao sagrar-se campeã, a seleção brasileira teria promovido um acerto de contas histórico com a derrota na final de 1950, para o Uruguai, no Maracanã.

O trauma de 1950 desenvolveu nos brasileiros um "complexo de vira-latas", um pessimismo sobre as possibilidades de virmos a ser campeões do mundo, o que, para o nosso autor era gravíssimo, pois

> há uma relação nítida e taxativa entre a torcida e a seleção. Um péssimo torcedor corresponde a um péssimo jogador. De resto, convém notar o seguinte: — o escrete brasileiro implica todos nós e cada um de nós. Afinal, ele traduz uma projeção de nossos defeitos e de nossas qualidades. Em 50, houve mais que o revés de onze sujeitos, houve o fracasso do homem brasileiro. (Rodrigues, 1993e: 50)

Por causa do "complexo de vira-latas", a seleção partiu para a Copa do Mundo de 1958 desacreditada pela imprensa e pela torcida. Essa sensação de ser inferior ao resto do mundo é que, para Nelson, poderia levar o Brasil a perder na Suécia. Mas o Brasil ganhou, e os brasileiros passaram a se orgulhar de sua nacionalidade. O feito era mérito dos jogadores, que, ao ganharem o campeonato, fizeram com que o Brasil descobrisse a si mesmo. Numa crônica que publicou em *Manchete Esportiva,* em 12 de julho de 1958, logo após a vitória da seleção brasileira, Nelson descreve a transformação que ele imaginava ter se operado no povo brasileiro:

> Já ninguém tem mais vergonha de sua condição nacional. E as moças na rua, as datilógrafas, as comerciárias, as colegiais, andam pelas calçadas com um charme de Joana D'Arc. O povo já não se julga mais um vira-latas. Sim, amigos: — o brasileiro tem de si mesmo uma nova

imagem. Ele já se vê na generosa totalidade de suas imensas virtudes pessoais e humanas.

Vejam como tudo mudou. A vitória passará a influir em todas as nossas relações com o mundo. Eu pergunto: — que éramos nós? Uns humildes. O brasileiro fazia-me lembrar aquele personagem de Dickens que vivia batendo no peito: — "Eu sou humilde! Eu sou o sujeito mais humilde do mundo!". Vivia desfraldando essa humildade e a esfregando na cara de todo mundo. E, se alguém punha em dúvida a sua humildade, eis o Fulano esbravejante e querendo partir caras. Assim era o brasileiro. Servil com a namorada, com a mulher, com os credores. Mal comparando, um são Francisco de Assis, de camisola e alpercatas.

Mas vem a deslumbrante vitória do escrete e o brasileiro já trata a namorada, a mulher, os credores de outra maneira; reage diante do mundo com um potente, um irresistível *élan* vital. E vou mais além: — diziam de nós que éramos a flor de três raças tristes. A partir do título mundial, começamos a achar que a nossa tristeza é uma piada fracassada. Afirmava-se também que éramos feios. Mentira! Ou, pelo menos, o triunfo embelezou-nos. Na pior das hipóteses, somos uns ex-buchos.

E a quem devemos tanto? Ao meu personagem da semana. Ninguém aqui admitia que fôssemos os "maiores" em futebol. Rilhando os dentes de humildade, o brasileiro já não se considerava o melhor nem de cuspe à distância. E o escrete vem e dá um banho de bola, um *show* de futebol, um baile imortal na Suécia. Como se isso não bastasse, ainda se permite o luxo de vencer de goleada a última peleja. Foi uma lavagem total.

Outra característica da jornada: — o brasileiro sempre se achou um cafajeste irremediável e invejava o inglês. Hoje, com a nossa impecabilíssima linha disciplinar no Mundial, verificamos o seguinte: — o verdadeiro inglês, o único inglês, é o brasileiro. (Rodrigues, 1993e: 60-1)

Essa comparação entre brasileiros e europeus era freqüente nas crônicas de futebol de Nelson Rodrigues. Ele criticava os "entendidos", ou seja, os jornalistas esportivos, que eram sempre descrentes do escrete brasileiro e consideravam as seleções européias superiores tática e fisicamente. Para os "entendidos", na ótica de Nelson, o futebol brasileiro deveria seguir o estilo europeu, especialmente o inglês: mais veloz e objetivo, sem espaço para dribles e outras brincadeiras. Nelson Rodrigues discordava veementemente desta posição e considerava o futebol europeu mais medíocre e menos criativo do que o brasileiro. Para o nosso autor, o futebol expressava as características de um povo e, portanto, o autêntico futebol brasileiro deveria ser alegre, brincalhão e malandro.

Numa crônica publicada em *O Globo* em 2 de agosto de 1966, Nelson comenta o resultado da Copa do Mundo que acabara de se realizar na Inglaterra. A seleção brasileira, que tentava o tricampeonato, não passou das oitavas-de-final. Com a ajuda de uma arbitragem que muitos na época acharam suspeita, a Inglaterra sagrou-se campeã do mundo. Em várias crônicas do período, nosso autor criticou tal arbitragem e também a comissão técnica da nossa seleção. Nessa crônica, porém, ele dirige seus ataques aos críticos de futebol que voltaram da Copa propondo uma reformulação do futebol brasileiro nos moldes europeus. Nas palavras de Nelson Rodrigues:

> Amigos, o meu personagem da semana é o cronista patrício que foi à Inglaterra. Pois bem: — saiu daqui bípede e voltou quadrúpede. (...)
>
> Não há, nas palavras acima, nenhuma piada. Faço uma casta e singela constatação. Ponham um inglês na Lua. E na árida paisagem lunar, ele continuará mais inglês do que nunca. Sua primeira providência será anexar a própria Lua ao império britânico. Mas o subdesenvolvido faz um imperialismo às avessas. Vai ao estrangeiro e, em vez de conquistá-lo, ele se entrega e se declara colônia.
>
> É o que está acontecendo nas nossas barbas estarrecidas. O cronista que foi à Inglaterra (salvo raríssimas exceções) quer apenas isto: — fazer do futebol brasileiro uma miserável colônia do futebol inglês. (...)
>
> Trata-se de um retrocesso evidentíssimo. A grossura, a truculência, a deslealdade ou, numa palavra, o coice nunca foi moderno. É um futebol que se devia jogar de quatro, aos relinchos, aos mugidos. Muito bem: — e que faz o cronista? Quer que o jogador brasileiro, o melhor do mundo, também se transforme num centauro — um centauro que fosse a metade cavalo e a outra metade também.

> (...) Saímos da burrice da Comissão Técnica e vamos cair na burrice de certa crônica. Uma conseguiu destruir o escrete, a outra quer destruir o próprio futebol brasileiro.
>
> Graças a Deus, há duas pessoas inteligentes em nosso futebol: — o craque e o torcedor. Os dois não estão de quatro. O craque tem uma tal qualidade, que não se deixou cretinizar pela viagem. E a torcida sabe que a finalíssima foi a festa da mediocridade chapada. (Rodrigues, 1994b: 123-4)

Em 5 de agosto do mesmo ano, Nelson volta a criticar os defensores de uma modernização do futebol brasileiro a partir da incorporação do estilo europeu de jogar. Nesse texto, ele comenta as idéias sobre a necessidade de o Brasil ter um futebol mais "solidário" ou "coletivista" e menos calcado nos valores individuais. Nelson ataca tal posição e, de modo coerente com a sua perspectiva segundo a qual a criação artística é essencialmente individual, como vimos no capítulo anterior, defende um futebol de craques, do talento individual que decide as batalhas em campo. Para Nelson, o futebol coletivista seria um "futebol órfão de manés e pelés", de uma correria burra, sem beleza e criatividade. Mais do que isso, seria preciso mudar não somente o modo de jogar, mas também os próprios brasileiros, pois seríamos inaptos para o futebol-força e talhados para o futebol-arte:

> Ora, para impor tal jogo, seria necessário fazer duas coisas: — primeiro, mudar o brasileiro por dentro; segundo, mudar o brasileiro por fora. Um inglês, ou alemão, pode fazer um futebol cavalar, porque come bem há mil anos. E o brasileiro, que come mal há mil anos, não tem massa física para as correrias delirantes. Por dentro, possuímos tudo o que falta ao craque germânico ou britânico, ou seja: — a fantasia, o *élan* criador, a molecagem, a malandragem, a paixão. (Rodrigues, 1994b: 132)

Em 1970, Nelson voltou ao tema da comparação entre brasileiros e europeus na conquista do tricampeonato pela nossa seleção na Copa do México. Foi como se essa vitória houvesse dado razão aos argumentos de

Nelson Rodrigues em 1966. Durante a euforia do "milagre econômico", no período do governo Médici, Nelson achava que, afora as esquerdas, "que acham o futebol o ópio do povo", todos os outros brasileiros se sentiam representados pela seleção. Cada vitória compensaria o povo de "velhas frustrações, jamais cicatrizadas". Daí o ataque de Nelson aos jornalistas esportivos que não acreditavam que o escrete pudesse conquistar o campeonato mundial. Mais uma vez, Nelson opõe a "correria" e o uso da força, característicos do futebol europeu, à criatividade e ao talento dos craques brasileiros. Numa crônica publicada na *Revista Brasileira de Relações Públicas*, em julho de 1970, Nelson afirma que a vitória na Copa do México demonstrara definitivamente a superioridade do futebol brasileiro diante do futebol europeu:

> Em resumo: — A Copa do México desmontou a gigantesca impostura que a maioria criara em torno do futebol europeu. Os virtuosos, os estilistas, éramos nós; nós, os goleadores; nós, os inventores. E a famosa velocidade? Meu Deus, ganhamos andando. Previa-se que os europeus não nos deixariam jogar. Eles é que não viram a cor da bola. Deixemos para os alemães e os ingleses as correrias irracionais. "Jogar de primeira, sempre de primeira", recomendava Di Stéfano. Como é que um jogador de tão clarividente *métier* pode dizer bobagem tamanha?
>
> O Brasil não jogou de primeira, a não ser quando era eventualmente obrigatório. (...) Quanto à superioridade física dos europeus, vamos chorar de rir. Eu próprio cheguei a atribuir-lhes uma saúde de *vacas premiadas*. No México, verificamos que as *vacas premiadas*, de fitinha e medalha no pescoço, éramos nós. Por fim, quando entrávamos em campo, já a bola nos reconhecia e vinha lamber-nos as botas como uma cadelinha amestrada.
>
> Pelé, maravilhosamente negro, poderia erguer o gesto, gritando: — "Deus deu-me sangue de Otelo para ter ciúmes da minha pátria". E assim, brancos ou pretos, somos 90 milhões de otelos incendiados de ciúme pela pátria. (Rodrigues, 1994b: 160)

Na ótica de Nelson, ao mesmo tempo que expressava o conjunto dos brasileiros, a seleção era também o espaço onde afloravam talentos individuais e gênios. Para ele, a vitória do escrete era o "triunfo do homem", mais especificamente, do homem brasileiro. Dois jogadores são considerados exemplares pelo nosso autor como representantes das potencialidades dos brasileiros e como gênios individuais. São eles Pelé e Garrincha.

O Pelé que surge das crônicas de Nelson Rodrigues é o herói grandioso, rei, jogador perfeito que superou uma infância marcada pela pobreza. Ao destacar a força física de Pelé, muitas vezes Nelson o compara a um animal, um cavalo de raça, numa associação que visa a destacar seus atributos físicos e uma suposta perfeição racial. Desde a Copa de 1958, quando o jogador tinha apenas 17 anos e atuou na seleção, Nelson o descrevia como um grande craque. Ao contrário da maioria dos brasileiros, Pelé não era um Narciso às avessas, um humilde, e sim alguém dotado de realeza. Para nosso autor, essa característica era fundamental para o Brasil conquistar o título mundial. Em março de 1958, Nelson escrevia sobre a importância da escalação de Pelé na seleção:

> O que nós chamamos de realeza é, acima de tudo, um estado de alma. E Pelé leva sobre os demais jogadores uma vantagem considerável: — a de se sentir rei, da cabeça aos pés. Quando ele apanha a bola, e dribla um adversário, é como quem enxota, quem escorraça um plebeu ignaro e piolhento. (...)
>
> (...) Quero crer que a sua maior virtude é, justamente, a imodéstia absoluta. Põe-se por cima de tudo e de todos. E acaba intimidando a própria bola, que vem aos seus pés com uma lambida docilidade de cadelinha. Hoje, até uma cambaxirra sabe que Pelé é imprescindível na formação de qualquer escrete. Na Suécia, ele não tremerá de ninguém. Há de olhar os húngaros, os ingleses, os russos de alto a baixo. Não se inferiorizará diante de ninguém. E é dessa atitude viril e mesmo insolente que precisamos. Sim, amigos: — aposto minha cabeça como Pelé vai achar todos os nossos adversários uns pernas-de-pau.
>
> Por que perdemos, na Suíça, para a Hungria? Examinem a fotografia de um e outro time entrando em campo. Enquanto os húngaros

> erguem o rosto, olham duro, empinam o peito, nós baixamos a cabeça e quase babamos de humildade. Esse flagrante, por si só, antecipa e elucida a derrota. Com Pelé no time, e outros como ele, ninguém irá para a Suécia com a alma dos vira-latas. Os outros é que tremerão diante de nós. (Rodrigues, 1993e: 42-4)

Pelé é uma espécie de antídoto para o complexo de vira-latas que o nosso autor imaginava ser uma característica dos brasileiros. Por ser um "gênio indubitável", mas também por ser um homem do povo, Nelson Rodrigues vai chamá-lo de "o Miguel Ângelo" da bola (Rodrigues, 1994b: 53). A identificação com essa genialidade é que permite que o povo se transforme em "milhões de reis" quando a seleção vence. O escrete é, na visão de Nelson, a representação das possibilidades de redenção do homem brasileiro de humilhações históricas sofridas, da condição de subdesenvolvimento, das acusações de inferioridade racial. Nosso autor resume essa idéia no trecho final de uma crônica que escreve em seguida à conquista do bicampeonato mundial no Chile: "Foi a vitória do escrete e mais: — foi a vitória do homem brasileiro, ele sim, o maior homem do mundo. Hoje o Brasil tem a potencialidade criadora de uma nação de napoleões" (Rodrigues,1993e: 94).

Mané Garrincha era outro desses gênios. Mas Nelson o via mais como um santo, uma espécie de são Francisco de Assis, como ele dizia, do que como um herói épico como Pelé. Nelson falava de Garrincha com imensa ternura e, para ele, o jogador misturava molecagem e brincadeira, com ingenuidade e pureza. Se Pelé era "racialmente perfeito", Garrincha era lúdico e instintivo. No dizer de Nelson:

> Comparem o homem normal, tão lerdo, quase bovino nos seus reflexos, com a instantaneidade triunfal de Garrincha. Todos nós dependemos do raciocínio. Não atravessamos a rua, ou chupamos um Chica-bon, sem todo um lento e intrincado processo mental. Ao passo que Garrincha nunca precisou pensar. Garrincha não pensa. Tudo nele se resolve pelo instinto, pelo jato puro e irresistível do instinto. E, por isso mesmo, chega sempre antes, sempre na frente, porque jamais o

> raciocínio do adversário terá a velocidade genial do seu instinto. (Rodrigues, 1993e: 63)

É interessante perceber como aquela visão desencantada de Nelson sobre a natureza humana, em especial sobre o papel dos instintos nela, dá lugar a um otimismo sobre o potencial criador desses mesmos instintos. Ao se opor aos que diziam que Garrincha era burro, Nelson via no jogador de pernas tortas algo superior ao raciocínio: bons instintos. Garrincha era, para nosso autor, uma espécie de bom selvagem, alguém que misturava a molecagem com ingenuidade e bondade. Ao contrário de personagens que analisamos anteriormente, tais como Jonas, "seu" Noronha e tio Raul, a metade divina da natureza humana está muito mais desenvolvida em Garrincha do que a metade satânica. Seus demônios interiores, seu lado animal que se expressa pelos instintos, ao invés de desumanizá-lo, o tornam um exemplo das potencialidades do homem brasileiro. A ponto de nosso autor imaginar, na época da conquista do bicampeonato na Copa do Mundo de 1962, no Chile, como seria grande o Brasil se todos fossem Garrincha:

> Eis o mistério do escrete e do Brasil. O time ou o país que tem um Mané é imbatível. Hoje, sabemos que o problema de cada um de nós é ser ou não ser Garrincha. Deslumbrante país seria este, maior que a Rússia, maior que os Estados Unidos, se fôssemos 75 milhões de Garrinchas. (Rodrigues, 1994b: 78)

Se o brasileiro, assim como o homem em geral, era, a princípio, mais canalha do que santo, através das realizações dos craques de futebol se operaria uma inversão. Espelhados no talento individual dos jogadores, que representariam todo o povo, o homem brasileiro se tornaria bom. Em vez de escravos de instintos animalescos, os seres humanos se transformariam em domadores de instintos criativos e bondosos. Mais uma vez, nosso autor descreve essa transformação, fruto da identificação dos brasileiros com a seleção:

> O brasileiro! Nós sabemos que, normalmente, o brasileiro é um fauno de tapete. Usamos sapatos para disfarçar os pés de cabra. Em Santiago, porém, na noite do triunfo, os nossos patrícios foram sufo-

> cados por uma golfada de bondade total. Amigos, costumo dizer que qualquer um tem o seu momento de são Francisco de Assis, e insisto: — o vigarista, o batedor de carteiras, o ladrão de galinhas ou o Drácula podem, sob um estímulo qualquer, virar um santo feérico.
>
> Ainda está para se escrever um capítulo sobre os beijos do bi, na capital chilena. Ao soar o apito final, cada brasileiro presente sentiu-se fisicamente implicado no triunfo. Aliás, o bi foi um êxito pessoal de 75 milhões de sujeitos. Todos nós "ganhamos", todos nós "chutamos". E, depois do *match*, cada um de nós tinha as canelas materialmente esfoladas.
>
> E aí começavam os beijos. O sujeito identificava uma patrícia desconhecida e se lançava nos seus braços. Às vezes não era patrícia, era chilena ou mesmo tcheca. Mas valia assim mesmo. Aí é que entrava a pureza da vitória. Naquele momento, o brasileiro beijaria a própria Ava Gardner com uma dessas inocências desesperadoras. Ninguém era desconhecido de ninguém.
>
> (...)
>
> Mas disse eu que o brasileiro é o fauno de tapete. Não no Chile, após a vitória. Os nossos patrícios beijavam qualquer uma, e com que inefável naturalidade. Na euforia do triunfo, o "amor ao próximo" passou a funcionar em todo o seu esplendor. Ninguém era pobre, rico, bonito, feio, Cleópatra, Lollobrigida ou Paulina Bonaparte, se por lá aparecesse — seria apenas o "ser humano". O brasileiro descobria o "ser humano". No sortilégio do bi, até um esquimó seria nosso "próximo" — fisicamente próximo.
>
> (...) Mas aí está a lição de vida do bicampeonato. Na tarde de 17 de junho cada um de nós deixou de ser o fauno de flautinha, ou de gaita, sei lá. A distribuir beijos imaculados, o brasileiro foi, por um momento, um são francisco, um mané, um garrincha, cheio de graça. (Rodrigues, 1993e: 96-7)

Pode-se afirmar que, de modo geral, a antropologia rodriguiana é bastante pessimista na sua concepção da natureza humana. Os homens tenderiam a ser mais canalhas do que santos. As mulheres teriam uma natureza distinta, mas, por serem menos atingidas por coerções de ordem moral, só encontrariam salvação ao voltar suas energias para o amor, sentimento que deveria fundar relações desiguais entre os gêneros. Só na submissão ao ser amado as mulheres poderiam encontrar alguma felicidade, daí a famosa brincadeira de Nelson com as feministas através da repetição da frase: "as mulheres gostam de apanhar". Gostar de apanhar, nesse caso, é o símbolo extremo da satisfação por meio da submissão. Há, porém, uma brecha nesse pessimismo no "triunfo do homem" e da bondade humana que Nelson enxergava como resultado da identificação de todo um povo com os talentos individuais dos jogadores da seleção. Se o amor poderia salvar os indivíduos, o gênio individual, quando encarnasse o caráter e o destino de um povo, poderia redimir toda uma coletividade. Essas idéias podem ser vinculadas, a meu ver, a uma matriz de pensamento romântica que tem a noção de cultura (*Kultur*) como um eixo central. A descrença na capacidade da razão em tornar os seres humanos melhores e mais felizes, assim como a aposta na redenção humana via sentimentos, seja pelo amor, seja pela paixão nacionalista despertada pelo escrete, são algumas das características fundamentais desse romantismo que marca a visão de mundo de Nelson Rodrigues.

Considerações finais

Nelson Rodrigues gostava de dizer que toda coerência é, no mínimo, suspeita. No entanto, faz parte da natureza do trabalho acadêmico apresentar de modo coerente as reflexões suscitadas por objetos que são, na maioria das vezes, multifacetados e complexos. O objetivo aqui não foi apresentar a obra de Nelson Rodrigues como um todo uniforme, e sim buscar compreender as suas reflexões, elaboradas ao longo de quatro décadas, como um conjunto dinâmico de idéias. Assim como a sociedade e os indivíduos, as idéias se transformam ou, ainda que permaneçam as mesmas, mudam os contextos nos quais elas são divulgadas e apreendidas. A minha intenção foi mostrar um pouco desse movimento através de parte da obra desse escritor compulsivo que foi Nelson Rodrigues.

A opção de trabalhar com um conjunto de textos muito heterogêneo, que engloba crônicas, contos, dramaturgia, escritos sobre futebol, consultório sentimental, entre outros, foi feita porque considerei ser esta a maneira de apresentar a visão de mundo de nosso autor com toda a riqueza de suas contradições, sem vê-las como defeitos, falsa consciência ou limitações intelectuais. Acho que é essa perspectiva que se abre quando a análise busca ser antropológica. Sem odes e muito menos acusações, o interesse é conhecer o pensamento do autor e o diálogo de suas idéias com o contexto social mais amplo. Não vai aqui nenhuma tentativa de defender uma suposta imparcialidade do pesquisador, que já sabemos ser impossível, e sim uma escolha teórico-metodológica que, se não é relativista, procura ao menos afastar do horizonte as verdades absolutas e as certezas preconcebidas.

Existem muitos textos inéditos de Nelson Rodrigues à espera de publicação. Aqui, praticamente só trabalhei com o material publicado em livros, o que já constitui um conjunto vastíssimo de obras. Isso acaba submetendo a pesquisa, ao menos parcialmente, aos critérios de quem selecionou os textos para publicação e ao modo escolhido para publicá-los. As duas seleções de contos de *A vida como ela é...*, publicadas mais recentemente, por exemplo, não indicam a data da publicação original dos textos. Para o leitor "desinteressado", esse tipo de dado não interfere muito na leitura da obra, mas para o pesquisador é fundamental saber quando o autor a escreveu, ainda mais em se tratando de um conjunto de contos escritos ao longo de dez anos.

Um material extremamente rico, e que foi pouco explorado aqui, são os folhetins que Nelson escreveu, especialmente os que assinou com o nome de Suzana Flag. Neles Nelson radicaliza as concepções sobre o amor e a natureza feminina que foram apontadas no quinto capítulo. Teria sido interessante refletir sobre as representações de gênero presentes nessas obras, pois elas voltam ao tema do amor como salvação da natureza humana. As mulheres são vistas como seres amorosos por excelência, capazes de tudo em nome de um amor, como a personagem de *Meu destino é pecar*, que se finge de morta e se isola numa casa escondida no meio do mato para poder receber as visitas do seu amado.

Outro aspecto que constitui a visão de mundo de Nelson, e que não foi aprofundado nesta tese, é o humor. O humor é uma arma para desqualificar as esquerdas nas crônicas das décadas de 1960 e 1970. Mas ele aparece também nas peças teatrais, classificadas pelo autor de tragédias. O humor rodriguiano faz com que os dramas humanos representados ganhem um tom patético, como se o autor estivesse dizendo que tudo aquilo não devesse ser levado muito a sério. Esse relativismo também surge em frases do tipo "o pior cego é aquele que quer ver", ou seja, onde há uma inversão de uma lógica do senso comum. A desconfiança das certezas e das verdades absolutas é o efeito que o humor rodriguiano parece querer provocar nos leitores ou espectadores.

Seguindo esse espírito, posso dizer que o principal intento deste trabalho foi apresentar algumas dessas idéias de Nelson Rodrigues, evitando classificações e rótulos muito rígidos que prejudicassem a percepção de sua complexidade. Em primeiro lugar, tive a intenção de situar nosso autor no campo artístico e intelectual em diferentes momentos de sua trajetória pública como artista e homem de idéias. Esse esforço em contextualizar a sua produção procurou evitar uma análise idealista, que vê as obras literárias pairando acima da sociedade, como se a subjetividade do artista não tivesse conexões com o mundo objetivo e fosse aistórica. Por outro lado, também busquei não me concentrar somente no contexto, o que poderia levar a um sociologismo que, a meu ver, obscureceria o objetivo central deste trabalho, que era compreender a visão de mundo de Nelson Rodrigues. Parti do princípio, em parte inspirado em Lucien Goldmann, de que essa visão de mundo não é produto da mente de um indivíduo isolado do mundo, e sim de sua interação com grupos sociais mais amplos (Goldmann, 1967 e 1969).

Nesse sentido, as representações que Nelson elabora das relações familiares, na sociedade brasileira, e da vida urbana, em especial no Rio de Janeiro, têm uma importância fundamental. Elas não são apenas fruto de sua imaginação artística, mas referem-se a valores e idéias compartilhados por segmentos mais amplos da nossa sociedade. É importante considerar ainda que há os que se opõem a essas representações e formulam outras visões, muitas vezes concorrentes, sobre o que são o Brasil e a "realidade brasileira". Por isso é relevante procurar as afinidades e também as oposições que vão definindo a posição de Nelson Rodrigues no campo artístico e intelectual brasileiro entre as décadas de 1940 a 1970. Como oposição, vimos que Vianinha e o projeto estético e político por ele representado são fundamentais para Nelson expor publicamente as suas próprias concepções sobre as relações entre arte e política nos anos 1960. De certo modo, embora muitos afirmem e o próprio Nelson concorde que há uma continuidade de seu pensamento, a partir dessa polêmica com o dramaturgo de esquerda ocorre uma mudança significativa de sua posição no campo.

No que diz respeito às afinidades, vimos que há relações muito relevantes entre as análises de Gilberto Freyre sobre a sociedade brasileira e as representações construídas por Nelson Rodrigues. Esse compartilhar de idéias não é absoluto, pois há diferenças entre eles, mas trata-se de um diálogo que informa uma parcela expressiva da obra rodriguiana.

A crítica ao processo histórico de modernização capitalista pelo qual passou a sociedade brasileira une as perspectivas de Nelson Rodrigues e de Gilberto Freyre. Há nos dois uma certa nostalgia de um passado portador de valores humanos essenciais, que se perdeu na modernidade. O desafio, portanto, da sociedade brasileira, na impossibilidade de um retorno ao passado, seria o resgate de alguns desses valores por meio da valorização de sua cultura. Nesse ponto, creio que se pode estabelecer um vínculo bastante elucidativo entre essa visão e uma matriz de pensamento de inspiração romântica — em especial no que toca à tradição alemã, com a qual Gilberto Freyre teve um contato mais direto devido à sua formação na Universidade de Colúmbia, nos Estados Unidos. Lá Gilberto Freyre teve como mestre Franz Boas, cujo pensamento havia sido formado a partir de uma forte influência do romantismo, e que desenvolveu, nos Estados Unidos, os temas e preocupações da escola liberal berlinense de etnologia (Kuper, 2002).

Nessa tradição de pensamento, a noção de cultura (*Kultur*) é central. Na sua obra *O processo civilizador*, Norbert Elias discute a sociogênese da diferença entre *Kultur* e *Zivilisation* no emprego alemão. Para esse autor, o conceito de civilização refere-se a uma grande variedade de coisas e traduz a consciência que a sociedade ocidental, desde o século XVIII, tem de si mesma, julgando-se superior a sociedades mais antigas ou às consideradas "primitivas". Mas, enquanto ingleses e franceses expressam com o termo civilização o orgulho do progresso de suas respectivas nações, para os alemães ele se remete à aparência externa dos seres humanos e não à sua essência.[44]

[44]A argumentação desenvolvida neste parágrafo e nos parágrafos subseqüentes está baseada no capítulo I de Elias (1990).

Ainda de acordo com a tipologia proposta por Elias, o conceito francês ou inglês de civilização pode referir-se a fatos políticos ou econômicos, religiosos ou técnicos, morais ou sociais e também a atitudes e comportamentos. Civilização descreve sempre um processo ou o resultado de um processo, partindo da premissa de que as sociedades se movem constantemente para a frente, em direção ao progresso. Nesse sentido, trata-se de um conceito fortemente universalista e que se relaciona ao expansionismo colonialista de povos cujas fronteiras e identidades nacionais já são bem definidas.

Já *Kultur* diz respeito a fatos intelectuais, artísticos e religiosos, implicando necessariamente realizações. O conceito refere-se a produtos humanos, tais como obras de arte, livros, sistemas religiosos ou filosóficos, nos quais se expressa a individualidade de um povo. Diferentemente de civilização, portanto, é um conceito que delimita e que dá ênfase às diferenças nacionais e às identidades particulares de grupos. A principal preocupação é com a delimitação de fronteiras e identidades.

Esses conceitos, que Elias considera que representam auto-imagens nacionais, têm a sua gênese na dinâmica das sociedades germânica e francesa do século XVIII. No contexto alemão, havia uma oposição entre, de um lado, uma nobreza cortesã que tinha a França como principal referência de civilidade e que, por isso, via o uso da língua francesa como símbolo de civilização e, de outro lado, uma *intelligentsia* que buscava dar expressão literária e artística à língua alemã, buscando uma legitimação social baseada em realizações intelectuais, científicas ou artísticas e não em padrões de interação social pautados pela idéia de civilidade. Para essa *intelligentsia*, que Elias define ora como burguesa, ora como de classe média, a cortesia externa pouco tinha a ver com a virtude autêntica.

Desse modo, na sua origem, o termo *Kultur* expressava a auto-imagem da camada intelectual alemã, traçando uma distinção nítida entre a esfera espiritual (única de valor autêntico) e a esfera política, econômica e social. Mas, embora essa perspectiva que opunha ao modelo aristocrático de legitimação social uma valorização das virtudes individuais atacasse a aristocracia de corte, por outro lado a crítica era voltada basicamente contra seu comportamento humano, tido como superficial e insincero, e não contra os privilégios políticos e sociais da aristocracia.

Essa antítese, que primeiramente foi social, com a ascensão da burguesia alemã a depositária da consciência da nação, tornou-se uma antítese nacional. E a noção de *Kultur* passou a ser utilizada, no século XIX, para expressar características propriamente alemãs, em contraste com as particularidades de outros povos.

Já na França, de acordo com a argumentação de Elias, a *intelligentsia* burguesa foi atraída para a sociedade cortesã, e houve um processo de aristocratização de círculos burgueses. Isso fez com que, no século XVIII, as diferenças de costumes entre os principais grupos burgueses e a aristocracia de corte fossem consideravelmente menores do que o que ocorria na Alemanha.

Essa *intelligentsia* reformista francesa, portanto, compartilhava os padrões cortesãos que definiam a civilização, não como estado, e sim como processo a seguir. Ao contrário do que ocorria na Alemanha, as críticas dessa categoria social voltavam-se para os privilégios da corte e para a política cortesã, e não para os costumes da aristocracia.

A partir dessa análise de Elias, pode-se afirmar que, nesses contextos, a noção de cultura indicaria o desenvolvimento dos indivíduos no sentido de sua formação (*Bildung*), enquanto a de civilização apontaria para progressos coletivos potencialmente universalizáveis. Portanto, nos termos dessa matriz intelectual romântica germânica, a cultura de um povo seria expressão de sua individualidade, de suas particularidades, e não universal. Cada povo teria um espírito, um gênio próprio que se expressaria nas realizações individuais nos campos artístico, intelectual e moral tomadas em seu conjunto (Cuche, 1999).

Na verdade, essas diferenças entre os significados de cultura e civilização nos diversos contextos nacionais europeus se remetem às relações entre duas grandes tradições intelectuais do pensamento ocidental: o Iluminismo e o Romantismo. De modo bastante simplificado, pode-se dizer que a idéia de progresso do gênero humano através da razão, que está inserida no conceito de civilização, é herança do Iluminismo. Por outro lado, a crítica da civilização, do progresso e mesmo da razão, ainda que não signifique necessariamente irracionalismo, está presente no horizonte romântico. Nas origens do Romantismo está uma

> atitude polêmica em face do racionalismo que, com suas convenções e leis, pôs ordem nos fenômenos do mundo, mas, ao mesmo tempo, não soube descobrir um significado que transcendesse a descrição superficial do fenômeno: daí a redução das relações inter-humanas a "leis" mecânicas como as do mundo físico; daí a impossibilidade de explicar a vida que vibra até no inorgânico e que dele se lança a formar o organismo, tanto natural como social. (Bobbio, Matteucci e Pasquino, 1991: 1.131)

Essa visão de mundo romântica percebe a razão como algo que abarca apenas uma dimensão da existência humana, mais superficial. Daí a ênfase romântica na autenticidade de sentimentos e no desenvolvimento de outros impulsos nos seres humanos que não somente o impulso racional. Aqui se insere, por exemplo, a proposta de uma educação estética do homem feita por Friedrich Schiller, formulada em 1795, sob o impacto ainda recente da Revolução Francesa de 1789. No diagnóstico de Schiller, a tarefa da ilustração pela razão ficaria incompleta sem a preocupação com a dimensão sensível da natureza humana. Nas suas palavras:

> Não é suficiente, pois, dizer que toda ilustração do entendimento só merece respeito quando reflui sobre o caráter; ela parte também, em certo sentido, do caráter, pois o caminho para o intelecto precisa ser aberto pelo coração. A formação da sensibilidade é, portanto, a necessidade mais premente da época, não apenas porque ela vem a ser um meio de tornar o conhecimento melhorado eficaz para a vida, mas também porque desperta para a própria melhora do conhecimento. (Schiller, 1995: 51)

A educação estética, portanto, teria a função de transformar o conhecimento, visto como superficial, em virtude interiorizada no espírito humano. De acordo com Schiller:

> O homem reflexivo pensa a virtude, a verdade, a felicidade; o homem ativo, entretanto, apenas exercerá *virtudes*, apenas empreenderá *verdades*, apenas gozará de dias *felizes*. Reduzir estas àquelas —

> substituir os costumes pela eticidade, os conhecimentos pelo conhecimento, o bem-estar pela felicidade —, esta é a incumbência da cultura física e moral; a tarefa da educação estética é fazer das belezas a beleza. (Schiller, 1995: 88)

Esse questionamento da relação estabelecida pelo Iluminismo entre o desenvolvimento da razão e o progresso do gênero humano em direção à felicidade é um dos aspectos da crítica ao mundo moderno colocada pelo Romantismo. Essa crítica à modernidade permite que tomemos o Romantismo não apenas como um estilo artístico e literário característico de um determinado período histórico, e sim como uma visão de mundo (*Weltanschauung*) que pode se expressar em domínios culturais e em épocas diversas (Löwy e Sayre, 1993: 17). De acordo com Löwy e Sayre, nessa visão de mundo há a percepção de que na modernidade

> algo precioso se *perdeu*, tanto no que concerne ao indivíduo quanto à humanidade. A visão romântica caracteriza-se pela dolorosa convicção de que faltam ao real presente certos valores humanos essenciais que foram *alienados*. Sentido aguçado, portanto, da alienação no presente, uma *alienação* vivida freqüentemente como *exílio*; (...) (Löwy e Sayre, 1993: 22)

Essa experiência da perda resulta numa nostalgia, num desejo de volta a um passado que se caracteriza fundamentalmente como diferente do presente. Mas essa nostalgia em geral não é contemplativa, e sim ativa na busca do que foi perdido. É preciso pensar ainda que, apesar de nostálgica, essa tentativa de recuperar o que se perdeu no passado é uma crítica moderna à modernidade, já que uma de suas questões principais diz respeito ao desenvolvimento da subjetividade individual. O indivíduo como um fenômeno histórico ligado à emergência da sociedade capitalista moderna não é negado. O que se pretende é expandir as suas potencialidades através do enriquecimento de seu mundo interior, de sua afetividade e de sua imaginação (Löwy e Sayre, 1993: 26).

Por outro lado, a "recusa da fragmentação da coletividade e do isolamento do indivíduo no capitalismo" leva ao projeto de reconstrução de uma totalidade englobante que se considera perdida, seja através da unidade do eu com a natureza, seja por meio da comunhão do eu com a coletividade humana (Löwy e Sayre, 1993: 26-7).

A partir dessas considerações, pode-se perceber que há na obra de Nelson Rodrigues uma importante inspiração romântica. A sua visão dualista da natureza humana aponta para o processo de modernização que gerou indivíduos cindidos, alienados, que vivem reféns de instintos que não podem controlar porque desconhecem a sua "face hedionda". Essa perspectiva está presente, como vimos em capítulos anteriores, tanto nas representações sobre as relações familiares que aparecem em sua obra teatral quanto na sua percepção da dinâmica da vida nas cidades contemporâneas.

Nelson desconfiava profundamente da capacidade da civilização em produzir seres humanos melhores e mais felizes, pois a coerção da civilidade não conseguiria domar os instintos, especialmente os sexuais, que tenderiam a gerar, entre os homens, mais canalhas do que santos. Portanto, a redenção humana dependeria de uma educação dos sentimentos e do desenvolvimento de talentos individuais que pudessem expressar, como cultura, o que há de melhor, a metade santa da coletividade. Surge daí a sua visão do amor romântico como o sentimento capaz de tornar bons os seres humanos, assim como a sua crença na capacidade libertadora do futebol, que pode fazer cada brasileiro sentir-se "desagravado de velhas fomes e santas humilhações".

Essa escolha do futebol como expressão do povo brasileiro se encontra com a proposta de Freyre de valorização da mestiçagem como um traço essencial e positivo da formação da sociedade brasileira. Os heróis da seleção que aparecem nas crônicas de Nelson são, em grande parte, negros e mestiços, como Pelé e Garrincha, e sua origem popular é justamente o que permite que eles representem o povo como um todo. Porém, é preciso relembrar as diferenças existentes entre o aristocrata e o plebeu. Para Gilberto Freyre, a civilização aristocrática dos senhores de engenho foi adoçada culturalmente com a miscigenação, mas o seu entendimento da formação da sociedade brasileira passa pela capacidade dessa aristocracia em ser a referência sociopolítica principal desse processo. Já para

Nelson, os grã-finos, herdeiros como tipo social dos aristocratas de Freyre, personificavam a degradação moral dos indivíduos e também da sociedade como um todo. As esperanças de tornar a sociedade brasileira uma coletividade significativa estava nos pés dos descendentes daqueles que habitaram as senzalas: um povo de manés garrincha era a utopia que se desenhava nas crônicas esportivas de Nelson Rodrigues. Se o amor aparece como meio de desenvolvimento da subjetividade dos indivíduos, formando em seus seres um profundo sentido ético, a pátria em chuteiras consolidaria a unidade desses indivíduos com a coletividade humana.

Porém, há limites claros nessa utopia. Não há nessas proposições de nosso autor nenhuma ilusão de que uma harmonia permanente e duradoura fosse possível, ou mesmo desejável. Se a bondade pode ser despertada nesse processo de educação dos sentimentos, também seria preciso reconhecer que os demônios interiores são constitutivos da natureza dos homens. Na ótica de Nelson Rodrigues, é nessa tensão permanente entre a "metade Deus" e a "metade Satã" que residiria a humanidade dos seres humanos. Se os canalhas absolutos são desumanizados, os santos absolutos também o são. O horizonte da reconciliação da natureza humana não implicaria suprimir essa dualidade, e sim assumi-la, de modo radical, em toda a sua complexidade.

Bibliografia

Periódicos consultados

Correio Braziliense
Correio da Manhã
O Dia
Diário Carioca
Diário da Noite
Diário de Notícias
Diário de S. Paulo
Diário do Povo
Diário Popular
Estado da Guanabara
O Estado de S. Paulo
Folha da Tarde
Folha de S. Paulo
A Gazeta
Gazeta de Notícias
O Globo
O Jornal
Jornal da Tarde
Jornal do Brasil
Jornal do Commercio
Jornal dos Sports
A Manhã
A Noite
O Pasquim
O Popular
Revista Bravo
Revista Civilização Brasileira
Revista O Cruzeiro
Revista Cult
Revista Fatos e Fotos
Revista Interior
Revista Isto É
Revista Manchete
Revista Playboy
Revista Realidade
Revista Veja
Revista Visão
Teatro Ilustrado
Tribuna da Imprensa
Última Hora

Entrevistas e depoimentos

Claudio Mello e Souza. Entrevista concedida a Adriana Facina em 29 de outubro de 1999.

Nelson Rodrigues. Entrevista concedida em 1978 e transmitida no programa *Vox Populi*, da TV Cultura.

——. *Depoimentos V.* Depoimento prestado ao SNT em 04/12/1974. Coordenadores: Ruth Mezeck e Aldomar Conrado. Entrevistadores: Aldomar Conrado (dramaturgo); Gilberto Braga (crítico e novelista); Fernanda Montenegro (atriz e empresária); Sábato Magaldi (crítico e ensaísta). Rio de Janeiro, MEC/SNT, 1981.

——. *Nelson Rodrigues: depoimento.* Entrevista realizada em 30 de junho de 1967 para o Ciclo de Teatro Brasileiro do Museu da Imagem e do Som. Participantes da gravação: membros do Conselho Executivo de Teatro do MIS (os críticos Walmir Ayala e José Lino Grünewald, os jornalistas Fausto Wolff e Otto Lara Resende e o psicanalista Hélio Pellegrino). Rio de Janeiro, Fundação da Imagem e do Som, 1991.

Programas das peças teatrais

Programa de *Álbum de família, 1967.*

Programa de *A falecida, 1953.*

Programa de *A falecida, 1982.*

Programa de *Boca de Ouro, 1962.*

Programa de *Senhora dos afogados, 1954.*

Programa de *Senhora dos afogados, 1985.*

Programa de *Vestido de noiva, 1955.*

Referências bibliográficas

ABREU, Maurício de Almeida. 1987. *A evolução urbana do Rio de Janeiro.* Rio de Janeiro, Iplanrio/Zahar.

ABREU FILHO, Ovídio de. 1982. "Parentesco e identidade social". *Anuário Antropológico*, n. 80. p. 95-118.

AGUIAR, Neuma (org.). 1997. *Gênero e ciências humanas.* Desafio às ciências desde a perspectiva das mulheres. Rio de Janeiro, Rosa dos Tempos.

ALMEIDA, Angela Mendes de; CARNEIRO, Maria José e PAULA, Silvana Gonçalves de (orgs.). 1987. *Pensando a família no Brasil.* Da colônia à modernidade. Rio de Janeiro, Espaço e Tempo/UFRRJ.

ALMEIDA, Kátia Maria Pereira de. 1997. "Distinção e transcendência: a estética sociológica de Pierre Bourdieu". *Mana*, vol. 3, n. 1, abril. p. 155-68.

ANDRADE, Mário de. 1974. *Aspectos da literatura brasileira.* São Paulo, Martins.

——. 1976. *Táxi e crônicas no Diário Nacional.* São Paulo, Duas Cidades.

——. 1987. *Poesias completas.* Belo Horizonte, Itatiaia; São Paulo, Edusp.

ARAÚJO, Rosa Maria Barboza de. 1993. *A vocação do prazer.* A cidade e a família no Rio de Janeiro republicano. Rio de Janeiro, Rocco.

ARIÈS, Philippe. 1981. *História social da criança e da família*. Rio de Janeiro, Guanabara.

BADER, Wolfgang (org.). 1987. *Brecht no Brasil*. Experiências e influências. Rio de Janeiro, Paz e Terra.

BAKHTIN, Mikhail. 1988. *Questões de literatura e de estética*. A teoria do romance. São Paulo, Unesp/Hucitec.

——. 1993. *A cultura popular na Idade Média e no Renascimento*. O contexto de François Rabelais. São Paulo, Hucitec; Brasília, UnB.

——. 1997. *Problemas da poética de Dostoiévski*. Rio de Janeiro, Forense.

BANDEIRA, Manuel. 1993 [1943]. "Vestido de noiva". In: RODRIGUES, Nelson. *Teatro completo*. Rio de Janeiro, Nova Aguilar. p. 182-3.

BATAILLE, Georges. 1989. *A literatura e o mal*. Porto Alegre, L&PM.

BAUDELAIRE, Charles. 1985. *As flores do mal*. Rio de Janeiro, Nova Fronteira.

BECKER, Howard S. 1977a. "Mundos artísticos e tipos sociais". In: VELHO, Gilberto (org.). *Arte e sociedade*. Ensaios de sociologia da arte. Rio de Janeiro, Zahar. p. 9-26.

——. 1977b. *Uma teoria da ação coletiva*. Rio de Janeiro, Zahar.

——. 1982. *Art worlds*. California, University of California Press.

BECKER, Howard S. e STRAUSS, Anselm. 1970. "Careers, personality in adult socialization". In: BECKER, Howard S. *Sociological work: method and substance*. Chicago, Aldine.

BENCHIMOL, Jaime Larry. 1990. *Pereira Passos: um Haussmann tropical*. A renovação urbana da cidade do Rio de Janeiro no início do século XX. Rio de Janeiro, Secretaria Municipal de Cultura, Turismo e Esportes, Departamento Geral de Documentação e Informação Cultural, Divisão de Editoração.

BENJAMIN, Walter. 1975. *Tentativas sobre Brecht*. Madri, Taurus.

——. 1991. *Charles Baudelaire: um lírico no auge do capitalismo*. São Paulo, Brasiliense.

——. 1993. *Magia e técnica, arte e política*. Ensaios sobre literatura e história da cultura. São Paulo, Brasiliense.

BENTLEY, Eric. 1969. *O teatro engajado*. Rio de Janeiro, Zahar.

BENZAQUEN DE ARAÚJO, Ricardo. 1994. *Guerra e paz*. Casa-grande & senzala e a obra de Gilberto Freyre nos anos 30. Rio de Janeiro, 34.

BERMAN, Marshall. 1986. *Tudo que é sólido desmancha no ar*. A aventura da modernidade. São Paulo, Companhia das Letras.

BOBBIO, Norberto. 1997. *Os intelectuais e o poder*. Dúvidas e opções dos homens de cultura na sociedade contemporânea. São Paulo, Unesp.

BOBBIO, Norberto; MATTEUCCI, Nicola; PASQUINO, Gianfrancesco. 1991. *Dicionário de política*. Brasília, UnB/Linha Gráfica.

BOFF, Maria Luiza. 1997. *Mito e tragédia nas relações familiares do teatro de Nelson Rodrigues*. Porto Alegre, UFRGS (tese de doutorado disponível para consulta no site www.nelsonrodrigues.com.br).

BOLLE, Willi. 1989. "A cidade sem nenhum caráter. Leitura da Paulicéia desvairada de Mário de Andrade". *Espaço e debates*, ano IX, n. 27. p. 47-57.

BORNHEIM, Gerd. 1992. *Brecht*. A estética do teatro. São Paulo, Graal.

BORNHEIM, Gerd et al. 1987. *Cultura brasileira*. Tradição/contradição. Rio de Janeiro, Jorge Zahar/Funarte.

BOSI, Alfredo. 1994. *História concisa da literatura brasileira*. São Paulo, Cultrix.

BOTT, Elizabeth. 1976. *Família e rede social*. Papéis, normas e relacionamentos externos em famílias urbanas comuns. Rio de Janeiro, Francisco Alves.

BOURDIEU, Pierre. 1974. *A economia das trocas simbólicas*. São Paulo, Perspectiva.

——. 1979. *La distinction*. Critique sociale du jugement. Paris, Minuit.

——. 1991. "Le champ littéraire". *Actes de la Recherche en sciences sociales*, n. 89, setembro. p. 4-46.

——. 1996a. "A ilusão biográfica". In: FERREIRA, Marieta de Moraes e AMADO, Janaína (orgs.). *Usos e abusos da história oral*. Rio de Janeiro, FGV. p. 183-91.

——. 1996b. *As regras da arte*. São Paulo, Companhia das Letras.

BOURDIEU, Pierre e DARBEL, Alain. 1969. *L'amour de l'art*. Les musées d'art européens et leur public. Paris, Minuit.

BRECHT, Bertolt. 1978. *Estudos sobre teatro*. Rio de Janeiro, Nova Fronteira.

——. 1990. *Teatro completo*. São Paulo, Paz e Terra.

BRUM, José Thomaz. 1998. *O pessimismo e suas vontades*. Schopenhauer e Nietzsche. Rio de Janeiro, Rocco.

CACCIAGLIA, Mario. 1986. *Pequena história do teatro no Brasil*. Quatro séculos de teatro no Brasil. São Paulo, Edusp.

CAMARGO, Joracy. 1967. *Deus lhe pague; Figueira do inferno; Um corpo de luz*. Rio de Janeiro, Ediouro.

——. 1974. *Maria Cachucha*. Rio de Janeiro, Serviço Nacional de Teatro.

CAMPBELL, Colin. 1987. *The romantic ethic and the spirit of modern consumerism*. Oxford, Blackwell.

CAMPOS, Paulo Mendes. 1993 [1958]. "Os sete gatinhos". In: RODRIGUES, Nelson. *Teatro completo*. Rio de Janeiro, Nova Aguilar. p. 151-5.

CANDIDO, Antonio. 1951. "The Brazilian family". In: SMITH, T. Lynn (org.). *Brazil: portrait of half a continent*. Nova York, The Dryden Press. p. 291-312.

——. 1976. *Literatura e sociedade*. São Paulo, Nacional.

——. 1977. *Vários escritos*. São Paulo, Duas Cidades.

——. 1993. *O discurso e a cidade*. São Paulo, Duas Cidades.

——. (org.). 1970. *A personagem de ficção*. São Paulo, Perspectiva.

CARDOSO, Ciro Flamarion e ARAUJO, Paulo Henrique da Silva. 1992. *Río de Janeiro*. Madri, MAPFRE.

CARLSON, Marvin. 1997. *Teorias do teatro*. Estudo histórico-crítico, dos gregos à atualidade. São Paulo, Unesp.

CARNEIRO, Maria José. 1987. "A desagradável família de Nelson Rodrigues". In: FIGUEIRA, Sérvulo A. *Uma nova família?* O moderno e o arcaico na família de classe média brasileira. Rio de Janeiro, Jorge Zahar. p. 69-82.

CARVALHO, Maria Alice Rezende de. 1994. *Quatro vezes cidade*. Rio de Janeiro, Sette Letras.

CASTRO, Ruy. 1992. *O anjo pornográfico*. A vida de Nelson Rodrigues. São Paulo, Companhia das Letras.

CHACON, Vamireh. 1993. *Gilberto Freyre*. Uma biografia intelectual. Recife, Fundação Joaquim Nabuco; São Paulo, Companhia Editora Nacional.

CHALHOUB, Sidney e PEREIRA, Leonardo Affonso de M. (orgs.). 1998. *A história contada*. Capítulos de história social da leitura no Brasil. Rio de Janeiro, Nova Fronteira.

CHARTIER, Roger. 1988. *A história cultural*. Lisboa, Difel; Rio de Janeiro, Bertrand.

CHAUÍ, Marilena. 1984. *Seminários*. São Paulo, Brasiliense.

CHIARINI, Paolo. 1967. *Bertolt Brecht*. Rio de Janeiro, Civilização Brasileira.

CORÇÃO, Gustavo. 1968. *Lições de abismo*. Rio de Janeiro, Agir.

CÔRREA, Mariza et al. 1982. *Colcha de retalhos*. Estudos sobre a família no Brasil. São Paulo, Brasiliense.

COSTA, Jurandir Freire. 1983. *Ordem médica e norma familiar*. Rio de Janeiro, Graal.

COUTINHO, Angela Maria da Costa e Silva. 1993. *Cenas rodrigueanas na literatura brasileira*. Niterói, UFF (dissertação de mestrado).

CRAPANZANO, Vincent. 1980. *Tuhami*. Portrait of a Maroccan. Chicago e Londres, The University of Chicago Press.

CUCHE, Denys. 1999. *A noção de cultura nas ciências sociais*. Bauru, Edusc.

D'ARAÚJO, Maria Celina; SOARES, Gláucio Ary Dillon e CASTRO, Celso. 1994. *Os anos de chumbo: a memória militar sobre a repressão*. Rio de Janeiro, Relume-Dumará.

DARNTON, Robert. 1986. *O grande massacre de gatos*. E outros episódios da história cultural francesa. Rio de Janeiro, Graal.

——. 1990. *O beijo de Lamourette*. Mídia, cultura e revolução. São Paulo, Companhia das Letras.

DEL PRIORE, Mary (org.). 2000. *História das mulheres no Brasil*. São Paulo, Contexto.

DELLA CAVA, Ralph (org.). 1985. *Catolicismo e sociedade na imprensa brasileira 1964-1980*. Rio de Janeiro, Iser/Marco Zero.

DONZELOT, Jacques. 1980. *A polícia das famílias*. Rio de Janeiro, Graal.

DORIA, Gustavo A. 1975. *Moderno teatro brasileiro*. Crônica de suas raízes. Rio de Janeiro, Serviço Nacional de Teatro.

DOSTOIÉVSKI, Fiódor M. 1979. *Crime e castigo*. São Paulo, Abril Cultural.

DUARTE, Luiz Fernando Dias. 1983. "Três ensaios sobre pessoa e modernidade". *Boletim do Museu Nacional*, Rio de Janeiro, n. 41, agosto. p.1-69.

DUBY, Georges. 1995. *Heloísa, Isolda e outras damas no século XII*. São Paulo, Companhia das Letras.

DUMONT, Louis. 1977. *Homo eaqualis*. Paris, Gallimard.

——. 1985. *O individualismo*. Uma perspectiva antropológica da ideologia moderna. Rio de Janeiro, Rocco.

——. 1992. *Homo hierarquicus*. O sistema de castas e suas implicações. São Paulo, Edusp.

ELIAS, Norbert. 1990. *O processo civilizador*. Uma história dos costumes. Rio de Janeiro, Jorge Zahar.

——. 1995. *Mozart*. Sociologia de um gênio. Rio de Janeiro, Jorge Zahar.

——. 1997. *Os alemães*. A luta pelo poder e a evolução do habitus nos séculos XIX e XX. Rio de Janeiro, Jorge Zahar.

——. 2001. *A sociedade de corte*. Investigação sobre a sociologia da realeza e da aristocracia da corte. Rio de Janeiro, Jorge Zahar.

ELIAS, Norbert e SCOTSON, John L. 2000. *Os estabelecidos e os outsiders*. Sociologia das relações de poder a partir de uma pequena comunidade. Rio de Janeiro, Jorge Zahar.

ESSLIN, Martin. 1979. *Brecht: dos males, o menor*. Um estudo crítico do homem, suas obras e suas opiniões. Rio de Janeiro, Zahar.

EULÁLIO, Alexandre (org.). 1982. *Caminhos cruzados*. Linguagem, antropologia, ciências naturais. São Paulo, Brasiliense.

EVANS-PRITCHARD, E. E. 1965. *The position of women in primitive societies and other essays in social anthropology*. Londres, Faber and Faber.

EWEN, Frederic. 1991. *Bertolt Brecht*. Sua vida, sua arte, seu tempo. São Paulo, Globo.

FACINA, Adriana. 2000. "Arte nacional e educação estética em Mário de Andrade". In: REIS FILHO, Daniel Aarão (org.). *Intelectuais, história e política: séculos XIX e XX*. Rio de Janeiro, 7Letras. p. 153-181.

——. 2001. "A cidade de Nelson Rodrigues: observações sobre a relação entre experiência urbana e criação artística". In: VELHO, Gilberto e KUSCHNIR, Karina (orgs.). *Mediação, cultura e política*. Rio de Janeiro, Aeroplano. p. 89-105.

FALCÃO, Joaquim e ARAÚJO, Rosa Maria Barboza de (orgs.). 2001. *O imperador das idéias*. Gilberto Freyre em questão. Rio de Janeiro, Topbooks/Colégio do Brasil/UniverCidade/Fundação Roberto Marinho.

FALCON, Francisco José Calazans. 1989. *Iluminismo*. São Paulo, Ática.

FARIA, Sheila de Castro. 1998. *A colônia em movimento*. Fortuna e família no cotidiano colonial. Rio de Janeiro, Nova Fronteira.

FAUSTO, Boris (dir.). 1986. *História geral da civilização brasileira*. III. O Brasil republicano. 4. Economia e cultura (1930-1964). São Paulo, Difel.

FERREIRA, Marieta de Moraes (coord.). 2000. *Rio de Janeiro: uma cidade na história*. Rio de Janeiro, FGV.

FERRY, Luc. 1994. *Homo aestheticus*. São Paulo, Ensaio.

FIRTH, Raymond. 1998. *Nós, os Tikopias*. Um estudo sociológico do parentesco na Polinésia primitiva. São Paulo, Edusp.

FIRTH, Raymond; HUBERT, Jane e FORGE, Anthony. 1970. *Families and their relatives*. Kinship in a middle-class sector of London. Londres, Routledge & Kegan Paul.

FISCHER, Luis Augusto. 1999. "Para uma descrição da literatura brasileira no século XX". In: VÉSCIO, Luiz Eugênio e SANTOS, Pedro Brum (orgs.). *Literatura e história*. Perspectivas e convergências. Bauru, Edusc. p. 97-142.

FORACCHI, Marialice Mencarini (org.). 1982. *Karl Mannheim*. São Paulo, Ática (Coleção Grandes Cientistas Sociais).

FRAGA, Eudinyr. 1998. *Nelson Rodrigues expressionista*. Cotia, Ateliê Editorial.

FRANCHETTO, Bruna; CAVALCANTI, Maria Laura V. C. e HEILBORN, Maria Luiza (orgs.). 1981. *Perspectivas antropológicas da mulher*. Rio de Janeiro, Jorge Zahar.

FREYRE, Gilberto. 1979. *Oh de casa!* Em torno da casa brasileira e de sua projeção sobre um tipo nacional de homem. Recife, Instituto Joaquim Nabuco de Pesquisas Sociais.

——. 1984. *Casa-grande & senzala*. Formação da família brasileira sob o regime da economia patriarcal. Rio de Janeiro, José Olympio.

——. 1987. *Modos de homem e modas de mulher*. Rio de Janeiro, Record.

——. 1989. *Nordeste*. Rio de Janeiro, Record.

——. 1996. *Sobrados e mucambos*. Rio de Janeiro, Record.

GALVÃO, Walnice Nogueira. 1999. "Nas asas de 1968: rumos, ritmos e rimas". In: GARCIA, Marco Aurélio e VIEIRA, Maria Alice (orgs.). *Rebeldes e contestadores*. 1968: Brasil, França, Alemanha. São Paulo, Perseu Abramo. p. 143-58.

GANS, Herbert. 1975. "Urbanism and suburbanism as ways of life: a re-evaluation of definitions". In: FRIEDL, John e CHRISMAN, Noel J. (orgs.). *City ways*. A selective reader in urban anthropology. Nova York, Crowell. p. 189-206.

GARCIA, Marco Aurélio e VIEIRA, Maria Alice (orgs.). 1999. *Rebeldes e contestadores*. 1968: Brasil, França, Alemanha. São Paulo, Perseu Abramo.

GASPAR, Maria Dulce. 1988. *Garotas de programa*. Prostituição em Copacabana e identidade social. Rio de Janeiro, Jorge Zahar.

GEERTZ, Clifford. 1989. *A interpretação das culturas*. Rio de Janeiro, Guanabara Koogan.

——. 1997a. "'Do ponto de vista dos nativos': a natureza do entendimento antropológico". In: *O saber local*. Novos ensaios em antropologia. Petrópolis, Vozes. p. 85-107.

——. 1997b. *O saber local*. Novos ensaios em antropologia interpretativa. Petrópolis, Vozes.

——. 2001. *Nova luz sobre a antropologia*. Rio de Janeiro, Jorge Zahar.

GEIGER, Amir. 1992. *Da crise à crase: a conversão histerética de Alceu Amoroso Lima*. Rio de Janeiro, UFRJ, MN, PPGAS (dissertação de mestrado).

GINZBURG, Carlo. 1987. *O queijo e os vermes*. O cotidiano e as idéias de um moleiro perseguido pela Inquisição. São Paulo Companhia das Letras.

GOFFMAN, Erving. 1988. *Estigma*. Notas sobre a manipulação da identidade deteriorada. Rio de Janeiro, Guanabara Koogan.

GOLDMANN, Lucien. 1967. *Sociologia do romance*. Rio de Janeiro, Paz e Terra.

——. 1969. "Um estudo sociológico do teatro de Genet". In: VELHO, Gilberto (org.). *Sociologia da arte*. Rio de Janeiro, Zahar. v. IV. p. 63-90.

——. 1979. *Dialética e cultura*. Rio de Janeiro, Paz e Terra.

GOMES, Dias. 1968. "O engajamento é uma prática de liberdade". *Revista Civilização Brasileira*, Caderno Especial 2 (Teatro e Realidade Brasileira), Rio de Janeiro, Civilização Brasileira, julho.

GRAMSCI, Antonio. 1968. *Literatura e vida nacional*. Rio de Janeiro, Civilização Brasileira.

——. 1978. *Concepção dialética da história*. Rio de Janeiro, Civilização Brasileira.

——. 1980. *Maquiavel, a política e o Estado moderno*. Rio de Janeiro, Civilização Brasileira.

——. s.d. *Os intelectuais e a organização da cultura*. São Paulo, Círculo do Livro.

GUIDARINI, Mário. 1990. *Nelson Rodrigues: flor de obsessão*. Florianópolis, Edufsc.

——. 1996. "Nelson Rodrigues: o mistério de D. Senhorinha". In: *A desova da serpente*. Teatro contemporâneo brasileiro. Florianópolis, Edufsc. p. 89-136.

GUIGLIANELY, Ana Paula Cardoso. 2000. *Memória, cotidiano e sociabilidade urbana no Rio de Janeiro em meados do século XX: trabalho e lazer*. Niterói, UFF (dissertação de mestrado).

GUSDORF, Georges. 1982. *Fondements du savoir romantique*. Paris, Payot.

——. 1991a. *Auto-bio-graphie*. Paris, Odile Jacob.

——. 1991b. *Les écritures du moi*. Paris, Odile Jacob.

HABERMAS, Jürgen. 1989. *Consciência moral e agir comunicativo*. Rio de Janeiro, Tempo Brasileiro.

——. 1990. *O discurso filosófico da modernidade*. Lisboa, Dom Quixote.

HAUSER, Arnold. 1998. *História social da arte e da literatura*. São Paulo, Martins Fontes.

HEILBORN, Maria Luiza. 1984. *Conversas de portão. Juventude e sociabilidade em um subúrbio carioca*. Rio de Janeiro, UFRJ, MN, PPGAS (dissertação de mestrado).

HELIODORA, Bárbara. 1993 [s.d.]. "O beijo no asfalto". In: RODRIGUES, Nelson. *Teatro completo*. Rio de Janeiro, Nova Aguilar. p. 222-6.

HOBSBAWM, Eric. 1995. *Era dos extremos*. O breve século XX. São Paulo, Companhia das Letras.

HOLANDA, Sérgio Buarque de. 1979. "O homem cordial". In: *Raízes do Brasil*. Rio de Janeiro, José Olympio. p. 101-12.

HOLLANDA, Heloísa Buarque de e GONÇALVES, Marcos A. 1982. *Cultura e participação nos anos 1960*. São Paulo, Brasiliense (Coleção Tudo é História).

HUGHES, Everett C. 1971. *The sociological eye*. Selected papers on institutions and race. Chicago, Aldine Atherton.

IBSEN, Henrik. 1944. *Seis dramas*. Porto Alegre, Livraria do Globo.

JAMESON, Frederic. 1985. *Marxismo e forma*. Teorias dialéticas da literatura no século XX. São Paulo, Hucitec.

KANT, Immanuel. *Crítica da faculdade do juízo*. Rio de Janeiro, Forense Universitária, 1993.

KUPER, Adam. 2002. *Cultura*. A visão dos antropólogos. Bauru, Edusc.

LÉVI-STRAUSS, Claude. 1979. "La famille." In: BELLOUR, Raymond e CLÉMENT, Catherine (orgs.). *Claude Lévi-Strauss*. Textes de et sur Claude Lévi-Strauss. Paris, Gallimard. p. 93-132.

——. 1982. *As estruturas elementares do parentesco*. Petrópolis, Vozes.

LIMA, Alceu Amoroso. 1962. "Gilberto Freyre visto por um católico". In: AMADO, Gilberto et al. *Gilberto Freyre: sua ciência, sua filosofia, sua arte*. Ensaios sobre o autor de *Casa-grande & senzala* e sua influência na moderna cultura do Brasil, comemorativos do 25º aniversário da publicação desse seu livro. Rio de Janeiro, José Olympio. p. 37-45.

LIMA, Rogério e FERNANDES, Ronaldo Costa (orgs.). 2000. *O imaginário da cidade*. Brasília, UnB; São Paulo, Imprensa Oficial do Estado.

LIMA BARRETO, A. H. 1976. *Clara dos Anjos*. São Paulo, Brasiliense.

LINS, Álvaro. 1993 [1944]. "Uma tragédia da memória". In: RODRIGUES, Nelson. *Teatro completo*. Rio de Janeiro, Nova Aguilar. p. 191-2.

LINS, Ronaldo Lima. 1979. *O teatro de Nelson Rodrigues: uma realidade em agonia*. Rio de Janeiro, Franscisco Alves.

LOPES, Ângela Leite. 1983. "Nelson Rodrigues e o fato do palco". In: *Monografias 1980*. Rio de Janeiro, MEC/Secretaria de Cultura/Inacen.

——. 1993. *Nelson Rodrigues.* Trágico, então moderno. Rio de Janeiro, Tempo Brasileiro/UFRJ.

LÖWY, Michael e SAYRE, Robert. 1993. *Romantismo e política.* Rio de Janeiro, Paz e Terra.

LUKÁCS, Georg. 1968. *Ensaios sobre literatura.* Rio de Janeiro, Civilização Brasileira.

MAGALDI, Sábato. 1984. *Um palco brasileiro.* O Arena de São Paulo. São Paulo, Brasiliense (Coleção Tudo é História).

——. 1992. *Nelson Rodrigues: dramaturgia e encenações.* São Paulo, Perspectiva/Edusp.

——. 1993. "A peça que a vida prega". In: RODRIGUES, Nelson. *Teatro completo.* Rio de Janeiro, Nova Aguilar. p. 11-131.

MAGALHÃES, Vania Soares de. 1993. *Teatro de reticências. Os primórdios do teatro moderno no Rio de Janeiro (1927-1943).* Niterói, UFF (dissertação de mestrado).

MAGALHÃES JR., R. 1967. "Joracy Camargo e sua obra-prima". In: CAMARGO, Joracy. *Deus lhe pague; Figueira do inferno; Um corpo de luz.* Rio de Janeiro, Ediouro. p. 9-12.

MALINOWSKI, Bronislaw. 1976. *Argonautas do Pacífico Ocidental.* São Paulo, Abril Cultural.

——. 1997. *Um diário no sentido estrito do termo.* Rio de Janeiro, Record.

MANNHEIM, Karl. 1976. *Ideologia e utopia.* Rio de Janeiro, Zahar.

——. 1982. "O problema do intelectual". In: FORACCHI, Marialice Mencarini (org.). *Karl Mannheim.* São Paulo, Ática (Coleção Grandes Cientistas Sociais). p. 101-6.

MARRAMAO, Giacomo. 1988. "O demônio anti-sistemático". *Presença. Revista de Política e Cultura,* n. 11. p. 150-7.

MARX, Karl e ENGELS, Friedrich. 1974. *Sobre literatura e arte.* Lisboa, Estampa.

MATTOS, Marcelo Badaró. 1991. *Vadios, jogadores, mendigos e bêbados na cidade do Rio de Janeiro no início do século.* Niterói, UFF (dissertação de mestrado).

——. 1998. *Contravenções e contraventores no Rio de Janeiro da virada do século* (mimeo.).

MAUSS, Marcel. 1968. *Essais de sociologie.* Paris, Minuit.

MEAD, Margaret. 1969. *Sexo e temperamento.* São Paulo, Perspectiva.

MEYER, Marlyse. 1996. *Folhetim.* Uma história. São Paulo, Companhia das Letras.

MICHALSKI, Yan. 1985. *O teatro sob pressão.* Uma frente de resistência. Rio de Janeiro, Jorge Zahar.

MILARE, Sebastião. 1994. "Nelson Rodrigues e o melodrama brasileiro". *Travessia. Revista de Literatura Brasileira,* Florianópolis, UFSC, n. 28. p. 15-47.

MILLET, Sérgio. 1993 [1946]. "Álbum de família". In: RODRIGUES, Nelson. *Teatro completo.* Rio de Janeiro, Nova Aguilar. p. 207-9.

MITCHELL, J. Clyde. 1969. *Social networks in urban situations.* Mancnester, Manchester University Press.

MORAES, Dênis de. 2000. *Vianinha: cúmplice da paixão.* Uma biografia de Oduvaldo Vianna Filho. Rio de Janeiro, Record.

MORAIS, Fernando. 1994. *Chatô: o rei do Brasil.* A vida de Assis Chateaubriand. São Paulo, Companhia das Letras.

MORSE, Richard. 1995. "As cidades 'periféricas' como arenas culturais: Rússia, Áustria, América Latina". *Estudos Históricos*, Rio de Janeiro, vol. 8, n. 16. p. 205-25.

MOSTAÇO, Eldécio. 1996. *Nelson Rodrigues: a transgressão.* São Paulo, Cena Brasileira.

MOTTA, Marly Silva da. 2001. *O Rio de Janeiro: de cidade-capital a Estado da Guanabara.* Rio de Janeiro, FGV.

MURAD, Eline Barros. 1982. *Luz e sombra no teatro de Nelson Rodrigues.* Rio de Janeiro, PUC-Rio (dissertação de mestrado).

NASCIMENTO, Abdias do. 1993. "Nelson: o branco autêntico". In: RODRIGUES, Nelson. *Teatro completo.* Rio de Janeiro, Nova Aguilar. p. 209-12.

NEDELL, Jeffrey D. 1993. *Belle époque tropical.* Sociedade e cultura de elite no Rio de Janeiro na virada do século. São Paulo, Companhia das Letras.

NUNES, Luiz Arthur. 1994. "O teatro de Nelson Rodrigues". In: NUÑEZ, Carlinda Fragale Pate et al. *O teatro através da história*, vol. 2. Rio de Janeiro, CCBB/Entourage Produções Artísticas. p. 175-87.

OLIVEIRA, Denise da Costa. 1996. "O Rio de Janeiro de Nelson Rodrigues". *Logos: Comunicação e Universidade*, ano 3, n. 5. p. 25-7.

OLIVEIRA, Lucia Lippi. 2000. "Cultura urbana no Rio de Janeiro". In: FERREIRA, Marieta de Moraes (coord.). *Rio de Janeiro: uma cidade na história.* Rio de Janeiro, FGV. p. 139-149.

O'NEILL, Eugene. 1959. *Desejo sob os ulmeiros.* Lisboa, Europa-América.

OUTHWAITE, William et al. (org.). 1996. *Dicionário do pensamento social do século XX.* Rio de Janeiro, Jorge Zahar.

PARK, Robert Ezra. 1967. "A cidade: sugestões para a investigação do comportamento humano no meio urbano". In: VELHO, Otávio Guilherme (org.). *O fenômeno urbano.* Rio de Janeiro, Zahar. p.26-67.

——. 1968. *The city.* Chicago, The University of Chicago Press.

PATRIOTA, Rosangela. 1999. *Vianinha: um dramaturgo no coração de seu tempo.* São Paulo, Hucitec.

PEIXOTO, Fernando (org.). 1983. *Vianinha: teatro, política e televisão.* São Paulo, Brasiliense.

PELLEGRINO, Hélio. 1993 [s.d.]. "Boca de Ouro". In: RODRIGUES, Nelson. *Teatro completo.* Rio de Janeiro, Nova Aguilar. p. 217-20.

PELLETTIERI, Osvaldo. 1995. "Teatro latinoamericano: desde las vanguardias históricas hasta hoy". In: PIZARRO, Ana (org.). *América Latina*, vol. 3. Palavra, literatura e cultura. São Paulo, Memorial; Campinas, Unicamp. p. 623-41.

PEREIRA, Carlos Alberto M. e HOLLANDA, Heloísa Buarque de. 1980. *Patrulhas ideológicas*. Marca registrada. São Paulo, Brasiliense.

PEREIRA, Victor Hugo Adler. 1995a. "Nelson Rodrigues: dramático cronista". In: RESENDE, Beatriz (org.). *Cronistas do Rio*. Rio de Janeiro, José Olympio/CCBB. p. 131-49.

——. 1995b. "Nelson Rodrigues e o realismo psicológico". In: NUÑEZ, Carlinda Fragale et al. *Letras em tese*. Rio de Janeiro, Relume-Dumará/CCBB. p. 101-30.

——. 1998. *A musa carrancuda*. Teatro e poder no Estado Novo. Rio de Janeiro, FGV.

——. 1999. *Nelson Rodrigues e a obscena contemporânea*. Rio de Janeiro, Eduerj.

PERISTIANY, J. G. s.d. *Honra e vergonha: valores das sociedades mediterrânicas*. Lisboa, Fundação Calouste Gulbenkian.

PIMENTEL, A. Fonseca. 1951. *O teatro de Nelson Rodrigues*. Rio de Janeiro, Margem.

PIRES, Paulo Roberto. 1998. *Hélio Pellegrino*. A paixão indignada. Rio de Janeiro, Relume-Dumará.

PITT-RIVERS, Julian. 1977. *The fate of shechem or the politics of sex*. Essays in the anthropology of the Mediterranean. Cambridge, Cambridge University Press.

POLANYI, Karl. 1994. *La gran transformación*. Los orígenes políticos y económicos de nuestro tiempo. México, Fondo de Cultura Económica.

PRADO, Décio de Almeida. 1986. "Teatro: 1930-1980 (Ensaio de interpretação)". In: FAUSTO, Boris (dir.). *História geral da civilização brasileira*. III. O Brasil republicano. 4. Economia e cultura (1930-1964). São Paulo, Difel. p. 525-89.

——. 1993. "Nelson Rodrigues". In: RODRIGUES, Nelson. *Teatro completo*. Rio de Janeiro, Nova Aguilar. p. 270-8.

RAMA, Angel. 1985. *A cidade das letras*. São Paulo, Brasiliense.

REIS FILHO, Daniel Aarão. 2000. "Intelectuais e política nas fronteiras entre reforma e revolução". In: —— (org.). *Intelectuais, história e política (séculos XIX e XX)*. Rio de Janeiro, 7Letras. p. 11-34.

REIS FILHO, Daniel Aarão e MORAES, Pedro de. 1998. *68: a paixão de uma utopia*. Rio de Janeiro, FGV.

REZENDE, Beatriz. 1988. "A representação do Rio de Janeiro nas crônicas de Lima Barreto". In: REZENDE, Beatriz et al. *Sobre o pré-modernismo*. Rio de Janeiro, Fundação Casa de Rui Barbosa. p. 107-114.

RIDENTI, Marcelo. 1993. *O fantasma da revolução brasileira*. São Paulo, Unesp.

——. 2000a. *Em busca do povo brasileiro*. Artistas da revolução, do CPC à era da TV. Rio de Janeiro, Record.

——. 2000b. "Intelectuais, estudantes e artistas: Paris, 1968". In: REIS FILHO, Daniel Aarão (org.). *Intelectuais, história e política (séculos XIX e XX)*. Rio de Janeiro, 7Letras. p. 247-70.

RIOS, José Arthur. 2000. "Gilberto Freyre: tentativa de síntese". *Ciência & Trópico*, vol. 28, n. 1, jan./jun. p. 45-54.

RODRIGUES, Nelson. 1959. *Teatro*. Primeiro volume. Rio de Janeiro, Serviço Nacional de Teatro.

——. 1960. *Teatro*. Segundo volume. Rio de Janeiro, Serviço Nacional de Teatro.

——. 1964. *Elas gostam de apanhar*. Rio de Janeiro, Bloch.

—— (Suzana Flag). 1982. *Meu destino é pecar*. Rio de Janeiro, Nova Fronteira.

——. 1983. "Drácula ou passarinho?". In: PEIXOTO, Fernando (org.). *Vianinha: teatro, política e televisão*. São Paulo, Brasiliense. p. 87-9.

——. 1992a. *O casamento*. São Paulo, Companhia das Letras.

——. 1992b. *A vida como ela é...* O homem fiel e outros contos. São Paulo, Companhia das Letras.

——. 1993a. *A menina sem estrela*. Memórias. São Paulo, Companhia das Letras.

——. 1993b. *O óbvio ululante*. Primeiras confissões. São Paulo, Companhia das Letras.

——. 1993c. *Teatro completo*. Rio de Janeiro, Nova Aguilar.

——. 1993d. *A coroa de orquídeas e outros contos de A vida como ela é...* São Paulo, Companhia das Letras.

——. 1993e. *À sombra das chuteiras imortais*. Crônicas de futebol. São Paulo, Companhia das Letras.

——. 1994a. *Asfalto selvagem*. Engraçadinha, seus amores e seus pecados. São Paulo, Companhia das Letras.

——. 1994b. *A pátria em chuteiras*. Novas crônicas de futebol. São Paulo, Companhia das Letras.

——. 1995a. *A cabra vadia*. Novas confissões. São Paulo, Companhia das Letras.

——. 1995b. *O reacionário*. Memórias e confissões. São Paulo, Companhia das Letras.

——. 1996. *O remador de Ben-Hur*. Confissões culturais. São Paulo, Companhia das Letras.

——. 1997a. *Flor de obsessão: as 1.000 melhores frases de Nelson Rodrigues*. São Paulo, Companhia das Letras.

—— (Suzana Flag). 1997b. *Núpcias de fogo*. São Paulo, Companhia das Letras.

——. 2000 [1949]. "Teatro desagradável". *Folhetim*, n. 7, mai./ago. p. 5-13.

—— (Suzana Flag). 2001. *Escravas do amor*. São Paulo, Companhia das Letras.

——. 2002a. *A mentira*. São Paulo, Companhia das Letras.

—— (Myrna). 2002b. *Não se pode amar e ser feliz ao mesmo tempo*. O consultório sentimental de Nelson Rodrigues. São Paulo, Companhia das Letras.

——. 2002c. O *profeta tricolor*. Cem anos de fluminense. São Paulo, Companhia das Letras.

RODRIGUES, Stella. 1986. *Nelson Rodrigues, meu irmão*. Rio de Janeiro, José Olympio.

SAHLINS, Marshall. 1990. *Ilhas de história*. Rio de Janeiro, Jorge Zahar.

SALEM, Tânia. 1988. "A família em cena: uma leitura antropológica da dramaturgia de Nelson Rodrigues". *Cadernos do IMS*, vol. II, n. 3. p. 151-80.

SALOMÃO, Irã. 2000. *Nelson feminino e masculino*. Rio de Janeiro, 7Letras.

SAMARA, Eny de Mesquita. 1987. "Tendências atuais da história da família no Brasil". In: ALMEIDA, Angela Mendes de; CARNEIRO, Maria José e PAULA, Silvana Gonçalves de (orgs.). 1987. *Pensando a família no Brasil*. Da colônia à modernidade. Rio de Janeiro, Espaço e Tempo/ UFRRJ. p. 25-36.

SARTRE, Jean-Paul. 1994. *Em defesa dos intelectuais*. São Paulo, Ática.

SCHILLER, Friedrich. 1995. *A educação estética do homem numa série de cartas*. São Paulo, Iluminuras.

SCHNEIDER, David M. 1968. *American kinship: a cultural account*. Nova Jersey, Prentice Hall, Inc.

SCHUTZ, Alfred. 1979. *Fenomenologia e relações sociais*. Rio de Janeiro, Zahar.

SCHWARZ, Roberto. 1977. *Ao vencedor as batatas*. Forma literária e processo social no início do romance brasileiro. São Paulo, Duas Cidades.

——. 1978. *O pai de família e outros estudos*. Rio de Janeiro, Paz e Terra.

—— (org.). 1983. *Os pobres na literatura brasileira*. São Paulo, Brasiliense.

SENNET, Richard. 1997. *Carne e pedra*. O corpo e a cidade na civilização ocidental. Rio de Janeiro, Record.

SEVCENKO, Nicolau. 1983. *Literatura como missão*. São Paulo, Brasiliense.

—— (org.). 1998. *História da vida privada no Brasil*. República: da belle époque à era do rádio. São Paulo, Companhia das Letras.

SHOSTAK, Marjorie. 1983. *Nisa*. The life of a Kung! woman. Nova York, Vintage Books.

SIMMEL, Georg. 1967. "A metrópole e a vida mental". In: VELHO, Otávio Guilherme (org.). *O fenômeno urbano*. Rio de Janeiro, Zahar. p.11-25.

——. 1971. *On individuality and social forms*. Chicago e Londres, The University of Chicago Press.

——. 1993. *Filosofia do amor*. São Paulo, Martins Fontes.

——. s.d. *Cultura feminina*. Lisboa, Galeria Panorama.

SODRÉ, Nelson Werneck. 1964. *História da literatura brasileira*. Seus fundamentos econômicos. Rio de Janeiro, Civilização Brasileira.

SOUSA, Pompeu de. 1959. "Introdução". In: RODRIGUES, Nelson. *Teatro*. Primeiro volume. Rio de Janeiro, Serviço Nacional de Teatro. p. 9-14.

STOCKING JR., George. 1983. "The ethnographer's magic. Fieldwork in British anthropology from Tylor to Malinowski". In: —— (org.). *Observers observed.*

Essays on ethnographic fieldwork. Madison, The University of Wisconsin Press. p. 70-120.

SÜSSEKIND, Flora. 1977. *Nelson Rodrigues e o fundo falso*. Brasília, MEC, Departamento de Documentação e Divulgação.

——. 1986. *As revistas de ano e a invenção do Rio de Janeiro*. Rio de Janeiro, Fundação Casa de Rui Barbosa/Nova Fronteira.

THÉBAUD, Françoise. 1991. *História das mulheres*. O século XX. Porto, Afrontamento; São Paulo, Ebradil.

THOMPSON, E. P. 1998. *Costumes em comum*. Estudos sobre a cultura popular tradicional. São Paulo, Companhia das Letras.

VELHO, Gilberto. 1975 [1973]. *A utopia urbana*. Um estudo de antropologia social. Rio de Janeiro, Zahar. p. 130-69.

——. 1989. *Subjetividade e sociedade: uma experiência de geração*. Rio de Janeiro, Jorge Zahar.

——. 1994. *Projeto e metamorfose*. Antropologia das sociedades complexas. Rio de Janeiro, Jorge Zahar.

——. 1995. "Estilo de vida urbano e modernidade". *Estudos Históricos*, Rio de Janeiro, vol. 8, n. 16. p. 227-34.

——. 2002. *Mudança, crise e violência*. Política e cultura no Brasil contemporâneo. Rio de Janeiro, Civilização Brasileira.

—— (org.). 1974. *Desvio e divergência*. Uma crítica da patologia social. Rio de Janeiro, Zahar.

—— (org.). 1977. *Arte e sociedade*. Rio de Janeiro, Zahar.

—— (org.). 1999. *Antropologia urbana*. Cultura e sociedade no Brasil e em Portugal. Rio de Janeiro, Jorge Zahar.

VELHO, Gilberto e MACHADO, Luiz Antônio. 1977. "Organização social do meio urbano". *Anuário Antropológico*, Rio de Janeiro, Tempo Brasileiro, n. 76. p. 71-82.

VELHO, Gilberto e KUSCHNIR, Karina. (orgs.). 2001. *Mediação, cultura e política*. Rio de Janeiro, Aeroplano.

VELHO, Otávio Guilherme (org.). 1967. *O fenômeno urbano*. Rio de Janeiro, Zahar.

VELLOSO, Mônica Pimenta. 1986. "A 'cidade-voyeur': o Rio de Janeiro visto pelos paulistas...". *Revista Rio de Janeiro*, Niterói, vol. 1, n. 4, set./dez. p. 55-65.

VENTURA, Zuenir. 1999. "A nostalgia do não vivido". In: GARCIA, Marco Aurélio e VIEIRA, Maria Alice (orgs.). 1999. *Rebeldes e contestadores*. 1968: Brasil, França, Alemanha. São Paulo, Perseu Abramo. p. 129-34.

VERNANT, Jean-Pierre e VIDAL-NAQUET, Pierre. 1988. *Mito e tragédia na Grécia Antiga*. São Paulo, Brasiliense.

VIANNA FILHO, Oduvaldo. 1983a. "Aves, galinhas e conselhos (carta a um avicultor)". In: In: PEIXOTO, Fernando (org.). *Vianinha: teatro, política e televisão*. São Paulo, Brasiliense. p. 83-6.

——. 1983b. "Do Arena ao CPC". In: PEIXOTO, Fernando (org.). *Vianinha: teatro, política e televisão*. São Paulo, Brasiliense. p. 90-5.

VIVEIROS DE CASTRO, E. B. e BENZAQUEN DE ARAÚJO, Ricardo. 1977. "Romeu e Julieta e a origem do Estado." In: VELHO, Gilberto (org.). *Arte e sociedade*. Ensaios de sociologia da arte. Rio de Janeiro, Zahar.

VOGT, Carlos e WALDMAN, Berta. 1985. *Nelson Rodrigues: flor de obsessão*. São Paulo, Brasiliense.

WAINER, Samuel. 1988. *Minha razão de viver*. Memórias de um repórter. Rio de Janeiro, Record.

WEBER, Max. 1972. *Ciência e política*. Duas vocações. São Paulo, Cultrix.

WILLIAMS, Raymond. 1979. *Marxismo e literatura*. Rio de Janeiro, Zahar.

——. 1989. *O campo e a cidade*. Na história e na literatura. São Paulo, Companhia das Letras.

——. 1992. *Cultura*. Rio de Janeiro, Paz e Terra.

WIRTH, Louis. 1967. "O urbanismo como modo de vida". In: VELHO, Otávio Guilherme (org.). *O fenômeno urbano*. Rio de Janeiro, Zahar. p. 90-113.

O texto deste livro foi composto em Sabon, desenho tipográfico de Jan Tschichold de 1964, baseado nos estudos de Claude Garamond e Jacques Sabon no século XVI, em corpo 10/13,5. Para títulos e destaques, foi utilizada a tipografia Frutiger, desenhada por Adrian Frutiger em 1975.